시 장 의   파 괴 자 들

시장의 파괴자들

쉘린 리 지음 | 오웅석 옮김

기업의

미래를 바꾸는

3가지 혁신 도구

THE DISRUPTION MINDSET

한국경제신문

사랑하는 인생의 동반자 콤 라귀(Come Lague)에게
깊은 감사의 마음을 전한다.
한결같이 지지해주는 당신 덕분에 나는 활력과 자신감을 얻고
늘 새로운 하루하루를 살고 있다.

차례

성장은 고통스럽다.
변화도 고통스럽다.
그러나 원치 않는 상황에 갇혀
꼼짝하지 못하는 것보다
고통스러운 일은 없다.

Growth is painful. Change is painful.
But, nothing is as painful as staying stuck where you do not belong.

N. R. 나라야나 무르티(Narayana Murthy), 인포시스 공동창업자

서론

—

시장의 파괴자들은
어떻게 변화를 이끄는가

그동안 나는 기술산업 분야에서 작가, 투자 분석가, 사업가로 활동하면서, 파괴적 혁신을 원하던 기업들이 결국에는 성공하지 못하는 사례를 여러 번 목격해왔다.

개인적으로는 나도 사회생활 초반에 비슷한 실패를 겪었다. 1993년 하버드 경영대학교를 졸업할 당시 나는 다가오는 인터넷 혁명의 중심에 서보고 싶었다. 그래서 실리콘밸리 한복판에 자리한 신문사 새너제이 머큐리 뉴스(San Jose Mercury News)에 취업했다. 그해에 이 신문사는 AOL(미국의 PC통신 서비스 기업─옮긴이)을 통해 전자신문인 머큐리 센터(Mercury Center)라는 서비스를 시작하여 1994년 후반에는 온라인 신문의 선두주자가 되었다. 나는 디지털 광고 제작을 지원하는 동시에 영업부서원들에게 배너광고 판매 교육을 담당했다.

머큐리 뉴스는 당시 미국 내 최대 규모 신문사였던 나이트 리더 (Knight Ridder)에 속해 있었는데, 늘어나는 온라인 독자의 요구에 부응하면서 새로 떠오르는 디지털상의 기회를 활용하기 위해 나이트 리더 디지털(Knight Ridder Digital)이라는 별도의 계열사를 설립했다.[1] 나이트 리더 디지털의 초창기 주요 프로젝트에는 같은 계열사의 신문들과 연계하여 각 도시의 정보와 광고를 소개하는 리얼 시티 네트워크(Real City Network)라는 도시 안내 웹도 있었는데, 이들은 이 프로젝트를 통해 디지털 산업을 선점할 계획이었다.

야심 찬 시작과 상당한 규모의 투자금액에도 불구하고, 이 개별 조직은 디지털상에서 큰 관심을 끌지 못했다. 그러는 동안 인쇄 사업 매출과 수익은 계속 하락하였고, 결국 나이트 리더는 2006년에 맥클래치 신문사(McClatchy Newspapers)에 매각되었다.[2] 한때 미국에서 두 번째로 규모가 컸던 신문사 그룹은 이렇게 역사의 뒤안길로 사라지게 되었다.

한편, 지구 반대편에서는 다른 일이 펼쳐지고 있었다. 나이트 리더와 마찬가지로 디지털 혁신이 일어날 것을 예상했던 노르웨이 최대 신문사 그룹 십스테드(Schibsted)는 1995년에 독자와 광고주들이 선택한 방식을 따르기로 했다.[3] 십스테드는 알타비스타(Alta Vista)와 비슷한 검색 엔진과 야후(Yahoo!)처럼 웹사이트 목록 서비스를 제공하는 인터넷 회사를 인수했다. 이 신문사는 1999년에 온라인 광고 사이트 핀닷노(Finn.no)를 시작했고, 2003년에는 스웨덴 온라인 선두주자 블로켓(Blocket)을 인수했다. 기회를 포착한 십스테드는 다른 나라에서 광고 사이트를 시작할 때 핀닷노와 블로켓의 모델을 참고했다.

전략은 성공적이었다. 십스테드는 이 사이트들에서 나온 수익을 활용하여 미디어 사업을 전 세계로 확장할 수 있었다. 십스테드의 광고 사이트들은 2018년 현재 프랑스, 스페인, 스웨덴, 브라질 등 세계 23개국 온라인 시장을 주도하고 있으며, 십스테드 총 수익의 47퍼센트와 총 영업이익의 90퍼센트를 차지하고 있다.[4] 노르웨이와 스웨덴에서 십스테드 신문은 감소하는 인쇄 사업 매출에도 불구하고 온라인 광고와 디지털 구독이 꾸준히 늘어나면서 오히려 영업이익이 늘고 있다.

실리콘밸리의 중심에 있었고 당시 뛰어난 전략가들이 제시한 전략을 채택한 나이트 리더는 실패했는데, 어떻게 십스테드 신문사는 디지털 혁신을 이루고 성공할 수 있었을까?

이유는 간단하다.

문제는 파괴적 혁신에 대한 나이트 리더의 잘못된 접근방식이었다.

우리는 지금껏 파괴적 혁신을 반대로 접근해왔다

나이트 리더처럼 파괴적 혁신을 목적으로 삼기만 하면 성장이 뒤따라오리라 생각하는 기업들이 많다. 그들은 혁신을 통해 시장을 파괴하고 성장을 촉진할 수 있다고 생각하지만, 실제로는 파괴가 성장을 부르는 것이 아니라 성장이 파괴를 낳는다.

혁신을 향한 노력이 대부분 실패하는 이유는 혁신이 성장과 변화를 불러오는 방식을 고려하지 않은 채 혁신의 실행에만 집중하기 때문이다. 혁신을 주도할 목적으로 설립된 독립 혁신 센터나 단체들 대부분은 파괴적 혁신을 일으키는 파괴적 전환(distruptive transformation)에 실제로 필요한 결정을 쉽게 내릴 수 있는 처지가 아니다. 확고하고 믿을 수 있는 현재의 고객을 놔두고 어떻게 차세대 고객에게 우리 회사의 미래를 맡길 수 있는가? 완전히 새로운 사업모델을 위해 어떻게 현재의 사업모델을 포기할 수 있는가? 그리고 이러한 센터나 단체들은 어려운 결정 뒤에 따라오는 거대한 문화적 변화로 인해 사람들이 겪게 될 혼란한 상황에는 관심을 가지지도 않는다.

성장은 언제나 어려운 일이다. 획기적인 성장은 훨씬 더 어렵다. 획기적인 성장이 파괴적인 이유는 고객과 기업 간의 관계, 산업 내 기업 간의 관계, 기업 내 부서와 직원들의 관계 등 이미 구축된 관계에서 힘의 균형이 바뀌기 때문이다. 성장을 위해서는 새로운 고객을 발견하려는 야망을 키우고 이미 입증된 고객에 대한 애착은 조금씩 버려야 한다.

예를 들면, 파괴적인 전자상거래 혁신을 통해 소비자가 엣시(Etsy)와 안경유통기업 와비 파커(Warby Parker) 같은 신규 진입 기업들의 제품을 구매할 수 있는 선택권을 갖게 되면서 기업과 고객 간의 관계가 바뀌었다. 택시산업과 같은 전통 산업의 주도권이 파괴적인 사업모델을 통해 우버(Uber)나 인도네시아의 고젝(Go-Jek)과 같은 새로운 플랫폼으로 이동하면서 산업의 생태계가 바뀌었다. 슬랙(Slack) 등의 사회적 협업 플랫폼과 스카이프(Skype) 같은 화상회의 플랫폼 등 파괴적인 커뮤니케이션 도구들은 기업 내에서의 관계를 바꿔놓았다. 이제 중간관리자가 개입하지 않아도 현장에서 직원들이 디지털 채널을 통해 직접 최고경영자와 소통할 수 있게 된 것이다.

이런 권력의 이동은 사업모델의 관점에서뿐만 아니라 심리적인 측면에서 보아도 매우 불안정하다. 안전하고 익숙한 세계가 뒤집어진다는 의미의 '파괴적'이라는 말이 바로 여기에서 나왔다. 파괴적인 변화는 현재 상황을 뒤집고 권력 관계를 바꿔놓기 때문에 그토록 어려운 것이다. 파괴적 전환이란 이미 차려놓은 식탁에 앉는 것이 아니라 오늘과는 근본적으로 다르지만 좀 더 나은 미래를 향해 앞으로 달려나가는 것이다.

나이트 리더는 조직 내 권력의 이동에서 발생하는 고통을 예측하지 못했고 그에 따른 준비도 하지 못했기 때문에 성공하지 못했다. 그들은 온라인 신문 세계를 '파괴'하고자 개별 부서를 조직했지만, 이런 혁신들을 통해 회사 전체의 성장을 주도할 수 있는 전략을 세우지 않았고 근본적으로 두려움과 파괴를 간과했다. 강력한 지역 신문사들은 각자의 지역에서 우위를 누리고 있었다. 그러나 이런 디지털 혁신이 어떻게 미래 수익을 늘려줄 것인지에 대한 명확한 비전이 없었기 때문에, 그들은 당시에 수익성이 높았던 인쇄 사업에서 편집부와 광고영업부 인원을 빼내어 디지털 기획 사업부를 지원해야 한다는 사실이 못마땅했다. 결국 나이트 리더는 출판업계에서 경쟁력을 잃게 되었고, 세계 최고의 혁신을 꿈꿨지만 살아남지 못했다.

이 책을 읽는 당신은 나이트 리더나 블록버스터(Blockbuster), 시어스(Sears)를 비롯한 수많은 기업이 이미 겪었던 실수를 피하기 바란다. 이제 '파괴'에 대해 뜬구름 잡듯 모호하게 말하는 대신, 파괴적 전환과 급격한 성장을 일상의 주제로 정하고 그에 따르는 감정적 성장 동력까지 포용해 보기 바란다.

파괴적 전환이란 무엇인가?

지난 20년간 '파괴'라는 단어를 잘못 사용한 사례가 많았다. 파괴적 전환이 무엇이고 파괴적 혁신을 이루기 위해 어떻게 활용할지 언급하기 전에 무엇이 파괴적 전환이 아닌지를 먼저 살펴보도록 하자.

혁신만 뜻하는 것은 아니다. 혁신은 쉽지만, 파괴는 어렵다. 많은 기업들이 현재 상황을 최대한 파괴하지 않은 채 조심스럽게 혁신을 이루려고 한다. 한때 나는 '혁신 위원회'로 활동하면서 초기에 승인된 혁신 계획이 언제라도 바뀔 수 있는 6개월짜리 투자 수익

프로젝트만 승인했었다. 혁신은 미래를 향해 힘든 결정을 유도하는 기업 전략의 알람 버튼일 뿐이다. 혁신만으로 만족하지 말라.

기술이 문제가 아니다. 나는 특정 산업 분야를 파괴하게 될 파괴적 혁신에 대해 알려달라는 요청을 자주 받는다. 그럴 때마다 나는 이런 고객들에게 파괴를 창조하는 것은 신기술이 아니라는 점을 분명히 말해준다. 오히려 기존에 있던 기술을 새로운 방식으로 활용하면 파괴적 혁신을 이룰 수 있다. 예를 들어 우버는 지상 위치 추적 장치와 빈틈없는 결제 시스템을 이용하여 승객과 운전사를 연결해 주고 고객의 경험을 전환해 주는 단순한 앱 서비스다. 이런 기술들은 독자적으로 이미 수년간 존재해 왔지만, 그것들을 함께 묶었을 때 비로소 독창적이고 파괴적인 힘을 발휘했다.

언제나 빠르고 예측 불가한 것은 아니다. 파괴는 느린 진행 과정이다.[5] 냅스터(Napster, 개인이 가지고 있는 MP3 파일 등을 인터넷을 통해 공유하는 프로그램이었으나 저작권 침해로 인한 음반 회사와의 송사 끝에 2001년 문을 닫았다.-옮긴이)가 처음 등장한 2000년의 세계 음반 산업 총매출액은 234억 달러였다. 음반 산업이 주춤하긴 했으나 2년 후에도 총매출액은 219억 달러로 큰 변화는 없었다.[6] 냅스터는 음악을 듣고 공유하는 방식을 완전히 바꾸어 놓았지만, 냅스터가 이끈 변화가 하루아침에 음악 산업을 뒤흔든 것은 아니었다. 문제는 도전을 받은 기존 업계의 반응이 훨씬 느렸다는 점이었다. 그들은 다가오는 파괴에 대처할 수 있었던 소중한 시간을 허비하고 말았다.

스타트업만의 이야기가 아니다. 파괴적인 기업을 떠올리면 대부분은 기존 산업에 도전장을 내민 스타트업만 생각한다. 그러나 아마존, 애플, 페이스북, 구글의 예에서 보듯이, 오늘날 세상에서 가장 파괴적인 기업들은 논란의 여지가 없이 가장 규모가 큰 기업들이기도 하다. 다른 기업들도 이들처럼 고객 관계, 사업 규모, 거대한 파괴를 만들 수 있는 자금을 가지고 있기는 하지만 파괴적 혁신을 이루기 위해서는 기존의 방식에서 벗어나야 한다.

그렇다면 과연 파괴적 전환이란 무엇일까? 나는 전환을 '어떤 상태에서 다른 상태로 변하는 과정'이라고 정의한다. 불편함을 최소화하면서 점진적인 방식으로 이런 변화의 과정을 겪을 수도 있다. 혹은 빠르게 만들어진 기회를 붙잡기 위해 변화를 정면으로 받아들이면서 변화에 따르는 고통과 압박을 견딜 수도 있다. 느린 방법에 만족하기에는 큰 위험이 따르고 많은 문제가 있기 때문에 이 책에서는 후자에 집중했다. 그리고 솔직히 말하자면, 적당히 편한 속도로 변화하다가는 고객을 잃고 시장에서 도태될 것이다.

파괴적 전환이 과정이라면 그 여정의 끝에는 급격한 성장이라는 결실이 있다. 여기서 나는 성장이라는 단어를 광범위하게 정의한다고 분명히 밝히고 싶다. 사업에서는 매출과 수익으로 성장을 측정하겠지만, 학교라면 아마도 학생들에게 얼마나 많은 기회를 제공하는지 혹은 선택의 폭은 얼마나 넓은지 같은 관점에서 성장을 측정할 것이다. 비영리 단체에게 성장이란 자신의 사명을 좀 더 빠른 시간 안에 제대로 달성하는 것을 뜻할 것이고, 종교단체라면 영적인 맥락에서 성장을 바라볼 것이다.

이처럼 쉽고 단순한 이야기들로 간략하게 설명하긴 했지만, 사실 '파괴'가 그렇게 단순하지는 않다. 파괴적 전환은 복잡하고 이해하기 어렵다. 제품, 시기, 전략 등의 요소를 적절히 결합한다고 이룰 수 있는 것도 아니다. 파괴적 전환을 위해서는 조직 전체와 그 조직의 문화가 바뀌어야 하고, 그 변화는 경영진의 마음가짐과 행동에서 시작된다.

파괴적 전환의 세 가지 도구

수년간 나는 역경을 딛고 파괴적 혁신에 성공한 여러 기업들을 목격했다. 그들은 자신을 스스로 변화시킨다는 벅찬 과제에 주눅 들지 않았고, 파괴적 전환의 사고가 조직의 구석구석에 스며들어 일상의 지침이 되었다는 한 가지 공통점을 가지고 있다. 파괴는 하루도 쉬지 않고 일어났다.

파괴를 통해 성공을 거둔 기업들을 연구하고 그 사례를 이 책에 소개하면서, 나는 그들이 공통으로 가지고 있는 세 가지 혁신 도구를 발견했다. 이 도구들은 각각의 기업들이 파괴적 혁신을 위해 택한 전략적 운동에 영향을 미쳤을 뿐만 아니라, 그 전략을 실행하면서 발생하는 인간의 감정이나 심리와 관련된 문제들을 처리하는 데에도 도움이 되었다. 수많은 미지수와 불확실성에 직면할 때, 이 세 가지 도구들은 기업의 성장 전략의 기초를 제공했다. 각 도구를 대략 살펴보면 다음과 같다.

1. 미래 고객을 향한 전략

파괴적 전환을 이루기 위해서는 전략이 필요하다. 무슨 일이라도 할 수 있지만 모든 일을 할 수는 없기에 목표를 위해 무엇을 하고 무엇은 하지 말아야 할지에 대한 계획이 필요하다. 전설적인 아이스하키 선수 웨인 그레츠키(Wayne Gretzky)는 이런 명언을 남겼다. "나는 퍽(아이스하키에서 사용하는 공-옮긴이)이 지나간 곳이 아니라 퍽이 가야 할 곳으로 움직인다." 파괴적 전환 전략을 위해서는 현재의 고객, 매력적인 규모, 수익성과 같은 오늘의 퍽이 있는 곳을 등지고, 고객이 미래에는 어디에 있을지, 성장과 가치 잠재력이 어디에서 나올지를 예측해야 한다. 고객은 언제나 그들을 쫓아가는 기업들보다 빠르게 움직이기 때문이다.

이것이 조직에 시사하는 바가 크다. 대부분 기업에게 필요한 것은 전략적인 아이디어가 아니라, 앞으로 펼쳐질 고난의 여정 속에서 가치 있는 결과를 얻기 위해 부서 간 이기주의를 극복하는 능력이다. 기업들은 미래 고객 발견에 초점을 맞춘 전략이 가져올 불안과 고통을 정면으로 받아들이지 못한 채 단순히 무시하기 때문에, 전략을 제대로 수행하지 못하고 결국엔 파괴적인 기업으로 발전하지 못한다.

반면, 파괴적인 기업들은 끊임없이 미래 고객의 요구에 초점을 맞추면서 성장 동력을 얻고 부서 간 대결이나 기술적 충돌을 극복하는 전략을 도출해낸다. 이 책에 소개된 기업들은 미래에 만나게 될 고객들의 요구를 조사하고 어떤 점이 충족되지 않았고 표출되지 않았는지 파악하는 데 시간과 자원을 투자했다. 이들은 보이지 않는 차세대 고객이라는 모델을 정해놓고 그들을 만족시킬 방법에 대한 비전을 정한 후, 기업과 전략이 그 비전과 같은 방향으로 움직이는지 다시 한번 확인했다.

이 같은 예로 T-모바일(T-mobile)의 경우를 살펴보자. 이들은 네트워크 범위나 가격 중심의 판촉에 기댄 기존의 영업 전략을 따를 수도 있었다. 그러나 T-모바일은 드러나지 않아 아무도 신경 쓰지 않았던 휴대전화 이용자들의 불만에 집중했고, 무약정 이동통신 서비스인 '언캐리어(Un-Carrier)' 전략을 통해 5년간 급성장하여 매출액 400억 달러를 기록했으며, 경쟁사인 에이티앤티(AT&T)와 버라이즌(Verizon)의 자본환경까지 바꾸어 놓았다. 당시 표준이었던 2년 약정을 없애

버린 T-모바일의 언캐리어 전략은 브랜딩 캠페인과는 거리가 멀었다. T-모바일은 전화받는 방식에서부터 영업사원에게 제공하는 인센티브 방식까지 모든 것을 바꾸어야 했다.

또 다른 사례로 어도비(Adobe)를 꼽을 수 있다. 2011년 소프트웨어 거대 기업 어도비는 고객의 성장을 통해서가 아니라 대표 상품인 어도비 크리에이티브 수트(Adobe Creative Suite)의 가격 인상을 통해 매출 상승을 기대할 수도 있었다. 어도비의 경영진은 신규 고객을 유치하기 위해 영구적인 라이선스를 제공하는 고가의 소프트웨어를 포기하는 대신 클라우드 기반의 저렴한 구독 서비스 출시라는 힘든 결정을 내렸다. 그들은 이런 식의 사업모델 변경으로 24~36개월간 일시적이지만 상당한 매출 및 수익 감소가 발생하여, 공개 상장기업인 어도비가 잠재적으로 큰 타격을 입게 될 수도 있다는 사실을 알고 있었다. 그들은 또한 제품을 개발하는 방식에서부터 고객을 지원하는 방식까지 사업에 관련된 모든 것에 변화가 필요하다는 사실도 알고 있었다.

이런 위험을 감수한 보람이 있었다. 2012년 어도비의 매출액은 44억 달러, 순익은 8억 3,300만 달러였으나, 2018년 매출액은 두 배 증가한 90억 달러, 순익은 세 배 이상 증가한 28억 달러를 기록했고, 그동안 주가는 일곱 배나 상승했다. 어도비는 미래 고객의 요구를 충족시키기 위해 고도로 집중했기 때문에, 이처럼 대담하고 파괴적인 결정을 내릴 수 있었다.

이 책에서 보게 되겠지만, T-모바일이나 어도비 같은 기업들은 산업 생태계에서 가장 빠르게 변화하는 고객이라는 요소에 집중하여 모든 조직 구성원들이 이해하고 믿고 따를 수 있는 성장이라는 비전과 목표를 이루었기 때문에 파괴적 혁신 기업으로 발전할 수 있었다. 성장은 고단한 파괴 과정의 충격을 줄여주고, 기업의 지친 영혼을 달래주는 마법의 묘약이 되기도 한다.

제1장에서 나는 T-모바일의 이야기를 좀 더 자세히 살펴보고, 미래 고객을 구분하는 방법과 미래 고객에게 유효한 전략을 실행하는 방법을 설명할 것이다. 제2장에서는 어도비가 파괴적 전환 전략의 핵심이지만 위험을 감수해야 하는 결정을 내릴 수 있었던 배경을 살펴보고, 여러분과 여러분의 기업도 이 같은 결정을 내릴 수 있다는 사실을 보여줄 것이다.

2. 파괴적 혁신을 이끄는 리더십

획기적인 성장을 달성하고 유지하는 것은 흔히 영혼을 갉아먹는다고 표현할 정도로 고된 일이지만 누군가는 해야 할 일이다. 리더는 변화를 이뤄내고 그 변화가 꽃피울 수 있는 환경을 조성해야 한다.[7] 그러나 그에 수반되는 엄청난 영향력 때문에 파괴적인 변화에는 특별한 종류의 리더십이 필요하다. 파괴적인 변화를 이루기 위해서는 기업이 원하는 미래상에 다가가기 위한 운동을 능동적이고 체계적으로 전개할 수 있는 리더가 필요하다.

원하는 미래상에 대한 비전이 부싯돌이라면, 운동은 그 불씨가 꺼지지 않도록 하는 연료라고 할 수 있다. 물론 눈앞에 험난한 여정이 펼쳐질 때도 있겠지만, 운동에 동참함으로써 장애물을 극복하는 방법을 찾으려고 끊임없이 노력할 것이다. 자신보다 큰 무엇인가의 일부분이 되면 사람들은 공동의 목표를 달성하기 위해 개인적인 고통이나 불편은 감수하기 때문이다.

예를 들어 1960년대 마틴 루터 킹 목사와 민권 운동 지도자들을 생각해 보자. 당시에는 상상할 수 없었던 미래를 킹 목사가 생생한 필치로 그려낸 것이 바로 '나에게는 꿈이 있습니다'라는 유명한 연설이다. 그는 1963년 가을 워싱턴 몰에 모인 사람들이 직면한 벅찬 도전 과제를 알았고, 앞으로 몇 년 동안 민권 운동에 활력이 필요하게 될 것이라는 사실도 알았다. 그러나 그는 거기에서 멈추지 않았다. 연단을 내려온 킹 목사는 다른 민권 운동 지도자들과 함께 수천 명의 조직을 구성하고 힘을 북돋아 주어 그들이 각자의 지역사회에서 리더로서 제 역할을 할 수 있도록 힘썼다.

킹 목사와 마찬가지로, 이 책에서 소개한 리더들은 파괴적 운동을 추진하는 데 필요한 두 가지 특징을 갖고 있었다. 먼저, 그들은 '사고 방식을 바꿀 수 있는 개방성'을 갖고 있어서 불확실성을 좋아하고 새로운 일을 시도하는 데 두려움이 없었다. 그리고 '리더다운 태도'로 추종자들을 독려하고 영감을 주었고, 핵심 인물들과 협력하여 실제로 변화를 일으켰으며 그들이 각자의 영역에서 새로운 접근법을 시도해보도록 용기를 심어주었다.

이러한 파괴적 리더십 사고방식과 태도를 더 알아보기 위해, 나는 미국, 영국, 독일, 중국, 브라질의 리더 1,087명을 조사하면서 그들에게 스스로 이끌 수 있다고 생각하는 파괴적 변화가 어느 정도인지 측정해보고, 파괴를 이끄는 데 필요한 핵심 사고방식과 태도와 관련하여 스스로 자신의 점수를 매겨보라고 부탁했다. 조사 결과, 파괴에 필요한 절대적인 수치는 없었고, 현재 상황을 바꾸고자 하는 리더들의 욕망은 굉장히 다양했다. 파괴가 발현되는 다양한 방법을 대략 파악해보니, 파괴적인 리더는 든든한 관리자, 현실주의적 낙관론자, 걱정이 많은 회의론자, 조용한 첩보원이라는 네 가지 유형으로 크게 나눌 수 있었다.

제3장에서는 변화를 위한 선언문을 작성하는 방법에서부터 디지털 시대에 운동을 이끄는 방법에 이르기까지 파괴적 운동을 주도하는 방법을 자세하게 설명했다. SEO(Sponsors for Educational Opportunity, 교육 기회를 위한 지원자 모임)라는 비영리단체의 창립자 마이클 오쉬어위츠(Michael Osheowitz)와 T-모바일의 CEO 존 레저(John Legere)는 서로 완전히 다른 유형의 경영자다. 그런데 이들이 어떻게 파괴적 운동을 시작했기에 기업 안팎의 모든 이들이 파괴적 전환 전략에 투자하게 되었는지 살펴볼 것이다. 제4장에서는 파괴적인 리더의 네 가지 유형에 대해 좀 더 깊이 알아보고, 당신과 당신의 기업 리

더가 파괴적 특성과 태도를 개발할 수 있는 최고의 실천 방법을 소개했다.

3. 파괴를 통해 번영하는 문화

훌륭한 미래 고객 중심 전략도 갖추었고 파괴적 리더십도 있지만, 여전히 실패한다면 그 이유는 무엇일까? 성공하지 못한 조직들을 살펴보면 그들은 대부분 파괴적인 성장을 이루기보다는 현재 상황을 유지하는 데 적합한 문화를 갖고 있었다. 문화는 사람들이 모여 일하고 정보를 공유하고 결정을 내리고 일을 처리하며 그에 대한 보상을 받거나 벌을 받는 수천 가지 방법이 모여서 만들어지기 때문에, 판단의 기준이 되고 태도, 믿음, 행실과 행위에 영향을 미친다. 즉, 문화는 기업이 무엇을 가치 있게 여기는지 조용히 말해 준다.

파괴적인 성장 전략을 실행하기 위해서는 매일 모든 구성원이 통일된 양식으로 행동함으로써 실제로 전환을 이루어낼 수 있는 문화가 필요하다. 그러나 문화를 정착시키는 데에 여러 해가 걸릴 뿐더러 한 번 굳어진 문화를 바꾸는 일은 지극히 어렵다는 것이 현재 기업들 대부분이 안고 있는 문제점이다. 문화를 바꾸는 것은 마치 항공모함의 방향을 바꾸는 것과 같다고 말하는 사람들도 있을 정도다.

운 좋게도 나는 항공모함에 직접 탑승해 이런 거대한 변화가 이루어지는 과정을 볼 기회가 있었다.[8] 6개월간의 훈련과정 수료를 위해 신입 승조원 5,000명의 한계를 시험하는 것이 목적인 '압박' 훈련 당일에 나는 방문객 신분으로 미 해군 항공모함 니미츠(Nimitz)호에 승선했다. 니미츠호는 최고속도로 운항 중이었으며, 매시간 100여 기의 함재기가 함상 활주로를 사용하고 있었다. 주변에서 항해 중이던 세 척의 군수지원함은 항모에 가느다란 로프를 연결하여 식량과 연료를 보충해주는 굉장히 위험한 해상 작전을 수행하고 있었다. 한 번의 실수가 큰 재앙으로 불거질 수 있는 상황이었다.

이 긴장감 도는 작업 도중에 함장이 함선을 돌리라는 명령을 내렸고, 항모와 함재기, 군수지원함 모두가 느린 속도로 조심스럽게 방향을 틀었다. 항모가 방향을 바꾸는 데 거의 10분이나 걸리기는 했지만 어쨌든 방향을 바꾸긴 바꿨다. 훈련받은 지 얼마 되지 않은 만 18세에서 19세 사이의 승조원들이 수행하기에는 매우 어려운 일이었다. 그러나 함장은 꾸준한 교육과 훈련을 통해 승조원들의 능력을 끌어올렸고, 자신이 방향 전환을 명령하면 항모가 방향을 바꿀 것을 확신했다.

십 대의 청소년이나 청년을 5,000명은 고사하고, 단 한 명이라도 당신이 원하는 대로 행동하도록 설득해 본 적이 있는가? 그렇다면 함장이 직면했던 도전의 크기를 이해할 수 있을 것이다. 기업이 자신의 문화를 바꾸려고 할 때 직면하는 도전이란 바로 이런 것이다. 그렇지만 항모가 방향을 바꾸었듯이, 기업의 문화도 바꿀 수 있다.

이 책에서 소개한 기업들은 기업 문화의 다양한 측면을 체계적으로 바뀌나갔고, 직원들이 지속적으로 핵심 목표에 집중할 수 있었기에 결국 파괴적 전환을 이루고 미래 고객을 위한 가치를 창출해냈다. 이런 기업들은 미래 고객을 정의하는 핵심 믿음과 이를 구체화하는 다양한 실천 방법을 실험했고 필요에 따라 재설계했다. 몇몇 기업들은 디지털 기술을 활용하여 조직 문화의 변화를 시도하고 지원하며 그 결과를 측정했다. 분명히 말해두지만, 이런 기업들이 겪었던 변화는 굉장히 고통스러웠고 항상 논란의 대상이었다. 그들은 자신의 능력과 리더십의 취약점이 드러날 수밖에 없는 새로운 실천 방법과 실행과정을 채택하기 위해 그동안 소중히 여기던 믿음들을 버려야만 했다.

제5장에서는 현재 상황에 머물러 있는 '정체 문화'에서 벗어나고, 파괴를 통해 성공을 거두는 '유동 문화'로 거듭나기 위해 기업에 필요한 개방, 권한, 실행이라는 세 가지 믿음을 조명했다. 마지막으로 제6장에서는 사람들이 다른 사람들과 공유하는 이야기, 상징, 의식, 전통은 물론 구조와 절차까지 다루는 문화 운영 체제 구성 방법을 알아보고, 이를 통해 유동 문화가 기업 문화로 정착되는 과정을 살펴볼 것이다.

나는 이 책에서 어도비, 아이엔지(ING Bank), 맥킨지(McKinsey), 노키아(Nokia), T-모바일, 서던뉴햄프셔 대학교(Southern New Hampshire University)를 비롯해 파괴적 전환의 세 가지 도구가 적절히 조화를 이루어 획기적인 성장을 이룬 여러 기업들의 이야기를 소개하려고 한다. 이 기업들의 성공이 축하받을 일이기는 하지만, 우리는 기업들 대부분이 파괴적인 상태를 유지하는 기간이 길지 않다는 점을 기억할 필요가 있다. 거의 모든 기업들이 결국엔 선두의 자리를 내주게 될 것이고, 이 책에서 소개한 기업들도 예외는 아닐 것이다. 46년 연속 흑자를 기록한 사우스웨스트 항공(Southwest Airlines)과 같은 소수의 예외적인 기업만이 수십 년간 파괴적 전환을 유지하고 있을 뿐이다.

파괴 지수 자가평가

파괴적 전환은 기업이 전략적 방안을 모색할 수 있을 뿐만 아니라 변화라는 복잡한 인간적 측면을 통해 서로 이끄는 방법을 알아낼 수 있다는 대담한 믿음에서 비롯한 영웅적인 행동이다. 이제 당신도 그 여정을 시작하길 바란다. 이를 위한 가장 좋은 방법은 당신이 어디에서 시작하고 어디로 향하고 있는지를 이해하는 것이다.

지금 소개하는 간단한 연습문제가 도움이 될 것이다. 기업이 현재 상황을 헤쳐나갈 수 있고 더 좋은 방향으로 나아가고자 하는 파괴의 능력을 전략, 리더십, 문화 측면에서 살펴보고 각각 1점(전혀 파괴적이지 않음)에서 10점(극단적으로 파괴적임)까지 점수를 매겨보라. 너무 오래 생각하지는 말고 그저 각 항목에 숫자만 적고 평균값을 내보라.

_____ 미래 고객을 위해 위험을 감수하는 **전략**

_____ 파괴 기업 운동을 만드는 **리더십**

_____ 파괴를 성공으로 이끄는 **문화**

_____ **합계**

_____ **평균**(합계/3): 기업의 파괴 지수 점수

기업의 파괴 지수(ODQ, organization's disruption quotient)를 기록하라. 지능 지수 검사와 마찬가지로 기업의 파괴 지수도 기업이 창출할 수 있는 파괴적인 급성장을 측정한 값이다. 그러나 지능 지수 검사와 달리 기업 파괴 지수는 바뀔 수 있다.

여기에서 명심해야 할 부분은 높은 수준의 파괴가 필요하지 않은 산업 분야도 있기 때문에, 완벽한 기업 파괴 지수 '10'에 집착할 필요가 없다는 점이다. 기업 대부분의 기업 파괴 지수가 3인 산업 분야라면, 지수 4만으로도 충분히 미래 성장 고객을 찾아내고 확보할 수 있다. 물론 기업 파괴 지수 5를 목표로 삼는 다른 기업과의 경쟁은 힘들 수 있다. 그러나 당신과 당신의 기업이 이룰 수 있는 파괴의 규모와 그 파괴를 지속할 수 있는 시간을 따져보는 것이 더욱 중요하다. 이것이 바로 파괴적 전환 전략의 핵심이기 때문이다.

목적의식을 가지고 시작하라

책에서 소개된 이야기를 읽고 애초에 시장의 파괴자가 되고자 했던 이유, 즉 더 좋은 상황 전개를 위해 현재 상황을 벗어나겠다는 그 목표에 계속 집중할 수 있으면 좋겠다. 나는 2008년에 알티미터(Altimeter)를 설립하면서 일정 구독료만 지불하면 누구라도 자유롭게 첨단 연구자료를 사용할 수 있는 사업모델을 전개하여 당시의 투자 분석가 분야를 뒤흔들었다.[9] 경영자들이 파괴를 통해 성공을 거둘 수 있도록 우리는 개방된 연구자료로 최대한 많은 사람들에게 다가가고자 했다. 파괴적 사업을 구축하고 전개하는 일은 힘들고 어려웠지만, 우리는 구독자의 영향력에 초점을 맞추었기 때문에 파괴적 전략에 집중하고 앞으로 나아갈 수 있었다.

눈 앞에 펼쳐진 길이 칠흑같이 어두워 아주 작은 불빛에만 의존해야 할 때가 있을 것이다. 자신이 선택한 길에 대한 의구심이 싹틀 때도 있을 것이다. 또한 세상 모두가 자신에게 등을 돌린 것처럼 느껴질 때도 있을 것이다. 이런 고난의 시간을 학습의 기회로 삼길 바란다. 미래를 향한 비전은 위안과 영감을 주고, 멈추지 않는 힘이 될 것이다. 고통과 혼란은 파괴의 자연스러운 과정이기 때문에 지금 하는 작업이 그만큼 가치 있는 일이라는 믿음이 절대 흔들리면 안 된다. 나는 독자 여러분이 파괴적 사고방식을 유지하고 자신의 꿈을 이뤄가기를 진심으로 기대하고 응원한다.

나는 퍽이 지나간 곳이 아니라
퍽이 가야 할 곳으로 움직인다.

I skate to where the puck is going to be,
not where it has been.

웨인 그레츠키, 세계 최고의 아이스하키 선수

제1장

—

미래 고객에 대한 집착을 기업의 DNA에 각인하라

내가 지난 20년 동안 비즈니스 및 기술 분석가로 활동하면서 깨달은 사실은 신기술이 획기적인 성장으로 이어지는 경우는 많지 않았다는 점이다. 구글이 검색 엔진을 처음으로 개발한 것도 아니었고, 페이스북이 사회연결망을 처음 소개한 것도 아니었다. 이들의 서비스는 이미 존재했던 기술의 3세대 버전일 뿐이었다.[1] 우버의 경우에는 그저 위치 서비스의 새로운 활용법을 찾아냈을 뿐이었다. 구글, 페이스북, 우버의 획기적인 성장의 동력은 미래를 보고 그 방향에 맞춰 기업이 가진 모든 자원을 집중시키는 놀라운 능력에서 비롯되었다.

대부분의 기업들이 가지고 있는 한 가지 문제를 꼽으라고 한다면 익숙하고 수익성이 높은 현재의 고객이라 할 수 있다. 오늘의 고객에는 아무런 문제가 없어 보인다. 새로운 고객이 실제로 존재하는지도

확실하지 않다면 군이 현재의 고객을 버릴 이유가 있을까? 기업을 경영하는 사람이라면 그럴 이유가 전혀 없다고 말할 것이다. 자신이 잘 아는 쪽에 머무르는 것이 훨씬 안전한 선택이기 때문이다.

그러나 현재 상황을 유지하고자 하는 생각이야말로 획기적인 성장의 가장 큰 장애물이다. 획기적인 성장은 오늘의 고객에게서 비롯될 가능성은 거의 없기 때문이다. 파괴적이며 급격한 성장은 오직 내일의 고객에게서만 나온다. 어떤 경영인은 상황 유지 접근법을 가리켜 후방을 확대해서 보여주는 넓은 백미러를 보면서 운전하는 것과 같다고 비교하기도 했다. 이런 방법으로 방향을 정하고 운전하는 사람은 아무도 없겠지만, 실제로는 많은 기업들이 이렇게 운영되고 있다. 이는 최우수 고객들에게 주목하고 그들을 위해 일하라고 배워왔기 때문이지만 이런 방식으로는 파괴적 혁신을 시도조차 할 수 없다. '최우수' 고객들을 행복하게 만들기 위해 분주한 사이에, 수익성은 낮지만 새롭게 부상하고 있는 고객들을 경쟁사와 신규 진입 기업들에게 빼앗기고 만다.

이것이 바로 하버드 비즈니스 스쿨의 클레이튼 크리스텐슨(Clayton Christensen) 교수가 밝힌 혁신기업의 딜레마, 즉 신제품과 혁신을 통해 미래의 고객을 쫓아가고 싶지만, 현재의 최우수 고객에게서 얻을 수 있는 쉽고 익숙한 이익을 과감히 포기하지 못하는 상황이다.[2] 크리스텐슨 교수와 같이 뛰어난 학자들은 이 딜레마의 힘이 얼마나 강력한지 경고했고, 심지어 그것 때문에 현재의 기업들이 진정한 파괴적 혁신을 이룰 수 없다는 결론에 도달했다. 그러나 나는 파괴적 혁신을 이뤄내는 기업들을 항상 목격하고 있다.

파괴적 혁신을 이루고 싶은 기업이라면, 기업 정신에 자리 잡은 수익성 높은 '최우수' 고객이라는 족쇄에서 벗어나야 비로소 성장으로 향할 수 있다는 점을 기억해야 한다. 기업들은 이런 '최우수' 고객들을 일시적이고 시장 변화에 취약한 존재로 인식해야 한다. 물론 고객의 요구에 맞춰 응대하는 것은 기본 조건이다. 그러나 미래의 성장은 다른 곳에 있고 우리는 그것에 맞춰 계획을 수립해야 한다.

이제 새로운 고객을 대하는 시각을 전사적 전략의 핵심으로 삼았던 한 기업의 사례를 살펴보자.

T-모바일은 어떻게 휴대전화 산업을 흔들어 놓았는가?

|

2011년 말, T-모바일은 예정되었던 에이티앤티와의 합병이 독점금지법 위반으로 무산되면서 난관에 부딪혔다. 미국 내 4위 이동통신사였기 때문에 유기적이며 지속 가능한 성장에는 선택의 여지가 많지 않았다(표 1.1 참조).[3] 그해 T-모바일의 총매출액은 206억 달러였고, 47억 달러에 달하는 영업 손실을 기록했다.[4] 다행히 좋은 소식도 한 가지 있었다. 합병이 무산되면서 에이티앤티가 T-모바일에 30억 달러의 위약금을 지불했던 것이다.[5] 그러나 이것으로 무엇을 해야 했을

표 1.1 2011년 미국 주요 이동통신사 무선 통신

이동통신사	2011년 매출액
버라이즌(Verizon)	702억 달러
에이티앤티(AT&T)	632억 달러
스프린트(Sprint)	274억 달러
T-모바일(T-mobile)	206억 달러

출처: Statistia

까? T-모바일의 리더들은 성장을 위해 무엇을 할 수 있었을까?

이런 질문에 응답하는 기념비적인 작업을 맡은 인물은 당시 T-모바일의 마케팅 수석 부사장으로 후에 최고 마케팅경영자가 된 앤드루 셰라드(Andrew Sherrard)였다.[6] T-모바일은 가입자 수가 줄어들고 있었고, 애플사의 아이폰도 취급하지 않았으며, 4G LTE와 같은 새로운 네트워크 기술 지원에도 뒤쳐진 상태였다. 게다가 합병 실패로 사기가 떨어진 채 무기력에 빠져 있었다. T-모바일은 공격적인 성장 전략을 통한 회생이 필요한 상황이었다. 약소 기업이었기 때문에 어떤 위험이라도 감수할 의지가 있었고, 과격한 방법을 사용할 자유도 있었다. 그들은 방어에서 공격으로 태세를 전환할 기회를 노렸다.

2012년 1월, 셰라드는 T-모바일의 대안적 포지셔닝 조사에 착수했다. 이 작업의 핵심은 경쟁구조에서 T-모바일이 확보할 수 있는 공간을 찾기 위해 충족되지 않은 고객의 욕구를 이해하는 것이었다.[7] 무엇을 해야 할지 명확히 드러나지는 않았지만, 몇몇 선택 사항들은 급격한 변화 없이 안정적으로 실행할 수 있을 것 같았다. 하지만 앤드루 셰라드는 이에 대해 다음과 같이 말했다. "우리는 저가 브랜드가 될 수도 있었습니다. 가격 선도자가 될 수도 있었죠. 그렇지만 어떤 선택을 하더라도 우리의 운명을 그렇게 크게 바꿀 수 없을 것 같았습니다."

셰라드와 T-모바일 마케팅팀이 고민 끝에 결정한 아이디어는 그동안 간과해왔던 부분에서 고객의 후원자가 되는 것이었다. 고객들은 이해하기 어려운 약정에 묶여 수년간 다른 통신사로 옮기기 어려운 상황에 불만이 많았다. 그래서 T-모바일은 전통적인 2년 약정을 버리고, 월 이용요금에서 단말기 비용을 구분하는 등의 노력을 통해 투명성과 신뢰를 구축하기로 했다.

셰라드는 당시를 떠올리며 다음과 같이 말했다. "그것이 우리의 목표가 되었습니다. 그동안 고객에게 도움을 주지 못했던 부분에서 실제로 고객의 목소리를 듣는 사람들이 되고자 했습니다." 기존 상식대로라면 고객들은 네트워크 품질과 가격을 따져서 이동통신사를 선택했을 것이다. 그러나 T-모바일은 훨씬 작은 네트워크에서라면 고객들이 네트워크 규모나 품질보다는 관계를 고려해서 이동통신사를 선택할 것이라고 확신했다.

이것은 기업의 생존을 걸고 위험을 무릅쓴 결정이었다. 2년 약정을 없애면 T-모바일의 고객들은 경쟁사에 노출된다. 또한 셰라드는 에이티앤티와 버라이즌의 최고 고객들이 열세한 네트워크를 보유한

T-모바일로 갈아타는 위험을 감수할지 확신할 수 없었다. 과연 T-모바일은 다른 이동통신사에서 넘어온 가장 수익성이 적은 고객만 유치하게 될까?

셰라드는 다음과 같이 말했다. "우리는 이 아이디어를 가지고 오랫동안 고민했지만, 상당히 급진적이었기 때문에 겁이 났습니다. 우리가 확신을 갖고 이런 전체론적인 방법을 시도한 것은 절대 아니었습니다." T-모바일은 자신들이 실시한 광범위 고객 조사 결과와 에이티앤티의 최고 고객 중 만족하지 못한 고객들을 끌어들일 수 있다는 확신을 주는 재무 모델링을 통해 결단을 내릴 수 있었다. 실제로, 고객들은 기존 이동통신사에 싫증 난 상태라는 게 드러났기 때문이다. 물론 T-모바일 내부에서도 여전히 우려의 목소리가 있었고, 셰라드에 따르면 이렇게 말하던 임원도 있었다고 한다. "낭떠러지에서 뛰어내려 강물에 빠져야 하는 상황인 것은 알겠습니다. 그래도 그 아래에 물이 흐르고 있는지만이라도 확인하고 싶습니다."

2012년 9월 존 레저가 T-모바일에 신임 CEO로 합류했을 때 이 모든 것이 도전 과제였다. 셰라드가 이끄는 마케팅팀의 원래 계획은 2013년 8월에 새로운 가격 정책을 전개하는 것이었다. 그런데 레저는 계획보다 6개월 앞당겨 3월에 새로운 가격 정책을 시작하라고 지시했다. "그렇게 오래 기다릴 수 없을 것 같네요." 레저가 한 말을 셰라드가 기억했다.

T-모바일은 이제 고객 밀착과 성장에 집중하겠다는 분명한 목표

가 생겼다. 셰라드는 다음과 같이 회상했다. "그 목표가 우리의 매일, 매주, 매달, 매 분기의 목표가 되었고, 우리는 스스로 이렇게 질문했습니다. 어떻게 더 성장할 수 있을까? 우리는 성장을 위해 어떻게 하고 있는가? 성장에 박차를 가하기 위해 더 절약하는 방법이 있을까? 우리가 제시하는 것들이 회사의 성장을 뒷받침해 줄 수 있을 만큼 새로운 것인가?"

2013년 3월 T-모바일은 '서비스 약정' 없는 '언캐리어' 서비스를 시작했고, 3개월 후에는 초기 단말기 업그레이드 서비스를 개시했다. 이런 식으로 3개월마다 새로운 서비스를 내놓으며 고객의 불만 사항을 해결해 주자 사람들이 관심을 가지기 시작했다. T-모바일은 그 후 2년간 분기마다 새로운 상품 및 서비스 출시를 감행했다(표 1.2 참조).[8] 셰라드는 당시의 상황을 다음과 같이 기억했다. "물론 매우 고된 작업이었지만, 우리는 멈추지 않고 처음 2년 동안 놀라운 성장을 이루었죠. 고객의 불만 사항을 제거하자 고객의 마음을 얻게 되었습니다."

이런 노력의 결과는 파괴적 성장으로 나타났다. T-모바일의 매출액은 2011년 201억 달러에서 2018년 후반에는 433억 달러로 두 배 이상 증가했으며, 연평균 성장률은 11퍼센트를 기록했다(표 1.3 참조).[9] 이에 비해, 버라이즌과 에이티앤티 무선통신사업 매출은 각각 3.9퍼센트와 1.7퍼센트 성장했고 스프린트(Sprint)는 3퍼센트 감소했다.[10] 이와 같은 성장의 결과로 2012년 말 10퍼센트였던 T-모바일의 미국 무

표 1.2 2013년에서 2016년까지 T-모바일의 언캐리어 서비스 주요 기록들

2013년 3월	심플 초이스(Simple Choice) - 서비스 약정 제거. 가입자 4,400만 명
2013년 7월	점프(Jump) - 모든 가입자를 위한 초기 단말기 업그레이드. 가입자 4,500만 명
2013년 10월	심플 글로벌(Simple Global) - 무료 국제 로밍 서비스. 가입자 4,670만 명
2014년 1월	뮤직 프리덤(Music Freedom)과 캐리어 프리덤(Carrier Freedom) - 데이터 사용량에 영향을 주지 않는 스트리밍 음악과 타 통신사 고객을 위한 단말기 비용 지원. 가입자 4,900만 명
2014년 6월	테스트 드라이브(Test Drive) - 무료 체험 기간. 가입자 5,100만 명
2014년 9월	와이파이 언리쉬드(Wi-Fi Unleashed) - 고고(Gogo, 미국의 기내 와이파이 서비스 기업-옮긴이) 항공기 내 와이파이 통화와 무료 문자 서비스. 가입자 5,300만 명
2014년 12월	데이터 스타쉬(Data Stash) - 최대 1년까지 미사용 데이터 이월. 가입자 5,500만 명
2015년 3월	언캐리어 포 비즈니스(Un-carrier for Business) - 가격 단순화와 연중무휴 지원. 가입자 5,700만 명
2015년 11월	빈지 온(Binge On) - 무제한 영상 스트리밍. 가입자 6,300만 명
2016년 6월	T-모바일 튜즈데이(T-Mobile Tuesday) - 화요일마다 열리는 주간 판촉 행사. 가입자 6,700만 명

출처: Statista

표 1.3 미국 주요 통신사 무선통신사업 매출액(10억 달러 기준)

	2011	2012	2013	2014	2015	2016	2017	2018
버라이즌	70.2	75.87	81.02	87.65	91.68	89.19	87.51	91.73
에이티앤티	63.21	66.7	69.9	73.99	73.71	72.82	71.35	71.34
T-모바일	20.62	19.72	24.42	27.34	25.37	37.24	40.6	43.3
스프린트	27.39	29.11	29.26	29.56	32.05	23.81	22.598	21.98

— 버라이즌   — 에이티앤티   — T-모바일   ⋯ 스프린트

출처: Statistia, 각 통신사 연간 보고서

선통신사업 시장 점유율은 2018년 말 19퍼센트로 증가했다.

T-모바일의 업계 내 위치도 360도 바뀌었다. 그들의 전환적 성장 전략은 에이티앤티에 의한 인수합병 실패의 여파로 나타난 것이었다. 2018년 4월 29일 T-모바일은 스프린트사 인수합병을 추진한다고 발표했다.[11] 이 글을 쓰고 있는 현재는 거래 성사를 위해 법무부와 미국 연방통신위원회의 등의 심의를 거쳐야 하는 상황이지만, 이는 불과 몇 년 만에 엄청난 규모로 성장한 T-모바일의 위치를 보여주는 지표라고 할 수 있다(2020년 4월 1일 합병 완료-옮긴이).

T-모바일의 성장 근간은 충족되지 않은 고객의 요구에 고도로 집중한다는 고전적인 파괴적 혁신 사고였다. 이 전략의 핵심에 빛나는 신기술이 있었던 것은 아니다. T-모바일의 혁신은 업계의 표준 관행에 도전장을 내민 단순하지만 강력한 가격 결정 모델이었다.

그러나 T-모바일의 전략은 두 가지 측면에서 고전적인 파괴 전략과 구별된다. 먼저, 기존 기업들은 부상하는 고객의 요구를 충족시킬 만큼 빠른 속도로 사업의 핵심을 바꿀 수는 없다는 기존의 믿음이 틀렸음을 보여주었다. T-모바일은 단순히 가격 결정 모델만 바꾼 것이 아니라 차별화된 언캐리어 전략을 통해 200억 달러에 달하는 이동 통신 사업의 모든 측면을 바꿔놓았다. 두 번째는 타 통신사의 수익성 낮은 비주류 고객에게만 다가간 것이 아니라는 점이다. 언캐리어 전략은 업계 선두기업, 특히 같은 종류의 네트워크를 보유한 에이티앤티에 대한 전면 공격이었기 때문에 가입자의 이동이 더욱 쉽게 일어날 수 있었다. 결과적으로 T-모바일은 단지 경쟁사보다 빠른 성장을 이루기만 한 것만이 아니었다. 비록 업계 4위 기업이었고 선두기업들인 에이티앤티나 버라이즌보다 훨씬 작은 규모였지만 미국의 무선 통신사업을 파괴했다.

T-모바일이 무약정 접근방식을 적용하자 그동안 고객에게 그다지 친절하지 않았던 다른 통신사들의 여러 관행이 드러났고 결국 업계 전체가 변하게 되었다. 다른 통신사들도 점차 2년 약정을 없애기 시작했고 2016년 초에는 4대 주요 통신사 중 마지막으로 에이티앤티도 기존 관행을 포기했다. 덕분에 오늘날 미국인들은 무약정 통신, 무료 음악 및 영상 스트리밍, 언제라도 가능한 전화기 업그레이드 같은 서비스들을 당연하게 여기게 되었다.

T-모바일의 혁신 방법이 그리 대단한 것은 아니라고 생각할 수

도 있다. 업계 4위의 위치였고 잃을 것도 없었기 때문에 그들은 위험을 감수하지 못할 이유가 없었다. 그러나 현재 상황 유지라는 익숙한 매력은 너무나 강력해서, 실제로는 사업 경영자들의 대다수가 T-모바일과 비슷한 길을 가려고 하지 않는다. T-모바일은 이런 과정에서 미래 고객에 대한 강렬하고 실질적인 비전을 만들었고 경영진은 그 비전을 따를 수밖에 없었다. 이것이 작지만 중요한 차이점으로, 리더와 기업은 파괴적 사고방식을 통해 두려움을 떨쳐버리고 약자의 위치에서 벗어난 것이 아니라, 기회와 자신감이라는 관점을 통해 스스로 파괴적 사고방식을 만든 것이다.

당신의 미래 고객은 누구인가?

비즈니스 리더들은 사업 계획과 전략을 기획할 때 확실성과 가능성을 파악하면 훌륭한 경영 실적이라는 보상을 받을 수 있다고 배웠다. 우리는 전년도의 성과와 실패 요인을 체계적으로 분석하고 내년도 계획을 조정한다. 그렇지만 이렇게 백미러를 바라보며 전략을 구상하기 때문에, 우리는 자신의 가능성을 제한하고 있는 셈이다.

경쟁자들이 크게 요란하지 않고 신생 기업들도 정해진 길에서 벗어나지 않는 안정적이고 변화가 느린 산업이라면 이런 접근방식이 효과적이다. 그러나 최근에 내가 파악한 바로는 이런 설명에 잘 들어 맞는 산업군은 이제 많지 않다.

　T-모바일의 성장 사례에서 알 수 있듯이, 파괴적 혁신 기업들은 지금은 존재하지 않는 고객의 요구를 예측하기 위해 자신감을 가지고 미래를 바라보았다. 미래를 멀리 바라볼수록 기업의 파괴력도 커진다.

　물론, 미래를 정확히 예측하고 정의하기란 무척 어려운 일이다. 이런 이유로 기업들 대부분이 '우리가 틀렸다면 어떻게 하나? 선택한 길을 버리고 다른 길로 가야 한다면 어떻게 하지?'라며 전전긍긍한다. 내가 당부하고 싶은 말은 미래를 예측하라는 것이 아니라, 그저 '미래의 고객이 과연 무엇을 원할까?'라는 한 가지 질문에 대해서만큼은 그럴싸한 근거가 있는 추측을 해보라는 말이다. 미래의 고객을 잘 이해하고 있다는 자신감이 생기면 그들을 쫓아갈 확률도 높아질 것이고, 수익성이 높은 현재의 고객을 잃게 되는 위험을 감수할 수도 있다.

　이렇게 보면 파괴적 전략은 고전적 전략과 다를 바가 없다. 전략을 통해 우리는 무엇을 해야 하는지도 결정하지만, 무엇을 하지 말아야 하는지도 결정한다. 파괴적 전환 전략으로 이런 전략적 선택의 범위를 구체적으로 정할 수 있다. 오늘의 고객과 내일의 고객 중 어떤 고객을 우선시해야 할까? T-모바일의 리더들은 통신사와 좀 더 믿을만하고 투명한 관계를 원하던 미래 고객에게 자신들의 미래를 걸었다.

　현재의 고객이 가져다주는 매출과 수익이라는 확실성에서 벗어날 수 있는 한 가지 방법이 바로 미래 고객에 대한 집중이다. "최고의 고객을 위해 모든 자원을 아끼지 말라"나 "미래를 위한 가능성을 탐색하기에는 시간과 돈이 모자라다"와 같은 말을 얼마나 많이 들었던가? 이 말들은 내일보다 오늘을 우선시하는 기업이 하는 말이다. 현재의 고객에게 나오는 손쉬운 이익에 빠진 나머지, 조금씩 고객들을 확보하며 성장하는 새로운 경쟁자를 보지 못한다는 혁신가의 딜레마는 미래 고객에 대한 집중을 통해 해결할 수 있다.

최고의 고객을 외면한 페이스북

추억을 더듬어 음악 및 엔터테인먼트 웹사이트인 이유니버스(eUniverse)가 부대 사업으로 마이스페이스(MySpace, 사용자가 음악, 비디오 등 관심사에 따라 인맥을 구축할 수 있는 소셜 네트워킹 웹사이트로 미국 내의 인기 있는 사이트 중 하나-옮긴이) 서비스를 시작하던 2003년으로 돌아가 보자. 그해 가을에 내가 마이스페이스의 CEO 크리스 디울프(Chris DeWolfe)를 만났을 때, 그가 핵심 회원층인 당시 로스앤젤레스 인디 음악계를 이해하고 대응하기 위해 얼마나 열중했는지 아직도 기억한다. 마이스페이스는 이유니버스 사용자를 중심으로 빠르게 성장했고, 2005년에는 5억 8,000만 달러라는 놀라운 금액으로 뉴스 코프(News Corp)에 인수되었다.[12]

반면, 마크 저커버그(Mark Zuckerberg)는 2004년 1월에 자신의 기숙사에서 페이스북을 시작했다. 처음에 이 사이트는 하버드 대학 학부생들에게만 공개되었다. 시작한 지 한 달이 지나자 하버드 학부생의 절반이 가입했고 다른 대학교 학생들도 이용할 수 있도록 해 달라는 요구가 쇄도했다. 2004년 3월에는 컬럼비아 대학, 스탠퍼드 대학, 예일 대학까지 서비스 범위를 확장했고 곧 더 많은 대학교를 추가시켰다. 일 년 후, 대학생만으로는 사용자 수를 늘릴 수 없었던 페이스북은 사업 확장을 결심했고, 2005년 9월에는 고등학생 가입을 허용하면서 자연스럽게 사용자 범위를 넓혀갔다.

그리고 2006년 9월 26일에는 실제 사용하는 이메일 주소만 있으면 13세 이상인 사람은 누구라도 가입할 수 있도록 하는 엄청난 변화를 시도했다.[13] 그러자 기존 사용자인 대학생과 고등학생의 부모들도 가입했고, 학생들은 이런 악몽 같은 상황을 절대로 받아들일 수 없었다. 그러나 페이스북이 성장할 수 있는 유일한 방법은 모두에게 사이트를 공개하는 것이었기 때문에 그대로 밀고 나갔다.

페이스북은 훨씬 큰 시장으로 새롭게 진출하기 위해 최고 고객인 학생들을 외면하는 미리 계산된 위험을 감수했다. 페이스북 경영진은 학생들이 페이스북 활동에 많은 의미를 부여하고 있었기 때문에, 그들의 부모가 가입하는 것을 묵인해 주리라고 판단했다. 페이스북은 또한 학생들과 마찬가지로 성인들도 페이스북을 사용하면서 불편을 느낄 수 있다고 판단하여, 모든 사용자의 관심을 끌면서 좀 더 실용적인 사이트가 되기 위해 사이트 전면 개방 전에 뉴스 피드(News Feed) 서비스를 추가하는 등 여러 방안을 마련했다.

그동안 마이스페이스는 무엇을 하고 있었을까? 마이스페이스는 소중한 충성 회원들이 원하는 대로 음악과 엔터테인먼트 분야에 열중하고 있었다. 명석하고 경험도 풍부한 뉴스 코프의 전문 관리자들은 핵심 회원들의 요구를 바탕으로 계획을 구상했고 그 계획을 실천에 옮겼다. 이것은 사업 성공의 정석이었고, 만약 계획대로 되지 않고 있다면 그것은 분명히 실행상의 문제 때문이었을 것이다. 계획은 안전한 사업 기본 원칙에 따라 설계되었기 때문에 한 치의 오차도 없었다. 그러나 문제는 현재의 회원이라는 잘못된 목표에 초점을 맞추었다는 점이다. 즉, 그들은 퍽이 이미 지나간 곳으로 향하는 실수를 저지르고 있던 것이다.

페이스북은 이미 당시의 회원들이 원하는 바를 알고 있었고, 퍽의 진행 방향에 대한 모든 가능성을 열어두면서 회원들이 움직임을 알아내고자 최선을 다했다. 페이스북은 회원들이 어디로 향할지 정확하게는 알 수는 없었지만, 근거에 기초한 추측과 직감을 활용하여 회원들을 자세히 관찰하면서 몇 가지 아이디어를 얻을 수 있었다. 엉뚱하기는 해도 기존과 다른 게임을 하던 페이스북에게는 괜찮은 방법이었다.

2006년에 마크 저커버그가 페이스북의 전략을 설명할 때에도 이 점이 분명히 드러났다. 나는 그의 사업 설명을 가장 먼저 듣게 된 투자 분석가로서 여러 가지 질문을 했지만, 그는 '페이스북은 공익사업'이라는 대답만 반복했다. 페이스북이 우선으로 여기는 고객 요구가 무엇인지 질문했을 때에도 그는 이렇게 대답했다. "페이스북은 공익사업이라서 회원들에게 필요한 모든 것을 합니다." 광고에 대해서는 무엇이라고 했을까? "페이스북은 공익사업이기 때문에, 누구라도 페이스북을 이용할 수 있고 광고주들은 이들 모두에게 광고를 노출하려고 합니다." 당시에도 페이스북이 성장하고 있었고 회원층도 두터웠지만, 사업적인 측면에서 나는 페이스북이 스스로 무슨 일을 하는지 모르는 것은 아닐까 하는 의심이 들었다.

페이스북이 파괴적인 사고방식으로 새로운 전술을 펼치고 있는 동안 나는 계획 및 실행이라는 기존의 사고방식에 갇혀 있었다. 회원 수 증가라는 관점에서 월간 방문자 수를 비교해보면 이미 2008년 초반에 페이스북은 마이스페이스를 앞질렀다.[14] 마이스페이스는 2008년 12월에 회원 수 7,500만 명을 기록하며 정점을 찍은 후 계속 감소했다.[15] 반면 2008년 1억 명이던 페이스북의 월간 활동 사용자 수는 2018년 말 23억 명으로 폭발적으로 증가했다.[16] 다른 파괴적 혁신 기업들과 마찬가지로 페이스북도 산업 생태계에서 가장 빠르게 움직이는 요소인 고객을 성장 전략의 중심으로 삼았는데, 이때 고객은 그냥 고객이 아니라 미래 고객이었다. 당시에는 존재하지 않았던 고객의 요구를 예측하기 위해 그들은 자신 있게 먼 미래를 내다보았다.

마크 저커버그는 2016년 개발자 연례 회의 'F8' 행사에서 향후 10

년 로드맵을 공개했다.[17] 이 행사를 통해서 페이스북은 미래 성장을 위해 어디에 초점을 맞추고 있는지, 개발 관련자들이 변화하는 고객의 요구에 어떻게 대응하고 있는지를 잘 보여주었다.

2018년 후반에서 2019년으로 이어지는 기간 동안 페이스북을 둘러싼 많은 논란이 발생한 것을 보면서, 그들이 데이터와 개인정보, 러시아의 미국 대선 개입 등 우려의 목소리에 좀 더 귀 기울였어야 했다고 반박할 수도 있다. 물론, 10년 로드맵 당시에는 저커버그도 자신이 페이스북이 디지털 광장이 아니라 사적인 사회 연락망이 되어야 한다고 말하게 될 것을 예상하지 못했다.

내가 페이스북의 탄생부터 지켜보면서 알게 된 놀라운 점 한 가지는 저커버그가 페이스북뿐만 아니라 자기 자신도 꾸준히 쇄신해 왔다는 사실이다. 이렇듯 미래에 집중하는 동시에 현실을 직시하려는 의지가 있었기에 페이스북이 압도적이고 파괴적인 기업으로 남아 있을 수 있었다.

미래 고객 집중으로 얻는 이익

경제 전망이나 신기술 개발, 경쟁자 출현 등 통제할 수 없는 미래 상황은 수도 없이 많다. 확실하게 통제할 수 있는 한 가지는 우리가 선택하고 집중할 목표뿐이다. 기업은 미래 고객의 요구를 이해하고 확인하여 만족시키는 데에 모든 노력과 자원을 집중해야 한다. 그렇게 만 할 수 있다면 미래 고객에 대한 집중도가 낮은 경쟁자나 스타트업 과의 경쟁에서 우위를 차지할 수 있다.

일반적으로 기업들은 다음과 같이 많은 장점을 갖고 있지만, 현재 상황을 유지하는 대신 미래 고객을 찾아 나서야만 한다.

고객. 확고한 고객층이 형성되지 않은 스타트업과 비교하면, 이미 신뢰 관계를 구축한 고객층이 있다는 점은 커다란 장점이다. 기 존 고객 중 일부는 여전히 미래 고객으로 남아 있을 가능성이 크 긴 하지만, 언제라도 새로운 제안을 듣고 이탈하는 고객이 생길 수 있으며 이는 곧 매출 및 수익 감소로 이어질 수 있음을 명심해 야 한다.

브랜드. 신제품을 소개할 때, 처음 보는 브랜드보다는 기존에 알려 진 브랜드가 있는 편이 훨씬 유리하다. 새로운 상품과 서비스를 위 해 항상 새로운 브랜드가 필요한 것은 아니고 하위 브랜드를 이용 하거나 브랜드 집단에 포함시킬 수도 있다. 그러나 미래 고객의 요 구를 충족시키기 위해 브랜드를 개발하는 작업은 상당히 까다롭 다. T-모바일의 경우 자신의 브랜드 자산과 인지도를 끌어올렸지 만, '언캐리어'라는 쇄신 작업을 통해 낮은 통화 품질과 한정된 서 비스 지역이라는 약점도 극복해야만 했다.

인재. 일반 기업은 능력 있고 경험도 풍부한 인재를 새로운 사업에 투입하고 자원을 지원할 수 있다. 진정으로 미래 고객에 집중한다면, 모험 정신을 발휘하여 독창적인 방법으로 미래 고객을 찾아낼 수 있을 것이다. 그렇지만 불안정한 벤처 사업의 특성상 자금은 부족하고 할 일은 많은 스타트업은 인재 영입도 치열한 인재 시장을 통해야 가능하다.

사업 규모. 영업 활동과 고객 서비스, 인사와 재무 관리까지 모든 영역이 제 역할을 할 때 비로소 효율적인 기업 운영의 기반이 마련된다. 스타트업은 이 모든 것을 처음부터 시작해야 한다. 그러나 시간이 흐르면서 이런 과정들이 꾸준히 발전하지 못하고 위축된다면 기업의 규모는 오히려 짐이 될 수도 있다. T-모바일은 변화를 시작하면서, 매장 내 인사 방법에서부터 고객 전화 응대 요령에 이르기까지 사업의 모든 측면에서 언캐리어 서비스를 뒷받침하도록 준비했다.

자금. 일반 기업은 수익성이 높은 사업에서 나온 자금을 활용하여 수익성이 낮은 새로운 고객층에 투자할 수 있지만, 스타트업은 투자를 유치해서 자금을 모아야 한다. 또한 자금을 대안 계획으로 간주할 수도 있는데, 이는 남들이 알아채지 못한 고객 요구를 파악하고 해결한 스타트업이 생기면, 자금을 이용해서 그 스타트업을 인수할 수도 있기 때문이다.

미래 고객에 집중하는 경영 전략이 있다면 자산과 사업 규모를 이용하여 고객에게 다가갈 수 있다. 이런 이유로 아마존, 애플, 페이스북, 구글, 넷플릭스 같은 세계 최대의 파괴적 혁신 기업들이 점점 더 커지고 있다. 이들은 사업 규모, 브랜드, 고객 관계를 모두 갖추었고, 신성장을 주도하는 동력에 끊임없이 재투자할 수 있는 현금도 보유하고 있다.

변화는 삶의 법칙이다.
과거나 현재만 보는 사람은
결국 미래를 놓치기 마련이다.

존 F. 케네디

미래 고객의 요구에 집중하는 방법

미래 고객을 통한 파괴적 성장 전략을 추진하려면 고객, 특히 미래 고객에 대한 집착이라는 개념을 체계적이고 계획적으로 기업의 DNA에 각인시켜라. 모든 직원이 이러한 관점을 공유하고 사업 과정

전반에 적용해야 한다. 기업은 매일 고객을 상대하는 직원들을 독려하고 그들이 관찰한 내용을 활용하여 주변부에서 발생하는 고객 요구를 확인하는 방법을 마련해야 한다. 그리고 새로운 시각과 열린 마음으로 이런 자료를 평가하는 과정도 필요하다.

이를 위한 비법은 없지만, 미래 고객을 일상의 주제로 만들기 위해 파괴적 혁신 기업들이 사용하는 좋은 실천 방법이 몇 가지 있다.

대시보드에 고객을 올려놓아라

나는 얼마 전에 한 소비재 기업 경영진과 함께 디지털 전환을 돕는 조직의 문화 전략 구축작업을 진행한 적이 있다. 워크숍 중 한번은 고객 집착에 대한 필요성을 얘기한 후, 그 기업 CEO의 대시보드 좌측 상단에는 무엇이 있는지 물어보았다. 그러자 그는 조심스레 이렇게 답했다. "재고자산 회전율이요."

기업이 무엇을 측정하느냐에 따라 기업의 본질이 결정된다.

자신의 개인 대시보드를 한번 보고 고객이 어떤 방식으로 표시되어 있는지 확인해보자. 그보다 먼저, 대시보드에 고객이 있기는 한가? 대시보드에 고객이 이미 있다면 다행이고 축하할 일이다. 이제 한 단계 더 깊이 들어가 보자. 대시보드에 고객이 어떻게 표시되어 있는가? 매출액과 판매량, 고객 수와 같은 수치, 즉 '허영 지표(vanity metrics)'로 가득한가? 아니면 평생의 가치, 고객 만족, 충성도와 같이 의미 있는 '관계 지표(relationship metrics)'를 가지고 있는가? 마지막으로 대시보드에 미래 고객이 표시되어 있는가?

몇 년 전에 마크 저커버그의 대시보드를 2010년 3월부터 캡처한 자료화면이 공개되었는데, 나는 그것을 살펴보고는 놀라지 않을 수 없었다. 첫 번째 칼럼은 사용자 등록 현황, 일간, 주간, 월간 평균 사용자 수, 신규 회원 수 등 일반적인 고객 지표였다. 그러나 내가 크게 관심을 가졌던 부분은 바로 두 번째 칼럼이었다. '모바일 사용'이라는 제목이 붙은 이 칼럼은 플랫폼에 따른 모바일 사용량을 추적하고 있었다. 이때가 2010년 3월이었는데, 당시 페이스북 모바일 사용자는 1억 명에 지나지 않았고 이 중 절반은 앱이 아니라 모바일 웹 버전을 사용하고 있었다. 그러나 저커버그는 이미 모바일이 페이스북의 미래를 상당 부분 차지할 것으로 예견했고, 대시보드 상에 별도의 공간을 할애하여 새로운 사용자들을 추적하고 있었다.

이 실천 방법은 대시보드와 기본적인 정리기술만 있으면 누구라도 할 수 있는 작업이기 때문에, 임원진이 아니더라도 실행할 수 있다는 점이 특징이다. 또한 소셜 미디어에서 제품에 대한 고객 반응을 피드로 만들어 낼 수 있으므로 별도의 양적 자료를 확보할 필요도 없다. 조직 내부적으로도 활용할 수 있는데, 내가 만난 어떤 재무팀은 고객, 미수금 계정, 지급 계정 사이의 상호작용을 계산하고 내부 직원들의 보고를 통합하여 순수 추천고객 지수(net promoter score, 사용자의 시각에서 평가한 서비스 만족도 수치-옮긴이)를 측정하기도 했다.

현재와 미래의 성공에 가장 큰 영향을 미치는 고객 지표나 고객 정보가 무엇인지 파악하라. 그런 다음 대시보드 전면 중앙에 고객을 위한 별도의 공간을 마련함으로써 집중해야 할 주제에 고객이 포함되도록 하라.

고객에 대한 호기심을 불러일으켜라

내가 여러 기업과 함께 일해보면서 발견한 가장 큰 문제 중 하나는 사람들 대다수, 특히 경영진들이 스스로 미래에 대해 생각할 수 없다고 여긴다는 점이다. 그들에게 매월, 매 분기, 매년 목표 달성이 무엇보다 중요하다고 말하는 사람은 많았지만, 호기심을 가지라거나 고객 행동의 원인을 파악하라거나 혹은 기업의 사업 원칙을 살펴보라고 말한 사람은 아무도 없었다.

얼마나 안타까운 일인가?

특히 매일 고객들을 상대하는 직원들은 고객에게 무슨 일이 일어나고 있는지 가장 잘 알고 있다. 이런 정보들은 디지털 협력 플랫폼을 통해 기업의 최고위층에게까지 빠른 속도로 전달될 수 있다. 직원들은 증가하는 고객 요구를 발견하는 조기 경보 레이더의 역할을 할수 있지만, 그러기 위해서는 직원이 고객에 대한 호기심을 갖도록 기업이 체계적이고 확실하게 격려하며 이런 문화가 조직에 뿌리내리도록 해야 한다.

고객에 대한 호기심을 불러일으키는 가장 좋은 방법은 현재와 미래의 고객을 확인할 수 있는 공감 지도(empathy map)를 만드는 것이다. 나는 2014년 IBM 디자인 씽킹 워크숍에서 처음으로 공감 지도를 만드는 공식적이고 측정 가능한 방법을 접했다.[18] 식별 가능한 자료와 사례를 통해 고객의 목표와 동기를 이해하는 것이 공감 지도의 배경 목적이다. 이 단순한 틀이 고객의 말과 행동, 생각과 느낌을 자료로 수집하고 통합할 수 있는 좋은 도구가 된다(표 1.4 참조).[19]

직원들에게 요청하여 유형에 따른 고객의 말과 행동, 생각과 느낌에 대한 정보를 수집하게 하라. 정식 인터뷰, 관심 집단 세션(focus group session), 비공식 관찰이나 콜센터 통화 내용 등 다양한 방법으로 사례를 모을 수 있다. 각 사례와 관찰 내용을 한 장씩 접착 메모지에 적은 후 공감 지도의 적당한 곳에 붙여라. 이렇게 공감 지도를 만드는 과정에서 팀원들이 공통으로 고객을 이해하는 부분은 어디인지, 너무 몰려 있거나 비어 있는 부분이 어디인지 알 수 있다.

미래 고객을 확인하기 위해 공감 지도를 만든다면 지도상에 많은 여백이 생기고 그만큼 고민할 부분도 많아질 것이다. 그러나 바로 그 여백 때문에 팀원들은 호기심을 갖게 되고, 고객의 말과 행동, 생각과 느낌에 대한 정보를 접하면서 어떤 요구가 새로 발생하고 있는지 생각해 보게 된다. 이런 '자료'들은 미래 고객의 공감 지도 완성에 도움을 준다.

고객에 대한 호기심을 가질 때 몇 가지 주의사항이 있다. 먼저, 당

표 1.4 공감 지도의 예

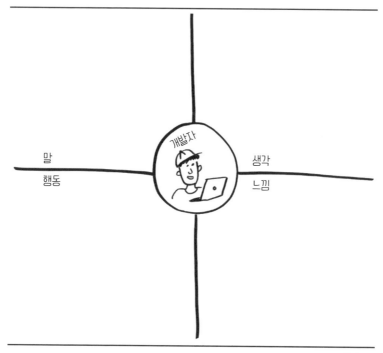

출처: IBM

신과 직원들은 고객이 아니라는 점을 이해하라. 개인적인 선호나 편견을 버리고 세상을 보이는 그대로 바라보라. 그래야만 서로 다른 입장을 이해할 수 있고 제대로 된 공감이 가능하다. 시간이 지나면서 현재와 미래의 고객이 다양한 가치, 희망, 걱정, 행동 양식을 가진 현실 속의 사람으로 보이게 될 것이다.

두 번째로, 이 작업이 페르소나 개발이나 고객 세분화와 같이 주로 여행 지도나 마케팅 실행방법 개발을 위해 사용되는 고객 모델이나 단순 묘사가 아니라는 점을 이해하라. 페르소나나 고객 세분화에는 고도의 확실성이 필요한 대신 집중의 폭은 좁다. 그러나 공감 지도는 이와 정반대이며, 예를 들어 고객의 생각과 말이 얼마나 불일치하는 지와 같이 복잡하고 논쟁거리가 많을수록 좋다. 제대로 된 공감 지도 라면 흥미로운 고객에 대해 더 많이 알아보고 싶다는 호기심을 불러 일으킬 것이다.

고객 자문 위원회를 만들어라

대기업처럼 고객 조사에 엄청난 비용을 투자할 수 없는 중소기업들 은 어떻게 해야 고객을 더 잘 이해할 수 있을까? 이런 질문에 대한 나의 대답은 다음과 같다. 현재 잘하고 있는 것은 무엇이며 앞으로 더 잘할 수 있는 부분은 무엇인지 확인하기 위해 통찰과 피드백을 줄 수 있는 고객 자문 위원회(customer advisory board, CAB)를 구성하라.

고객 자문 위원회에는 현재 최고 및 최대 고객이 포함되지 않아야 한다. 대신 기업에게 무언가 다른 방식을 요구하는 고객을 찾아라. 영업팀과 고객 서비스팀에게 문의하여 현재의 업무방식에 이의를 제 기한 가장 통찰력이 풍부한 고객이 누구인지 알아보라. 이런 고객들 은 더 높은 기준을 제시하기 때문에 그만큼 기업에 대한 기대치가 높 다. 이들은 경쟁기업이 제시한 내용을 잘 알고 있고, 때로는 현재 제 공하지 않는 새로운 맞춤형 서비스를 원하기도 한다.

현재 고객 중에서도 이런 사람들을 찾을 수 있지만, 잠재고객이나 이미 떠나버린 기존 고객 중에서도 찾을 수 있다. 여기서 핵심은 미래 고객의 모습이라고 생각되는 측면을 잘 표현해주는 사람들과 돈독한 관계를 유지하는 것이다.

미래 고객을 알아보기 위해 고객 자문 위원회를 구성할 수 있다는 말은 새로운 아이디어를 마음껏 실험할 수 있는 집중 그룹이 생겼다는 말이다. 고객 자문 위원회 회의에 참석하기 위해 위궤양 치료제를 먼저 먹어야 할 정도로 스트레스를 받을 수도 있지만, 강력한 고객 자문 위원회라면 분명히 기업이 상상할 수 있는 것보다 훨씬 더 많은 요구 사항을 빠르게 요구할 것이다. 사실 미래 고객의 목소리에 귀 기울이지 않으면 위험에 빠지기 때문에 이사회보다는 고객 자문 위원회의 목소리를 듣는 것이 더욱 중요하다고 강조하고 싶다. 미래 고객이 무엇을 원하는지 구체적으로 이해한다면 현재에 멈춰 있는 사고방식에서 벗어날 수 있는 강력한 무기를 가지고 있는 것과 같다.

고객 집착형 직원을 찾아라

고객 자문 위원회와 마찬가지로 이미 자연스럽게 고객을 생각하는 사람들을 조직 내에서 찾아보라. 당신은 아마도 그 직원들이 누구인지 이미 알고 있을 것이다. 그들은 좀 더 고객 친화적인 기업이 되는 방법을 여러 차례 지적하고, 고객의 입장에서 불편한 점은 무엇인지 직감적으로 이해한다. 그들은 고객의 시각에서 바라보기 때문에, 자연스럽게 고객 문제에 관심을 가지게 되고 그 문제를 해결하려는 열정을 보인다. 물론 그런 직원들은 변화를 추구하기 때문에 기업에게는 눈엣가시 같은 존재가 될 수 있다.

이런 고객 집착형 직원들(customer-obsessed people, COPs)을 찾는다면, 그들의 의견이 중요하고 기업이 그 의견을 받아들여 변화를 만들고 있다는 사회적 증거를 보여주어야 한다. 예를 들어, 어떤 기업은 서비스 콜에서 발생한 문제를 표면화하여 제품이나 정책에 변화를 주도적으로 이끈 콜센터 직원을 월간 팀 회의마다 칭찬하고 격려한다. 고객 요구를 해결하려는 직원의 노력을 인정해 주면, 그 직원은 본받아야 할 영웅이 되어 다른 직원들도 고객의 목소리를 표면화하려고 할 것이다.

고객 집착형 직원을 고객 자문 위원회에 초대하고 분과회의를 열어 경영진과 기업에 미치는 영향력을 높일 수도 있다. 파괴적 전환전략을 종합할 때, 고객 집착형 직원이 기업의 계획을 점검하고 진행할 수 있도록 하라. 고객 집착형 직원이 전략적 사고 과정에 참여하면 사례 검토와 전략 확인 및 개선에 실질적인 도움을 줄 수 있다.

풍문이 아니라 조사를 통해 미래 고객을 정의하라

최근에 나는 미래 고객을 정의하는 프로젝트를 시작하려는 한 기업의 워크숍에 참가했다. 내 동료가 행사를 시작하면서 모두에게 외계인을 그려보라고 말했다. 외계인의 종류에 상관없이 무엇이든 떠오르는 모양을 그려보라고 한 뒤에 참가자들이 그린 그림들을 방 안에 붙여 보았다. 일반적으로 떠올리는 괴상하고 큰 머리 외계인에서부터 팔다리가 18개인 외계인까지 다양한 외계인 그림이 있었다. 우리는 모두 외계인의 모습에 대해 각자 다른 생각을 품고 있었고, 영화나 책에서 얻은 내용을 토대로 외계인의 모습에 대한 선입견을 갖고 있던 것이 분명했다.

이런 활동을 통해 우리는 미래 고객을 정의하는 일이 외계인을 그리는 것과 비슷하다는 점을 알게 되었다. 우리는 모두 다른 관점으로 접근하기 때문에 미래 고객이 무엇인지에 대해 다른 시각을 갖고 있었던 것이다. 그동안 우리는 미래 고객이 어떤 사람들인지 체계적으로 알아보고 의도적으로 선택지를 좁히면서 공통으로 이해한 부분에 다가가기 위해 시간과 노력을 들여본 적이 없었다. 불확실성을 피하고 확실한 답을 얻기 위해 우리는 거의 언제나 빠르고 편한 대답을 원했고, 그래서 과거의 경험을 되짚어보곤 했다.

이제 다른 과정을 생각해 보자. 미래 고객을 정의할 때 필요한 질문은 무엇인지 토론하기 위해 모였다고 가정하자. 그렇다면 오늘의 고객에 대해 이미 알고 있는 내용이 아니라 미래 고객에 대해 모르는 내용에 초점을 맞춰야 한다. 이것이 바로 T-모바일이 택한 조사 방법이다. T-모바일은 고객들에게 지금 무엇이 필요한지 물어보는 대신 고객들이 이동통신사와의 관계에서 불만을 느낀 사항이 무엇인지 물어보았다. 이런 질문 방식을 통해 T-모바일은 미래 고객이 어떤 부류일지 아이디어를 얻기 시작했다. 이런 서술식 심층 조사는 불필요하고 비용도 만만치 않으며 시간도 많이 드는 작업처럼 보인다. 그러나 내가 연구한 바에 따르면, 파괴적 혁신 기업들은 대부분 미래 고객에 대한 일관적이고 통일된 정의를 내리고, 조직 전체가 그 정의를 명확히 이해하고 받아들일 수 있도록 투자를 아끼지 않았다.

이에 대한 반론으로 고객 조사를 하지 않는 것으로 유명한 애플의 사례를 들기도 한다. 사실, 애플사는 표적 집단 설정이나 현재 고객 설문 조사를 통해서는 미래 고객에 대해 알 수 있는 것이 많지 않다고 생각했기 때문에 이런 방법들을 신뢰하지 않았다. 그러나 애플사는 충족되지 않은 고객의 요구를 이해하려고 애쓴 고객 집착형 기업으로도 유명하다. 아이팟을 예로 들면, 애플은 음악을 가지고 다닐 수 없다는 문제를 발견했고 '1,000곡을 주머니 속에' 담을 수 있는 플레이어를 개발했다.

유의미한 심층 조사를 진행하려면 상당한 투자금이 필요한데 기업과 경영진이 단기 실적에 목말라한다면 자금을 확보하기 어려울 수도 있다. 이를 위해 회의적인 경영진을 설득할 수 있는 한 가지 방법을 소개한다. 경영진에게 한나절의 시간을 주고 기업이 맞이하게 될 미래 고객을 명확히 그린 후에야 방을 나올 수 있는 과제를 제안해 보라. 그 위치에 있는 경영자라면 이런 과제가 굉장히 불편할 것이다.

그러나 이 한나절 미래 구상 연습의 목적은 최종 답안을 가지고 나오는 것이 아니라 미래 고객 모델을 구상하는 과정을 경험해 보는 것이다. 팀원들에게 미래 고객의 윤곽을 그려보라고 지시해보면, 자신이 무엇을 알지 못하고 무엇을 더 알아야 하는지 그 간극이 확연하게 드러날 것이다. 그 간극을 메우기 위해 정보를 수집하고 인원과 자원을 확보하는 데 주의를 기울여라.

미래 고객의 모습을 그리는 작업은 무척이나 어렵고 실천에도 큰 위험 부담이 따른다. 우리는 이런 실천 방법에 필요한 심층 작업을 다루지 않고 대신, 알 수 있는 것, 알고 있는 것, 그리고 현재의 고객에 대해서 다루려고 한다. 하지만 여러 대안적 미래의 가능성을 가늠하고 그중에서 하나를 선택해 추진해 나가는 것은 기업의 미래를 위해 꼭 필요한 작업이다.

귀를 닫고 앞만 보던 넷플릭스에 닥친 위기

미래 고객 집중에는 잠재적인 위험과 피해야 할 함정이 따른다. 우리는 미래 고객이라는 한 가지 비전에 몰입한 탓에 잘못된 길을 택했다고 알려주는 위험 신호를 듣지 못하게 될 수도 있다. 혹은 미래 고객을 쫓으려고 너무 빨리 움직인 나머지 현재 고객의 요구를 살피지 못할 수도 있다. 이 장을 마치기 전에, 고객에게서 너무 멀어지면 어떻게 되는지 알려주는 이야기를 하나 소개하겠다.

넷플릭스는 현재 가장 잘나가는 기업이다. 오리지널 콘텐츠와 스트리밍 서비스로 사랑받는 국제적인 브랜드일 뿐만 아니라, 주가도 12개월 만에 거의 두 배로 뛰어 2018년 내내 월스트리트의 사랑을 듬뿍 받았다.[20] 그러나 넷플릭스의 파괴적 성장 전략도 항상 성공만 했던 것은 아니었다.

널리 알려진 바와는 달리, 넷플릭스 공동창업자인 리드 헤이스팅스(Reed Hastings)가 연체료 40달러 때문에 사업을 시작한 것은 아니다. 공동창업자 마크 랜돌프(Marc Randolph)와 헤이스팅스는 어느 한 분야의 '아마존닷컴'이 되고 싶다는 목표를 가지고 사업을 시작했고,[21] 몇 차례 실패를 거듭한 후 1999년에 반납일이나 연체료가 없는 DVD 구독 서비스라는 괜찮아 보이는 접근방법을 떠올리게 되었다. 희망 목록에 영화를 추가하는 기능이 더해져 넷플릭스의 구독 서비스는 고객들 사이에서 폭발적인 인기를 얻게 되었다. 이 성공에 힘입은 넷플릭스는 2007년에 겨우 영화 1,000여 편으로 스트리밍 서비스를 개시했다.[22] 구독자가 늘어가고 스트리밍 서비스가 사업의 큰 부분을 차지하자, 넷플릭스는 데이터를 살펴보았고 곧 DVD 대여 사업이 저물고 스트리밍 사업이 앞으로 나아갈 길임을 깨달았다. 경쟁도 이미 뜨거워졌다. 블록버스터가 힘을 잃고 있기는 했으나, 훌루(Hulu)나 아마존, 구글 같은 새로운 진입자들이 스트리밍 비디오 사업을 시작했다. CEO인 리드 헤이스팅스는 '혁신기업의 딜레마'를 피하고 넷플릭스의 사업모델을 변경할 방법을 고민했다. 그들은 수익성이 낮은 DVD 대여 사업 축소의 필요성을 깨달았기 때문에 새롭고 괜찮은 콘텐츠를 확보하는 데 집중할 수 있었다.[23] 그러나 이처럼 큰 사업 변화를 성공적으로 이끈 기업이 거의 없다는 사실도 알고 있었다.

2011년 7월 넷플릭스는 스트리밍 서비스를 DVD 대여 사업에서 분리한다고 발표했다. 모든 면에서 이해가 되는 결정이었다. 극심한 경쟁 상황 속에서 넷플릭스는 스트리밍 서비스의 수익을 이용하여 하락세에 접어든 DVD 대여 사업을 계속할 수 있었기 때문이다. 가격도 인상했다. DVD 대여 및 스트리밍 무제한 월정액 요금 10달러는 두 서비스를 합친 월정액 요금 15.98달러 혹은 단독 서비스별 7.99달러로 바뀌었다.[24] 그리고 몇 달 후 넷플릭스는 '퀵스터(Qwikster)'라는 새로운 DVD 대여 서비스를 시작한다고 발표했다.[25] 곧바로 부정적인 반응이 나타났고, 구독자들은 이 정책에 거세게 반발했다.[26] 헤이스팅스와 넷플릭스를 향해 비난의 화살이 쏟아졌다. 한때 고객의 사랑을 받았던 브랜드는 고객의 신뢰를 잃고 만신창이가 되었다. 넷플릭스는 주문 옵션을 나누었을 때 여전히 남아 있을 DVD 대여 서비스 수요를 예측하지 못했다. 두 달 동안 구독자 80만 명이 넷플릭스를 탈퇴했고 주가는 거의 50퍼센트 하락하며 기업 가치는 10억 달러나 떨어졌다.[27]

그해 9월에 헤이스팅스는 자신의 실책으로 일어난 혼란에 대해

"모든 게 저의 불찰입니다. 여러분께 해명하고자 합니다"라는 사과문으로 시작하는 글을 블로그에 올렸다.[28] 헤이스팅스는 가격 인상과 동시에 사업 분리를 진행하려고 한 것이 지나친 욕심이었고, 충성 고객들에게 이러한 변화를 제대로 설명하지 않은 것도 큰 잘못이었음을 알게 되었다. 고객들은 이런 변화에 배신감을 느꼈고, 사랑했던 빨간 봉투의 넷플릭스를 퀵스터로 바꿔야 한다는 사실에 모욕감까지 느꼈다. 그러나 경영자가 자신의 자만과 실수를 솔직히 인정하는 경우는 드물었기 때문에, 이를 계기로 길고 느리긴 하지만 넷플릭스는 회복세를 보이기 시작했다.

"고객들이 하루아침에 우리에게 돌아오게 하는 방법을 찾으려고 했던 것은 아닙니다. 우리는 한결같이 잘 정비된 모습으로 다시 고객의 신뢰를 얻어야만 했죠. 그리고 아직 그 사건의 여파가 남아 있었기 때문에 조심스러웠습니다." 헤이스팅스는 이렇게 회고했다.[29] 먼저, 넷플릭스는 재빨리 새로운 퀵스터 브랜드를 접었고 넷플릭스라는 브랜드 이름으로 DVD 대여와 스트리밍 서비스를 유지했다. 유료 시청 방식(pay-per-view)으로 전환할 수도 있었고 스트리밍 텔레비전 단말기 제조업체인 로쿠(Roku)를 인수할 수도 있었지만 이런 뿌리치기 힘든 유혹들을 거절하는 대신 엄청난 훈련을 통해 스트리밍 영상이라는 미래에 계속 집중했다.

이런 노력은 빛을 발했다. 2012년 4분기에는 연휴 기간에 태블릿이나 스마트 TV를 구매한 소비자들 덕분에 넷플릭스 구독자가 200

만 명이나 늘었다.[30] 2013년 2월에는 구독자가 가장 선호하는 내용을 조사한 교차 자료(intersectional data)를 바탕으로 넷플릭스는 직접 제작한 오리지널 시리즈 〈하우스 오브 카드(House of Cards)〉를 발표했다.[31] 뛰어난 제작 능력, 미래 스트리밍 고객의 요구를 반영한 내용, 그리고 고객을 사로잡는 개인화 추천 방식, 이렇게 삼박자가 어울려 드라마는 큰 성공을 거두었고 넷플릭스는 업계를 장악했다. 2018년 중반 넷플릭스의 스트리밍 구독자는 1억 3,000만 명이고 그중 절반 이상은 미국 외 구독자다.[32]

사실 넷플릭스는 굉장히 운이 좋았다. 파괴적인 성장을 추구하기 위해 변화를 꾀했다가 몰락의 위기를 아슬아슬하게 피한 것이다. 전략적으로 보자면 넷플릭스 경영진은 올바른 방향을 제시했다. 그러나 그들은 파괴적인 변화에 사로잡힌 나머지 스트리밍으로 옮겨가는 고객의 속도를 잘못 판단하여 자신들의 고객이 누구인지 잊어버렸다. 더 큰 문제는 넷플릭스의 경영진이 고객의 분노에 너무 늦게 반응했다는 점이다. 그들은 미래를 향한 변화에 눈이 멀어, 고객의 움직임을 읽지 못했고 고객의 반응에 제대로 대응하지 못했다.

넷플릭스가 이 사건을 통해 깨우치고 지금도 잊지 않고 있는 교훈이 있다. 급진적이며 획기적인 변화는 매일매일 만나는 고객들의 신뢰가 확고할 때에만 가능하다는 점이다. 이 둘의 균형을 잡는 일은 어려운 작업이지만, 넷플릭스는 거대한 규모와 확고한 고객층이라는 핵심 역량을 강화한 후 변화를 이루는 데에 전념했고, 결국 신뢰

확보와 변화 추구를 모두 이루었다. 이런 조건들을 갖춘 넷플릭스는 2019년 아카데미 작품상 후보에 오른 자체 제작 영화 〈로마(Roma)〉를 통해 또다시 파괴적인 성공을 거두었다. 아슬아슬하게 몰락의 위기를 모면했던 넷플릭스의 역사를 생각하면 놀랄만한 발전이다.

더 생각하기

파괴적 전환을 추구한다면, 미래 고객이 어디에 있을지에 대한 뚜렷한 비전을 갖고 불확실한 미래를 향해 기업의 모든 자원을 쏟아부어야 한다. 동시에, 현재 고객의 요구를 꾸준히 만족시켜야 하지만 그들에게 고정되어서는 안 된다. 미래를 위한 기반을 다지는 동안 미래에 대한 확고한 비전을 유지하는 능력. 이것이 바로 파괴적 사고방식의 미묘한 차이이자 힘이다.

요점

- 파괴적 성장은 현재 고객이 아니라 미래 고객의 요구를 확인하고 대응해야 가능하다. 파괴적 성장을 주도하는 전략은 미래 고객의 요구를 확인하고 해결하기 위해 조직 전체를 통일된 방향으로 이끈다.
- T-모바일, 페이스북, 넷플릭스 같은 기업들은 기존 고객을

잃는 위험을 감수하면서도 미래 고객의 요구 파악에 끊임없이 집중한다.

- 파괴적 전환을 시작하기 위해 기업의 모든 활동에 고객 집착이라는 개념을 확실하게 각인시켜야 한다.

신이 7일 동안 세상을
창조할 수 있었던 이유는
설치 기반을 걱정할 필요가
없었기 때문이다.

The reason that God was able to create the world in seven days is
that he didn't have to worry about the installed base.

엔초 토레시(Enzo Torresi), 테크 기업 사업가 겸 경영인

제2장

—

결정의 순간을 대비하라

파괴적인 성장을 통해 변화를 추구하고자 하는 기업들의 이야기를 들어보면, 대부분은 시작이 어렵다고 한다. 변해야 한다는 사실은 잘 알고 있지만, 변화는 두렵고 실행은 부담스럽기 때문에 기업들 대부분은 더 나아가지 못하고 멈추고 마는 것이다.

파괴적 전환 과정이 얼마나 어려웠는지, 결정을 내리기 위해 얼마나 오랫동안 고민했는지, 전략을 짜기 위해 얼마나 많은 변수를 고려했는지, 모든 직원의 참여를 위해 얼마나 노력했는지를 이야기하는 리더는 많지만, 파괴적 전환 과정이 쉽고 간단했다고 말하는 이는 아무도 없다. 결국 리더에게는 반대 의견을 내야 하거나 큰마음 먹고 진행 결정을 내려야 하는 고통스러운 순간이 있었던 것이다.

혁신적인 변화를 이루고자 하지만, 원하는 모든 해답을 얻을 수도 없을 테고, 최종 결정을 내려야 하는 시기에 대해서도 의견이 분분하리라 생각된다. 그런 때에는 당신이 알고 있는 범위 내에서 할 수 있는 최선의 결정을 내려야 한다. 그리고 결정을 내린 후에도 직원들 모두에게 그 결정이 미래를 향한 길이라는 확신을 심어주어야 한다.

피할 수 없는 결정적 순간을 준비하려면 어떻게 해야 하는가? 그동안 그런 결정을 내린 기업들은 아래에 소개할 삼단 전략 계획을 따랐다. 이제 여러분도 결정의 순간을 준비하기 위해 아래 내용을 살펴보기 바란다.

- 철저한 조사를 통해 자료를 수집하라.
- 투명성을 갖고 지지를 확보하라.
- 배수의 진을 쳐서 되돌릴 수 없도록 하라.

결정의 순간을 준비하기 위해서는 무엇보다도 파괴적 전환이 얼마나 어려운지 그 현실을 인정하고, 변화에 내포된 인간성을 받아들이며, 그것을 구호나 워크숍으로 감추지 않아야 한다.

철저한 조사를 통해 자료를 수집하라

2010년 말라 샤르마(Mala Sharma)에게 심각한 문제가 한 가지 있었다. 그녀는 어도비 상품군 중에서 규모도 가장 크고 수익성도 가장 높은 크리에이티브 수트 제품군의 마케팅 부사장으로서, 패키지 소프트웨어 판매에서 구독형 판매로 사업모델을 전환하되 그 과정이 사업에 지장을 주지 않아야 한다는 불가능해 보이는 임무를 맡게 되었기 때문이다. 어도비는 전문 크리에이티브 소프트웨어 시장을 장악했고 이 사업 분야에서만 발생하는 매출액이 20억 달러에 달했다. 그러나 포토샵(Photoshop), 아크로뱃(Acrobat), 인디자인(InDesign), 일러스트레이터(Illustrator)와 같이 인기 있는 소프트웨어들이 포함된 크리에이티브 수트의 시장은 포화상태에 다다랐다. 패키지 소프트웨어를 구매하기 위해 2,499달러를 기꺼이 지불하는 사람들이 많았기 때문이다.

사업 건전성 측면에서 특히 우려되는 세 가지 상황은 첫째, 매출 증대는 대부분 가격 인상에서 발생했으나, 신규 이용자의 실질적인 증가는 없었고, 둘째, 18~24개월인 업데이트 발표 주기를 기다려야 소프트웨어 업데이트가 가능했기 때문에, 빠르게 변화하는 고객의 요구를 만족시킬 수 없었으며, 셋째, 최근의 불황에서 확인했듯이 어도비는 소비자 수요 변화에 취약하여 경상이익이 거의 발생하지 않았다는 점이었다.

클라우드 기반의 구독 모델을 통해 이런 세 가지 문제를 해결할 수 있었다. 가격 문제가 어느 정도 해소되어 새로운 시장이 열렸고, 언제라도 새로운 기능을 출시할 수 있었다. 그리고 어도비는 처음으로 고객과 직접 소통할 수 있게 되어, 꾸준한 수익 발생을 기대할 수 있었고 고객이 실제로 제품을 어떻게 사용하는지도 직접 확인할 수 있었다.

어도비 경영진은 구독 모델의 잠재력을 보았지만 세 가지 주요 장애물을 극복해야 했다. 첫 번째, 구독 모델로 전환하려면 사업 전반에 대대적인 변화가 필요했다. 어도비는 웹사이트를 통한 소비자 직접판매를 위해 유통과 소매라는 기존의 2단계 방식에서 벗어나야 했고, 제품 개발 주기도 기존보다 훨씬 짧아져야 했다. 재무부서도 기존처럼 판매 시점이 아니라 매월 구독 수익을 확인해야 했다. 또한 이러한 변화 과정 속에서 어도비는 기존 사업모델을 지원하면서 새로운 사업모델로 전환해야만 했다. 어느 것도 실패해서는 안 되는 상황이었다.

두 번째, 샤르마는 사람들이 분기 내 매출 파악이 가능한 대규모 선불 구매 방식에서 매월 지불 방식으로 이동하면 어도비의 수익이 감소할 것으로 예상했다. 고객이 패키지 소프트웨어에서 온라인 구독으로 점차 이동하면서, 이러한 수익의 압박에서 벗어나려면 24~36개월 정도 걸릴 것으로 계산했다. 어도비는 주식공개회사이기 때문에, 매출 및 수익 감소는 주가에 악영향을 미친다. 또한 낮은 성장률 때문에 어도비 주식은 이미 과거 평균가보다 낮은 가격으로 거래되고 있었고, 심각한 주가 하락은 기업 공개 매수의 빌미를 제공할 수도 있었다.

세 번째, 가장 극복하기 어려운 문제는 고객들이 구독 기반의 제품을 원하지 않았다는 것이다. 고객들은 기존의 패키지 소프트웨어에 만족하고 있었다. 그러나 샤르마와 어도비 팀은 고객의 요구를 제때에 만족시키지 못하고 있었다는 사실을 알고 있었다. 웹에서 많은 콘텐츠가 소비되고 있었기에, 창의성이 필요한 직업군은 스스로 다른 모습을 보여주기 위해 웹상에서 사용할 기술을 익힐 필요가 있었다. 그런데 어도비의 제품 출시 주기는 이렇게 급변하는 환경을 쫓아가지 못하고 있었다. 샤르마와 경영진은 어도비가 좀 더 나은 고객 경험을 제공할 수 있는 위치에 있다고 믿었고, 이런 극적인 행보를 통해 변화에서 살아남을 수 있다면 기업의 새로운 성장 동력을 얻게 되리라 기대했다.

시장 점유율 하락, 수익 하락, 어두운 전망과 같은 위험요인은 굉장히 현실적이었다. 샤르마는 변화에 성공하지 못한다면 어도비도 전환에 실패한 다른 기업들과 같은 운명을 겪으리라는 사실을 잘 알고 있었다. "어도비의 미래를 짊어지고 있다는 중압감으로 하루하루가 힘들었습니다." 샤르마는 당시 상황을 이렇게 고백했다.[1]

그녀는 소비자 수요 문제를 먼저 해결하기 위해 어도비 수석 부사장 겸 가격 전략 총괄관리자 데이비드 버켓(David Burkett)과 함께 그 방향성을 실험하기로 했다. 어도비는 1,799달러에 판매하던 웹 및 인쇄 디자인 도구 모음인 크리에이티브 수트 디자인 프리미엄(Creative Suite Design Premium)을 월정액 99달러의 구독형 모델로 오스트레일리아에서 처음으로 출시했다. 기존 제품과 다른 점은 없었고, 기본적으로 기존 가격도 18개월 구독료와 같았기 때문에 지불 방식 외에는 새로운 점이 없었지만, 고가의 영구 라이선스 모델을 구매할 수 없는 소비자들에게 인기가 있을지 가능성을 확인하고자 했다.

결과는 고무적이었다. 구독 고객 세 명 중 한 명은 어도비 제품을 처음 사용하는 고객이었는데, 이는 낮은 가격 덕분에 어도비가 제공하는 모든 프로그램을 사용하는 부담이 줄어들었기 때문이다. 그리고 구독 모델로 넘어온 기존 고객의 절반은 업그레이드하지 않은 채 기존 제품을 단순히 사용하기 위해 지불 방법의 변화를 감수했다.

어도비 경영진의 지지를 얻어내고 전략 계획대로 진행을 결정하기 위해서는 오스트레일리아 실험 결과를 면밀히 확인해보아야 했다. 경영진은 실험 결과를 통해 말 그대로 미래를 구체적으로 볼 수 있었고, 이런 변화가 가져올 미래의 모든 기회를 상상할 수 있었다. 그들은 변화가 기업의 미래상을 반영한다고 진심으로 믿기 시작했다.

가격책정부서, 전략부서, 재무부서의 심층 조사 및 토론을 거치고 몇 달 후, 샤르마는 최종 전략 검토를 준비했다. 샤르마는 어도비의 CEO 샨타누 나라옌(Shantanu Narayen)은 물론 여러 다양한 부서의 경영진과 자주 만나면서 모든 질문과 걱정거리에 대한 답을 얻었다. 가격은 재정적으로 문제가 없을 것으로 확인되었다. 오스트레일리아의 실험을 통해 확인하였듯이 새로운 서비스에 대한 고객들의 반응은 긍정적이었다. 영업부서는 기존 방식을 완전히 바꾸게 될 계획을 받아들였다. "천군만마를 얻은 기분이었죠. 같은 배를 탔다는 동지의식이 생기는 순간이었고 우리가 제대로 하고 있구나 하는 확신이 생겼습니다." 샤르마가 당시를 회상했다.

길고 험난한 강행군이 기다리고 있었기 때문에 그들에게 결단과 신념이 필요했다.

파괴적 전환을 시도하기

나는 자신들의 파괴적 전환 계획이 거절당했다며 하소연하는 리더들을 자주 보는데, 좀 더 자세히 살펴보면 그 계획에 조직의 사활을 걸 사람은 아무도 없을 정도로 허점투성이인 경우가 많았다. 샤르마와 팀의 사례에서 가장 인상 깊었던 점은 거대한 전략적 행보를 조심스레 준비했다는 점이다. 확실히 파괴적 전환을 시도하고 싶다면 다음의 몇 가지 사항들을 명심하기 바란다.

필요한 자원과 시간을 투자하라. 어도비는 말라 샤르마를 비롯한 최고경영진을 이 프로젝트로 끌어들임으로써, 중요성과 위급성을 명확히 전달했다. 더욱 중요한 점은 팀이 제대로 일하기 위해 시간과 자원을 지원받았다는 점이다. 야망이 얼마나 파괴적인가에 따라 몇 달, 혹은 몇 년이 걸릴 수도 있는 시간을 계획해야 할 수도 있을 것이다. 상황에 맞게 기대치를 계획하고 설정하라.

미래 고객에 대한 올바른 자료를 확보하라. 어도비의 경영진은 오스트레일리아 실험을 통해 얻은 자료가 모든 조직 구성원들의 마음을 바꾸는 데 있어 얼마나 중요했는지 여러 차례 언급했다. 그 자료들은 확정적이거나 포괄적이지 않았지만, 그전까지 어도비 경영진은 미래가 어떻게 될지 정말로 상상할 수 없었다. 모든 이가 확인할 수 있는 진실을 위주로 고객의 요구라는 판단 기준을 설정하면, 현실을 직시할 때에나 영감을 얻고자 할 때도 활용할 수 있다.

조직 내 챔피언을 찾아라. 당신의 파괴적 전환 사례는 더욱 힘을 얻게 될 것이고 다른 사람들이나 타 부서의 도움을 쉽게 얻을 수 있게 될 것이다. 언젠가 최고경영자가 이런 사례 조사 결과를 살펴보고, 경영진들에게 파괴적 전략에 대한 의견을 물을 것이다. 만약 그들이 전략을 만드는 데 참여한다면, 당신의 제안이 받아들여질 가능성은 더욱 커질 것이다.

사례를 수집하고 제안이 받아들여지는 과정을 좀 더 깊이 살펴보자. 결국 당신은 사람들에게 미래를 향한 거대하고 불확실한 단계를 밟으라고 요청해야 한다. 사례를 수집할 때 사용한 자료나, 연구 및 기획 과정들은 이성적인 '머리'에 호소한다. 이제는 감정적인 '마음'을 움직이는 방법을 알아보자.

투명성을 갖고 지지를 확보하라

|

변화와 불확실성의 시대에는 권력 관계 변동에 따라 과다한 불신이 생겨나고 확산된다. 변화는 보고 체계나 조직 구성의 변동에서 발생하기도 한다. 직원과 협력업체는 이렇게 생각한다. "회사가 변하면 나는 무엇을 해야 하는가? 그 결과로 내 업무나 영향력이 얼마나 많이 바뀔까? 몇 년 혹은 몇십 년 동안 내가 해온 일, 내 모든 노력들이 사라지는 것은 아닐까? 이 변화의 결과가 나에게 좋을 것이라고 확신할 수 있을까?"

내가 조사한 바에 따르면, 기업들은 투명성과 대화를 통해 파괴적 전환을 이루면서도, 직원, 고객, 협력사, 투자자의 신뢰를 유지할 수 있었다.

다가오는 변화가 자신에게 어떤 의미가 될지 확실히 알지 못하기 때문에, 사람들은 변화를 인정하지 않는 것이다. 변화가 발생하는 이유와 변화가 자신에게 미칠 영향을 이해하지 못한다면 변화에 대한 이야기를 꺼낼 방법이 없다. 그러나 변화를 좋아하지는 않더라도 이해하고 있다면 최소한 이야기를 나누고 합의에 도달할 수 있다.

투명성을 통해 신뢰를 구축할 수 있는데, 이는 투명성이 모든 면에서 책임으로 이어지기 때문이다. 예를 들어, 당신이 전환 전략을 발표하고 잠재적인 영향력의 긍정적 측면과 부정적 측면을 모두 공개한다면, 당신은 타인과의 대화 및 관계에 들어갈 수 있게 된다. 변화의 과정에서 마주하게 될 희망, 두려움, 현실에 대해 개방되어 있다면 전환을 이끄는 사람이 동기를 숨기고 있다는 인식을 떨쳐버릴 수 있다. 투명성에는 또한 서로에 대한 책임감을 만들어주는 공유된 진실과 목적에 대한 헌신이 필요하다.

그러나 경영진들은 도전을 두려워하여 대화를 위한 접근조차 하지 않기 때문에 시도조차 할 수 없다. 또는 이해와 신뢰를 쌓기 위한 쌍방 대화를 시도하지 않고, 마음을 움직이리라 희망한다는 일방적인 메시지로 마무리하는 데에만 집중한다.

파괴적 전환 전략을 성공적으로 활용한 기업들이 특별한 이유는 결과와 관계없이 처음부터 공개된 소통방식을 통해 관계를 쌓는 데 전력을 다했기 때문이다. 어도비는 처음에는 내부에서 시작해서 나중에는 외부에까지 완벽한 투명성을 유지하고자 노력했다.

진짜 문제는 어도비가 크리에이티브 클라우드를 시작하려고 할 때 생겼다. 제품 개발 방식을 바꿔야 하는 개발부서, 월간 매출 집계로 바꿔야 하는 재무부서, 도소매 유통에서 벗어나 소비자에게 직접 판매해야 하는 영업부서에 이르기까지 모든 분야에 변화가 필요했다. 어도비 웹사이트는 고객이 어도비와 관계를 시작하고 유지하는 장소이기 때문에 이제는 단순한 마케팅 사이트가 아니라 제품 그 자체가 되어야 했다.

매출액에서 단위 수, 구독자에 이르기까지 운영과 재무 측면의 모든 것이 기존의 패키지 소프트웨어에서 나온 수익에 맞춰져 있었기 때문에, 새로운 방식으로 성공을 정의하는 것이 변화의 가장 어려운 부분이었다. 회사 내 모든 이들이 뜻을 같이할 수 있도록, 샤르마는 매일 스탠드업 미팅 후에 매일 결정 일지를 기록하여 조직 전체에 투명성을 기하고자 했다.

내부 인정은 어도비에게, 특히 사용자의 대규모 저항이 있을 것으로 예상했던 제품 개발 부서에게는 중요한 사안이었다. 샤르마는 내부적으로 영향력이 있는 사람들과 긴밀하게 협력하며 출시 전에 변화 과정에 참여하겠다는 그들의 약속을 받았다. 그녀와 동료들은 커뮤니티 리더와 인플루언서에게 접근해 크리에이티브 클라우드의 가치를 설명하는 한편 그들이 우려하는 내용도 귀담아들었다. 또한 3만 명 이상을 직접 만나는 전 세계 투어를 진행하기도 했다. 눈앞에 펼쳐질 험난한 길을 투명하게 밝힘으로써, 출시 전후 사용자의 목소리를 듣고 고객의 요구에 맞게 제품과 가격 정책을 수정하는 과정에서 어도비 직원들은 서로를 신뢰할 수 있게 되었다.

어도비는 또한 투자자들에게 투명성을 보여주고 신뢰를 심어주는 데에도 굉장히 집중했다. 2011년 11월 어도비는 구독 모델로 전환한다는 발표를 준비하고 있었다. 어도비의 당시 CFO 최고재무책임자 마크 개릿(Mark Garrett)은 사업이 정상 궤도에 올라 다시 성장할 때까지는 기업의 매출과 수익이 하락할 것이라고 월스트리트의 투자 분석가들에게 설명하는 임무를 맡았다.

잠시만 생각해봐도 이것이 얼마나 대담하고 말도 안 되는 일이었는지 알 수 있다. 투자자들은 짧은 기간 동안 입게 될 재정적 타격을 받아들일 리 없었고, 기업들은 항상 이것을 이유로 파괴적 성장 전략을 포기했기 때문이다.

어도비는 월스트리트가 자신들의 새로운 사업을 충분히 이해할 수 있도록 준비했다. 상황이 개선되기 전까지 얼마나 나빠질 수 있는지 밝힘으로써 재무건전성에 대한 투명성을 유지하는 것이 핵심이었다. 당시의 상황에 대해 개릿은 이렇게 설명했다. "저는 투자자들에게 손익계산으로는 회사의 건전성에 대해 아무것도 알 수 없을 테니, 이후 몇 년 동안은 우리의 손익계산을 쳐다보지 말아 달라고 요청했습니다. 그 대신 구독자 수, 사용자당 월평균 수익, 연간 경상수익(ARR)을 봐달라고 했죠."[2]

어도비는 사업 전환 발표 당일 주식시장이 열리기 전에 새로운 사업모델을 소개하고 새로운 재무지표를 자세히 설명하기 위해 장문의 보도자료를 준비하고 기자회견을 열었다. 개릿이 단상에 올랐을 때, 재무분석가들은 이미 그 소식을 접했기 때문에 개릿은 발표 자체보다는 그들의 우려를 해결하는 데 집중할 수 있었다.

"우리는 분석가들과 손을 잡았고, 다음 분기 매출이 감소하더라도, 그것은 구독 모델 구매가 예상보다 빠른 속도로 발생하고 있음을 보여주는 굉장히 희망적인 지표로 해석할 수 있다고 설명했습니다." 어도비 투자 홍보 담당 부사장인 마이크 사비애지(Mike Saviage)가 이렇게 밝혔다.[3] 어도비는 또한 투자자들이 새로운 재무지표에 익숙해질 수 있도록 연간 경상수익을 기존 손익계산서 양식으로 전환하는 방법도 제공했다. "사업모델을 제대로 파악하지 못하면 투자자들은 우리 주식을 사지 않을 겁니다." 당시에 개릿은 이렇게 말하면서 투자자들에게 더 많은 정보와 가이드를 제공하라고 재무부서를 독려했다.

출시 발표 이후 일 년 정도 지나자 어도비는 사업이 어떻게 변할지 더 잘 이해할 수 있게 되었다. 그리고 재무분석가들에게 구독자 수와 연간 경상수익에 대한 예상치를 제공했다. "우리는 사업을 기존과 같은 수준으로 끌어올리는 방법을 제시하며 야심 차게 3개년 계획을 내놓았고, 이로써 투자자들은 고난의 길 너머에 빛을 볼 수 있었습니다." 개릿이 이야기했다.

그러나 분기별 예상치에 도달하기란 결코 쉬운 일이 아니었다. 어도비는 회사의 새로운 사업 방식으로 고민하고 있던 고객과 협력업체, 그리고 영업사원들의 말에 귀 기울여야 했다. 분기마다 샤르마와 동료들은 분기별 구독자 수와 경상수익 예상치를 설정하고 그 수치에 도달했다. 어도비의 대시보드는 사용자들이 실제로 제품을 고려하고 활용하는 방식을 추적했기 때문에 시간이 흐르면서 예측은 더욱 쉬워졌다.

분기마다 재무상 목표치에 도달하자 월스트리트 분석가들의 신뢰도 쌓였다. 어도비가 투명성을 통해 책임 의식을 보여주자 월스트리트는 긍정적인 반응을 보였다. 매출과 수익이 감소할 때에도 주식가격은 상승하는 기적과 같은 일이 일어났다(그림 2.1 참조). 사비애지는

그림 2.1 어도비 매출, 순익, 주가 지표. 2011년 4분기~2014년 1분기

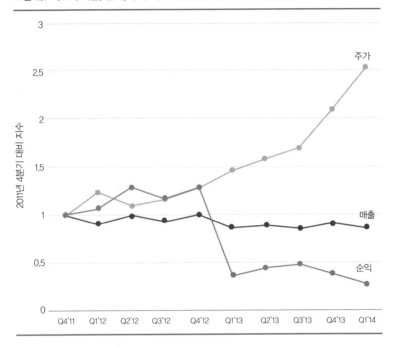

당시의 상황을 다음과 같이 밝혔다. "분기 매출 목표를 달성하지 못했지만, 신규 구독자 수는 목표치를 상회했습니다. 매출액은 감소하는데 주가는 상승했어요. 이것은 투자 홍보 분야에서 배운 것과는 정반대의 상황이었습니다."

투명성을 강화하는 방법

살펴보았듯이, 어도비는 전환 전략을 공식화하는 데 많은 비전을 제

시했고, 다가올 변화에 대해 고객과 직원, 투자자에게 솔직하게 알려 줄 수 있는 용기를 보여주었다. 현재 상황에 도전하고 그 결과를 짊어질 수 있는 대담함이 필요하기 때문에, 파괴적 전환 전략을 고려할 때 계획에서 한 발짝 물러서고 싶은 것이 일반적이다. 당신은 지금 '나는 그렇게 말하고, 행동하고 생각할 수 없다'고 생각할 수도 있다. 그러나 그냥 물러서기보다는 이런 질문을 해보는 것은 어떨까? 변화에 대해 솔직하거나 투명하지 못하는 이유는 무엇인가? 사람들이 새로운 소식을 감당하지 못하리라고 생각하는 이유는 무엇인가? 파괴적 전환 과정에서 투명성을 강화할 수 있는 몇 가지 방법을 소개한다.

변화를 시작하기 훨씬 전에 관계, 문화, 가치에 투자하라. 샤르마가 꼽은 어도비 변신 성공의 주역은 그녀가 함축하여 설명하듯 "가장 중요한 점인 자산이 매일 밤 집으로 돌아가고, 훌륭한 아이디어가 어디에서나 나올 수 있고, 사람들이 일하러 오고 싶어 하고, 그 안에서 가장 멋진 자신을 만나고 싶어 하는" 그들의 직장 문화에 오랜 기간 투자했다는 점이다.[4]

그녀는 자신에게는 물론 동료들, 그리고 변신 과정에서 알게 된 모든 이에게 이러한 가치들을 끊임없이 이야기하면서, 그 과정에서 각자가 목소리를 낼 수 있는 공통의 가치를 알려주었다. 파괴적 전환을 준비한다면 회사의 핵심 가치를 돌아보고 앞으로 펼쳐질 여정에서 그것이 어떤 쓸모가 있을지 생각해 보라. 변화를 향한 여정은 길고 험난하겠지만, 당신이 만드는 변화를 기업의 핵심 가치와 연결할 수 있는 능력은 당신의 중요한 자산이 될 것이다. 제5장에서 개방과 투명성을 활성화할 수 있는 문화를 만드는 방법에 대해 더욱 자세히 설명했다.

불확실한 미래에 대한 안전장치를 마련하라. 구조조정이나 감원조치는 파괴적 전환 과정에서 거의 언제나 불가피하게 발생하는 불행한 단면이다. 그렇지만 이런 현실과 관련된 이야기를 피하기보다는 사람들이 세상으로 나가야만 불확실성을 최소화할 수 있다는 사실을 공개하는 것이 좋다. 예를 들어, 노키아는 휴대전화 단말기 사업 부진에 따른 매각 과정에서 2011년 브릿지프로그램(Bridge Program)을 도입하여 직원들의 이직과 직무 교육, 더 나아가 창업까지 지원했다. 이로써 13개국 1만 8,000명의 직원이 새로운 길로 갈 수 있었고,[5] 핀란드에서만 500여 명의 사업가가 400개의 새로운 기업을 설립했다. 새로운 길로 이어주는 이런 프로그램의 존재를 알고 있으면, 경영진과 직원들 모두 불확실성에 따른 스트레스를 낮출 수 있고, 경영진은 기업의 전환과 그 이후의 행보에 더욱 집중할 수 있다.[6] 전환 전략을 계획할 때에는 불확실한 미래에 대한 불안을 완화하면서 명확하고 투명한 가능성을 보여주는 이런 안전장치가 필요하다.

지금 당장 불편한 이야기를 나누어라. 자신이나 다른 사람이 갖게 될 두려움 때문에 해결하지 못하고 계속 끌고 있는 불편한 이야기는 무엇인가? 예를 들어 과거에 무시당한 경험이나 오해와 같이 해결되지 않은 채 남아 있는 핵심 관계와 관련된 문제들은 무엇인가? 전환을 구상하기에 앞서 모든 핵심 관계가 군건한지, 해결되지 않은 것은 없는지 확인하라.

후퇴라는 안전한 선택지를 제거하라

기원전 334년, 21세의 알렉산더 대왕은 다리우스 3세가 통치하는 페르시아 제국을 정복할 준비를 마쳤다. 알렉산더의 군함 120척은 헬레스폰트 해협을 건너 적의 영토로 향했다. 자신의 병력이 적의 5분의 1밖에 되지 않아 수적으로 열세라는 사실은 알았지만, 알렉산더는 승리를 예감했다. "배를 모두 불태워라." 그가 적지에 도착해서 사령관들에게 가장 먼저 내린 명령이었다. 혼란에 빠진 그의 군대는 집으로 안전히 돌아갈 때 필요한 배를 왜 불태우라고 하는지 물었다. 알렉산더의 대답은 이랬다. "우리는 페르시아군의 배를 타고 집으로 돌아가던지, 아니면 여기서 죽을 것이다." 그들은 페르시아를 정복하기 위해 진군했다.[7]

조직이 파괴적 전환을 진행할 때, 사람들은 '과거의 영광'을 그리위하고 예전처럼 돌아가기 원할 것이다. 되돌아갈 가능성이 있는 한, 진정으로 함께 앞으로 나아갈 수는 없다. 경영자가 포기하고 방향을 바꿀 희망이 있는 한, 직원과 고객, 협력업체들은 변화에 온전히 전념하지 않을 것이며 오히려 적극적으로 변화에 맞서 싸울 것이다.

파괴적 전환과 변화 관리의 차이점이 바로 이것이다. 파괴적 전환을 목적으로 한다면 앞으로 여정이 험난할 것이기 때문에 당신과 당신의 조직은 온전히 전념해야만 한다. 퇴로는 없고, 선택할 수 있는 길은 오직 하나뿐이라는 확신이 있어야만 한다.

어도비가 구독 제품인 크리에이티브 클라우드를 출시했을 때, 기존 패키지 제품인 크리에이티브 슈트는 여전히 시장에 깔려 있었다. 두 방식을 모두 운영함으로써 구독형 모델의 실패에 대비할 수 있었고 뛰어난 제품을 개발하고 실험할 수 있는 시간을 벌 수 있었다. 또한 어도비는 크리에이티브 클라우드를 대규모로 지원할 수 있는 주요 백오피스 변경을 아직 준비하지 못한 불안한 상황에서도 분기마다 성공을 거두자 구독방식에 대한 자신감을 가지게 되었다.

2013년 5월 크리에이티브 클라우드의 구독자 수가 50만에 달했고, 이제는 클라우드 기반의 미래에 전념할 준비가 되었다.[8] 크리에이티브 슈트 7의 차기 소프트웨어 출시 발표를 학수고대하던 고객들이 어도비 맥스 콘퍼런스에 모였다. 그런데 어도비는 새 제품군이 오직 크리에이티브 클라우드를 통해서만 사용 가능하며, 기존 버전인 크리에이티브 슈트 6의 업데이트 계획은 없다고 발표했다.[9]

당시는 크리에이티브 클라우드를 출시한 지 겨우 일 년이 지나던 때였고, 전 세계에서 이 발표를 지켜보던 청중과 고객들은 큰 충격을 받았다. "이것이 바로 저희가 배수의 진 작전을 펼친 순간이었습니다. 기존의 패키지 제품을 구매한 사용자들이 새로운 방식으로 넘어오지 않을 것 같아 걱정이었습니다." 어도비 CFO 마크 개릿이 당시를 기억했다. 패키지 제품을 계속 개발하고 판매하면 결국 고객의 대부분이 절대로 구독형 제품으로 옮겨가지 않을 것이었다.

이 발표를 통해 어도비는 패키지가 필요 없는 클라우드 기반의 세계에 완전히 전념하겠다는 의지를 표명했다. 되돌릴 수 없는 일이었다. "우리가 모든 고객의 눈을 바라보면서 '이 새로운 구독형 제품과 새로운 패러다임을 통해 이전보다 더 쉽고 편하게 작업할 수 있습니다. 이런 이유로 저희는 고객 여러분이 새로운 방식을 이용하시라고 권해드리고 있습니다'라고 말할 수 있었다는 점이 중요합니다." 개릿은 이 중요한 순간에 어도비 경영진이 느꼈을 감정을 되살리며 말했다.

어도비는 이 결정을 밀어붙이기 위해 흔들리지 않을 확신이 필요했다. 격분한 포토샵 고객들이 체인지닷오아르지(Change.org, 주로 비영리단체의 사회 변혁 활동을 지원하는 청원 전문 웹사이트-옮긴이)에 올린 청원 서명운동에 5만 명 이상이 참여했다.[10] 크리에이티브 클라우드를 사용자로부터 더 많은 수익을 창출하고자 하는 어도비의 꼼수로 생각하여 관련 제품을 전혀 사용하지 않겠다는 사람들도 있었다. 만약 어도비가 배수의 진을 치지 않았다면, 계획을 쉽게 포기하고 크리에이티브 클라우드와 별개로 포토샵 영구 라이선스 소프트웨어 제품을 지원했을 수도 있다.

그러나 돌아갈 수 없는 상황을 만든 어도비는 계획을 포기하지 않았고 핵심 유명 인사와 고객의 목소리에 집중했다. 그 결과, 어도비는 사진작가들이 월간 구독료 50달러를 내고 크리에이티브 클라우드 제품군 모두를 구독하지 않아도 단 10달러의 구독료로 포토샵과 라이트룸을 이용할 수 있는 저렴한 서비스를 내놓을 수 있었다. 어도비가 고객의 요구에 귀 기울이고 그들의 걱정을 해소하기 위해 재빠르고 유연하게 대처하자 고객의 불만은 가라앉았고 어도비의 고객 지향 태도는 더욱 널리 알려졌다.

나는 이 시기에 어도비를 밀착 관찰하면서 단호한 결정을 내린 경영진에 깊은 인상을 받았다. 이 시기에 어도비에서 근무하던 한 친구는 이렇게 표현했다. "어도비 경영진은 지난 2년 동안 고객과 직원, 투자자로부터 엄청난 공격에 시달렸는데도 눈 하나 깜짝하지 않았다." 경영진의 단결 덕분에 어도비는 일시적인 매출과 수익 감소가 회사의 미래를 위해서는 좋은 일이라고 자신 있게 말할 수 있었다.

하거나 하지 않거나.
그냥 해본다는 건 없다.

요다

이 시기가 어도비에게는 엄청난 파괴와 격동의 시기였음은 말할 필요도 없다. 그러나 고객에 집중하고 투명성에 전념하며 되돌아갈 방법을 제거하자 어도비의 사업은 더욱 가파르게 성장하게 되었다. 과거에는 경험해 보지 못한 미래에 대한 무한한 도전이 필요하다는 점에서 어도비의 파괴적 성장 전략은 전통적인 전략이나 변화 관리와는 달랐다. 2018년 어도비의 매출액은 2012년 대비 두 배, 순익은 세 배, 주식가격은 일곱 배나 증가했다.

되돌아갈 방법을 차단하는 방법

집중할 때에는 엄청난 일이 생긴다. 시야는 좁아지고 중요한 것만 보인다. 소리와 주변 소음은 점차 사라지고 시간도 느려진다. 단지 자신과 집중하는 목표물만 남는다. 목표가 뚜렷해지고 그 목표에 모든 것을 집중한다.

집중과 몰입이 배수의 진 작전의 핵심이다. 후퇴라는 선택사항을 제거하여 오로지 성공과 승리에만 집중할 수 있다. 변화를 향한 여정은 길고, 고되어 되돌아가고 싶은 충동이 생길 것이므로 돌아갈 방법을 없애는 것이 파괴적 성장의 핵심이다. 돌아갈 배를 불태우는 일은 쉽지 않다. 탈출 경로와 비상 대안은 목적을 이루지 못할 경우에 우리를 보호해주는 장치이기 때문에 인간이라면 누구나 선택사항을 갖고 플랜B를 준비하기 마련이다.

배수의 진은 돌아갈 방법을 찾기 어려울 때 완전한 몰입을 위해 취하는 전략이다. 당신은 최대한 많은 데이터를 모으고, 위험을 이해하고 최선의 판단력을 이용하여 결정을 내릴 것이다. 그리고 한번 내린 결정은 고수할 것이다. 재고도 없고 '만약에'도 없다. 길 위에 장애물이 나타날 것을 예측할 때에만 그것을 피해 돌아갈 비상 대책을 수립할 것이다. 그러나 모든 걸 걸었기에 계속 앞으로만 나아갈 것이다.

퇴로를 차단하기 위해서 당신이 파괴적 전환을 이끄는 우두머리일 필요는 없다. 다음에 소개할 훈련 방법들이 주의산만을 피하고 파괴적 전략을 달성하도록 온전히 전념하는 데 도움이 될 것이다.

기한을 정하라. 아마도 진짜로 쫓아오는 실제의 적은 없겠지만, 가상의 적을 만들어보라. 기한을 정하되 어느 정도 겁에 질려서 압박감을 느낄 수 있는 기한이 가장 좋다. 나는 제품 출시를 위해 환불불가 일본행 비행기 표를 구입했던 어떤 이의 이야기를 들은 적이 있다.[11] 그 사람은 제때 제품 출시 준비가 되지 않으면 사업에 큰 어려움이 발생할 것을 알고 있었기 때문에 뒤로 미룰 수 없는 확실한 방법을 선택한 것이다. 마찬가지로 한 제품에서 다른 제품으로 전환하고 있다면, 혹은 어떤 전략에서 다음 전략으로 이동하고 있다면, 모든 이가 변화를 준비하고 받아들일 수 있는 충분한 시간을 줄 수 있도록 명확한 기한을 설정하라. 완벽한 시기나 적당한 때가 있으리라는 생각에 빠지면 곤란하다.

완전히 몰입한다는 것이 어떤 느낌인지 경험해 보라. 모든 것을 걸었던 때가 언제였던가? 의미 있는 목표를 추구하는 것이 어떤 것인지, 한 걸음 한 걸음 앞으로 나아가는 희열, 그때 느꼈던 피로감, 그러나 달콤한 성공의 열매를 맛보았을 때의 기쁨을 떠올려보라. 당신과 당신의 팀에게 단거리 질주에 모든 것을 걸었을 때의 느낌을 맛보게 하라.

적극적이지 않은 사람과 때를 기다리는 사람은 제거하라. 조직이 모든 것을 걸고 있을 때 가로막고 있는 사람을 확인하라. 적극적이지 않은 사람은 물에 발가락만 살짝 담그려고 하고, 어떤 방향으로든 몰입하지 못하고 항상 선택의 여지를 남겨 놓는다. 적당한 때를 기다리기만 하는 사람은 "지금은 움직이기 딱 좋은 때가 아니고, 이것저것이 필요해"라고 말하려고만 한다. 그들에게 몰입할 수 있는 시간이란 절대 오지 않는다. 그들과 가까이 지내지 말고, 가능하면 조직에서 빼는 편이 좋다. 당신에게 필요한 사람은 완전히 몰입할 수 있고 전략에 모든 것을 걸 수 있는 사람이다.

받아들이기 몹시 어려운 대안을 구상하라. 후퇴가 편한 선택사항이 아니라면 어떨까? 남은 자원을 아껴서 대안에 투자하고 싶은 충동이 생길 수도 있지만, 그것은 전환 전략에 제대로 투자하지 않았다는 뜻이다. 손쉬운 퇴로가 있는 전략에 모든 것을 건다면 현재 상황으로 돌아가는 정도가 아니라 훨씬 나쁜 상황으로 후퇴할 수도 있다. 그것을 원하는 사람은 아무도 없을 것이다.

결정하라. 결국, 앞으로 나아갈지 결정할 수 있는 사람은 당신 자신뿐이다. 퇴로를 확인하고 그 길을 차단할 준비를 하라. 리더로서 당신은 실패를 경험하였지만 결국 살아남았다. 그러나 당신이 결정을 내리지 않는다면 결코 전환적 변화를 이룰 수 없고 기하급수적인 성장을 이루지 못할 것이다.

파괴적 아이디어로 세상을 바꾼 서던뉴햄프셔 대학

어도비의 사례에서 보았듯이, 기하급수적인 성장을 가능하게 하는 파괴적 전환을 고안하고 실행하려면 많은 작업이 필요하다. 심약한 사람은 할 수 없는 일이다. 사업이 추구하는 바와 파괴적 성장이 같지 않을 수 있음을 보여주기 위해 이번에는 비영리단체의 사례를 살펴보려 한다. 어떤 형태의 조직이라도 도전해 볼 수 있을 것이다. 그리고 곧 보게 되겠지만, 그렇게 하려면 어려움이 따르기 마련이다.

폴 르블랑(Paul LeBlanc)이 비영리단체인 서던뉴햄프셔 대학의 총장직을 넘겨받던 2003년에만 해도 이 대학은 뉴햄프셔주 맨체스터에 위치한 학생 수 2,500명의 열악한 대학이었다. 이 대학은 고등 교육의 기회가 많지 않고 때로는 생업에 종사해서 야간이나 주말에만 학교 수업을 들을 수 있는, 가장 일반적이지 않은 학생들을 강한 사명감을 갖고 오랫동안 지원해왔다. 그러나 2003년 이 대학에 다니는 학생들 대부분은 일반적인 젊은이들이었다.

르블랑은 새로운 역할을 부여받자, 학교의 전통으로 되돌아갈 방법으로 캠퍼스 구석에 있던 작은 온라인 학습부에 관심을 갖게 되었다. "세상 모든 이에게는 서로 다른 능력들이 있지만 모두에게 동등한 기회가 주어지지는 않습니다.[12] 길이 항상 똑같지는 않지요." 그가 말했다. 그는 강의실 밖으로 교육을 확장할 수 있을 뿐만 아니라 빠르게 변하는 세상에 대응하면서 진화하는 학생들의 요구를 충족시킬 수 있는 인터넷의 잠재력을 보았던 것이다.

르블랑은 또한 온라인 대학인 피닉스(Phoenix) 대학과 카플란(Kaplan) 대학(2018년 퍼듀 대학교에 인수되어 현재는 비영리 온라인 기관인 Purdue University Global로 변경-옮긴이)과 같이 당시 빠르게 성장하고 있던 영리 대학들을 유심히 관찰했다. 그리고 서던뉴햄프셔 대학 같은 비영리 대학이 이런 거인들의 행보를 따라야 할 적기가 다가왔다고 생각했다. 다만 차이점이라면 서던뉴햄프셔 대학은 학생들의 성공에 집중하면서도 학생들이 학비 부담 없이 인가된 학위를 받고 졸업할 수 있도록 하는 점이었다. 그는 이사회에게 이렇게 얘기했다. "작은 창문을 통해 큰일을 할 수 있습니다."

이사회의 승인이 떨어지자, 르블랑은 몇 년간 조심히 계획을 구상했고 새로운 온라인부서를 창설했다. 어도비와 비슷하게, 서던뉴햄프셔 대학도 제대로 준비할 시간이 필요했다. 르블랑은 영리기관에서 최고 인재를 영입해 마케팅과 운영 방식을 개선했다. 그들은 온라인 운영팀을 맨체스터 다운타운에 개조한 지 오래된 의류 공장으로 옮겼다. 그리고 영리 대학의 마케팅과 학생 유치 방법을 채택했다. 예를 들어 서던뉴햄프셔 대학의 연구조사에 따르면 학생들은 자신의 질문에 처음으로 대답해준 대학에 등록하는 경우가 많았기 때문에, 대부분 학생들이 대학을 찾아보고 지원하는 저녁과 주말까지 입학처 근무시간을 확대했다.

그러나 그들은 또한 학생들이 경제적인 상황이나 학습 능력을 바탕으로 제대로 된 강의를 들을 수 있도록 학습 지도와 재무 상담에 투자함으로써 비영리 대학이라는 사명감을 유지했다. 가장 중요한 점은 르블랑이 새로운 학부 관리 협약을 체결했고 이를 통해 온라인 강의에 대한 우려를 표현할 수 있도록 30일의 기간을 주었으나, 온라인 강의 진행은 막을 수 없었다는 점이다. 인가된 대학 교수진의 지원이 결정적이었다. 르블랑은 온라인 학생들도 캠퍼스로 등교하는 학생들과 같은 질의 교육을 받을 수 있기를 바랐다.

2010년 10월 서던뉴햄프셔 대학은 전국 TV 광고를 준비할 수 있었다. 매출을 5,000만 달러에서 1억 달러로 늘리고 학생 유치 수도 10배로 늘리는 것이 목표였다. 그해 가을 르블랑은 책상에 앉아 자신 앞에 놓인 종이 두 장을 바라보았다. 하나는 선택된 시장 내에서 최근 10주간 TV 광고 시험 결과, 거래를 희망하는 곳이 많다는 긍정적인 결과 보고였지만, 실제 거래로 이어질 가능성은 확실하지 않았다.

다른 한 장은 대학의 재정난으로 인해 늘어난 적자 보고서였다. 학생 유치 수는 급격히 감소했고 대학 역사상 처음으로 5,000만 달러 예산 대비 연말 적자 폭이 300만 달러를 넘어설 것으로 예상되었다.

200만 달러를 투자하여 온라인 학위를 출시하기 위한 전국 TV 광고를 계속 진행해야 할지, 아니면 현금 200만 달러를 아낄 것인지 르블랑은 딜레마에 빠졌다. 예상한 학생 유치 수를 채우지 못한다면 서던뉴햄프셔 대학의 재정 안정성과 미래에 큰 위험이 될 것이었다. 온라인 강의 출시를 늦추면, 선두와의 격차가 더 커질 위험에 처하게 된다.

광고의 효과에 대한 자료는 갖고 있지 않았다. 그러나 르블랑은 팀이 최적화된 운용으로 계획했던 매출을 맞출 수 있으리라는 확신을 갖고 있었다. "그때가 저희의 결정적인 순간이었어요. '바로 지금이 아니면 안 돼'라는 느낌이 왔습니다." 르블랑이 당시를 이렇게 회고했다. 이때가 바로 퇴로를 차단한 순간이었고 그들은 TV 광고에 집중했다. 이제는 일이 잘 진행되기를 바랄 수밖에 없었다.

결과는 충격적이었다. 서던뉴햄프셔 대학의 학생 등록 수는 하루만에 두 배가 되었고 점점 더 늘어가고 있었다. 2011년 1월에 르블랑은 다시 이사회로 돌아와 전국 TV 광고에 할애할 예산을 400만 달러로 확충할 것을 요구했고, 그의 요구는 아무런 이의 없이 받아들여졌다. 현재 서던뉴햄프셔 대학에는 학위를 취득하기 위해 등록한 학생 10만 2,000명, 자격증과 인증서를 받을 학생 4만 명이 있다. 학생들의 졸업률은 50퍼센트로 비슷한 수준의 대학 평균 졸업률인 20퍼센트대와 비교하면 상당히 높다.[13] 2018년에는 매출액 8억 5,000만 달러, 순익 1억 200만 달러, 12퍼센트의 수익을 기록했고, 이 수익은 프로그램과 접근법 확장에 재투자했다.

서던뉴햄프셔 대학은 파괴적인 전환을 멈추지 않았다. 2020년에는 매출 10억 달러를 목표로 삼았고, 2022년에는 학생 30만 명을 유치하겠다고 발표했다. 2030년에 학생이 될 사람들을 파악하고 이해하기 위해 인스티튜트포더퓨처(Institute for the Future)와 함께 작업했다. 서던뉴햄프셔 대학은 능력 중심 교육 과정을 개발하고, 원하면 누구라도 대학 교육을 받을 수 있도록 수업료를 월 100달러 수준으로 (그렇다, 1년 수업료가 2,000달러를 넘지 않는다!) 낮추었다. 그리고 서던뉴햄프셔 대학은 기술과 프로젝트 기반학습을 활용하여 케냐, 레바논, 말라위, 남아프리카공화국 등의 국가에서 온 피난민들이 미국 정규 학위를 취득할 수 있도록 하는 계획을 진행 중이다.[14] 미래 학생의 요구에 대한 집중, 자료가 충분하지 않아도 결정을 내릴 수 있는 용기, 급진적 성장으로 이어지는 고무적인 성공 등 파괴적 전환 조직이 잘할 수 있는 모든 면모를 보여주기 때문에 나는 서던뉴햄프셔 대학의 사례를 굉장히 좋아한다. 이를 통해 획기적인 아이디어는 어디에서든 나올 수 있으며, 심지어 전에는 잘 알려지지 않았던 작은 대학에서도 나올 수 있다는 사실을 잘 알 수 있다. 세상에는 해결해야 할 문제들이 너무나 많은데 그것들을 해결할 수 있는 유일한 방법은 해결책의 획기적인 변화와 성장을 추진하는 것이다.

더 생각하기

흔히 조직은 스스로 파괴적 혁신을 이룰 수 없다고들 한다. 조직에는 해체해야 할 뿌리 깊은 이해관계가 너무 많고, 혁신이 너무 급진적이면 조직이 분열되기 때문이다. 그러나 어도비와 서던뉴햄프셔 대학은 달랐다. 그들은 앞으로 닥칠 위기를 극복할 수 없는 것으로 여기고 언제라도 벼랑 끝에서 돌아올 수도 있었다. 그러나 그들은 누구를 응대해야 하는지 분명히 했고 앞으로 나아가야 한다는 깊은 확신을 갖고 끈질기게 버텼다.

파괴적 전환 계획을 진행할 때, 당신이 누구를 응대하려고 하는지 다시 생각해 보고, '왜'라는 당신의 목적이 미래 고객의 요구와 일치하도록 하라. 힘든 시간을 헤쳐나갈 수 있도록 책임감과 신뢰를 구축하는 투명성을 실천하라. 그리고 가장 중요한 점은 밀어붙이는 것만이 유일한 선택이라는 점을 분명히 해서 팀이 전략을 실행하는 데 온전히 몰입할 수 있도록 해야 한다는 것이다.

요점

- 철저한 조사를 위해 충분한 시간과 자원을 투자하고 파괴 전략을 수립하라.
- 투명성을 통해 신뢰를 구축하고 유지하라. 승인을 구하기 위해서 당신이 사람들에게 귀 기울이고 내용을 공유하는 데 전념하며 필요에 따라 전략을 바꿀 수 있는 사람이라고 믿게 해야 한다.
- 당신의 팀과 조직이 전념할 수 있도록 퇴로를 상징적으로 막아라. 후퇴라는 선택은 없다는 점을 모두가 이해하도록 하라.

THE DISRUPTION
MINDSET

당신이 없어도 움직여야 진정한 운동이다.

It's only a movement if it moves without you.

제러미 하이먼즈(Jeremy Heimans)와 헨리 팀스(Henry Timms),
《뉴파워: 새로운 권력의 탄생》의 공동 저자

제3장

변화의 불꽃을 일으키는 리더가 돼라

어떤 운동에 참여한 적이 있는가? 스포츠 경기, 종교 활동 혹은 정치 활동에 참여한 적이 있는가? 사회 정의를 위해 혹은 대의를 위한 기금 마련을 위해 나서본 적이 있는가? 그렇다면 현재 상황을 바꾸고자 하는 운동을 믿고 거기에 속한다는 느낌이 어떤 것인지 잘 알 것이다.

운동이란 특정한 목적을 위해 여러 사람이 모여서 활동하는 것을 말한다. 운동을 통해 비전과 목표는 생명력을 얻는데, 그 힘은 변화의 일부가 되고자 하는 사람들이 추대한 리더의 영향력을 뛰어넘는다.

나는 파괴적 전환을 이루고자 신중하게 운동을 시작하는 리더들을 보았다. 파괴적 성장을 추진하기 위해서는 성장 전략에 영향을 받는 모든 이들이 그것을 이해하고 그 속에서 어떤 역할을 해야 하는지 알고 있어야 한다. 또한 혼자라면 불가능할 목표도 함께라면 이룰 수 있다는 믿음이 있어야 한다.

운동을 통해 리더는 두 가지를 할 수 있다. 첫 번째, 사람들을 전환 작업에 끌어들일 수 있다. 대담한 성장 전략을 실행하기 위해서, 조직 내 모든 이들은 의도적이며 조직적인 행동을 취하도록 자극을 받아야 한다. 파괴적 전환의 과정에 방관하며 명령을 기다리는 수동적인 참여자가 있을 자리는 없다. 모든 이가 자신의 자리에서 최선을 다해야 한다는 말이다. 그런 방식으로, 운동은 불타오르고 확대되어 생명력을 얻고, 더 이상 어느 한 사람의 영향력이라는 한계의 제약을 받지 않게 된다.

두 번째, 운동은 강력한 동족 의식과 소속감을 만들어 사람들을 뭉치게 하고 고난의 시기를 헤쳐나갈 수 있게 만든다. 좌절과 불확실성을 맞닥뜨릴 때, 운동에 참여한 사람들은 혼자가 아니며 이 모든 도전을 이겨낼 수 있다는 생각을 할 수 있다.

2010년에 나는 《오픈리더십》을 출간하면서, 리더는 자신이 이끌고 싶은 사람들과 더 나은 관계를 구축하기 위해 개방적이고 투명하고 진정성을 가져야 한다는 내용을 전달했다. 놀라웠던 점은 리더들이 폐쇄적으로 변하는 것보다 개방적으로 변하는 것이 더욱 어렵고, 더 많은 훈련을 필요로 한다는 점이었다. 이는 얼마나 개방적이고 투명하며 진정성 있을지를 결정해야 하기 때문이다. 이는 운동에서도 마찬가지다. 운동이 활성화되도록 준비를 잘하려면 범위를 설정하는 데 시간을 투자해야 하며, 의사 결정 과정을 분권화하고 민주화하는 동시에 지침과 기준을 정해야 한다. 여러 가지 의견이 나올 수 있는 공간을 마련하는 동시에 운동의 중심 목적에 관해서는 통일성을 갖추어야 한다. 또한 모든 행동을 통제하고 지시하기보다는 모든 이들이 적극적으로 참여할 수 있도록 격려하면서 공통의 비전에 대해 상기시켜 주어야 한다.

이제는 상상도 못 할 만큼 빠른 속도로 자신의 대의를 성장시킨 리더 한 사람을 알아보자.

백인 중심 월스트리트의 얼굴을 바꾼 SEO

파괴적 성장 전략을 추진하는 데 있어 가장 어려운 부분은 조직 내에서 운동을 지도하고 영감을 불어넣어 막힘없이 흐를 수 있게 하는 조직 구조를 마련해야 한다는 점이다. 운동이란 통제하는 것이 아니라 영감을 주는 것이라는 사실을 파괴적인 리더는 알고 있다. 사람들은 영감을 받으면, 운동을 개인의 사명으로 받아들이고 더욱 빠른 속도로 한층 더 노력하여 기하급수적인 성장을 이뤄낸다.

나는 몇 년 전 가을 샌프란시스코에서 열린 한 비영리단체의 기금 모금 행사에서 이런 접근방식이 가져오는 훌륭한 결과를 목격한 적이 있다. SEO는 주목할 만한 대상이 아니라는 이유로 제대로 된 지원을 받지 못하는 젊은이들이 대학 교육을 받고 취업에 성공할 수 있도록 도움을 주는 단체다. 이 단체가 지원하는 고등학생들은 연평균 소득 3만 2,000달러 이하의 소득계층으로, 이 소득계층의 평균 대학 진학률은 20퍼센트에 지나지 않았다. 그러나 SEO가 지원하는 학생들은 모두 대학교로 진학했고 그중 90퍼센트는 SEO가 제공하는 대학 멘토링 프로그램의 도움으로 대학을 졸업했다.

그날 저녁 연회장에는 세계 최대 투자회사 KKR의 최고경영자 헨리 크래비스(Henry Kravis), 페이팔(PayPal) 회장인 댄 슐먼(Dan Schulman), 화장품 브랜드 타차(Tatcha)의 설립자이자 SEO 출신인 비키 차이(Vicky Tsai)와 같은 저명인사의 강연을 듣기 위해 300명이 넘는 지역의 거물들이 모였다.

그들 모두가 인상 깊은 연사들이었지만 가장 기억에 남는 사람은 원룸형 아파트에서 부모님, 동생, 할머니와 함께 사는 엔리케(Enrique)라는 고등학생이었다. 엔리케는 그날 저녁에 무대에 잠시 섰을 뿐이지만, 자신이 겪는 어려움과 자신이 가진 꿈을 소개하고자 하는 열정이 가득했다. 그는 겸손하고 재치 있었으며 SEO가 추구하는 인간의 잠재력을 잘 표현해 주었다. 엔리케가 연설을 마치고 자리에 앉자 순식간에 자선 모금을 위한 기부 행사가 뜨거운 반응을 얻어 그날 저녁 전체 모금액 총 140만 달러 중 35만 달러가 모금되었다.

그러나 SEO는 감동적인 이야기의 주제일 뿐만 아니라, 오늘날의 모습을 갖추기 위해 자신을 스스로 파괴하고 전환해야 했던 조직의 사례이기도 하다. 매년 SEO는 미국 전역과 중국의 베이징, 상하이, 홍콩, 베트남의 호치민, 하노이, 나이지리아의 라고스와 가나의 수도 아크라의 고등학생 1,000명과 대학생 850명을 지원하고 있다. 그러나 20년 전에는 뉴욕시에서 시작한 열악한 소규모 프로그램에 지나지 않았다.

창립자인 마이클 오쉬어위츠가 청년이던 시절은 미국에서 시민운동이 활발하게 전개되던 시기였다. 훗날 그는 재무 컨설팅 기업인 아서 슈미트 어소시에이츠(Arthur Schmidt & Associates) 회장 자리에 올랐는데, 한창 월스트리트에서 명성을 얻고 있던 1963년 그는 뉴욕에 SEO를 설립했다. 이 모임은 취약계층 학생들이 경쟁력 있는 대학에 진학할 수 있도록 지도하는 것을 목표로 삼았다. 투자 은행가였던 그는 은행과 회계 법인에 인맥을 이용해 사람들에게 학생들의 멘토가 되어달라고 부탁할 수 있었다.

1970년대 후반에는 유색인종 학생 수백 명이 고등학교 과정을 마치고 대학에 진학할 수 있도록 지원했지만, 학생과 멘토를 모집하는 데에는 어려움이 많았다. 자신의 상황과 매우 다른 학생들을 도와줄 수 있는 멘토의 능력에 따라 멘토링의 효과에 큰 차이가 생겼던 것이다. 또 이런 멘토들은 상황이 더욱 나빠지던 뉴욕시의 교육 정책을 보완해 줄 수도 없었다. 오쉬어위츠는 SEO 출신 학생들에게도 멘토가 되어달라고 요청했으나 그런 경우는 거의 없었기 때문에 SEO는 계속 멘토를 모집해야 했다.

SEO를 유지하기 위해 오쉬어위츠는 학생들이 어려운 대학 교육을 준비할 수 있도록 다양한 교육 과정을 수립하고 실행할 직원을 채용하여 프로그램을 정식으로 준비해야겠다고 생각했다. 동시에 그는 항상 금융계를 다각화하겠다는 꿈을 품고 있었다. 그는 SEO가 월스트리트의 얼굴을 바꾸는 기폭제가 될 수 있다고 믿었다. 문제는 근로자 다각화에 있어서 금융계가 다른 산업 분야보다 뒤떨어져 있었다는 점이다. 경제지 〈포천(Fortune)〉이 선정한 500대 기업들과는 달리, 당시 대부분의 투자 은행들은 유색인종을 채용하는 공식적인 프로그램이 없었다.

오쉬어위츠는 SEO를 투자 은행과 연계할 수 있으면 첫째, 금융업무를 다각화하고, 둘째, 재능있는 젊은 인재들에게 전에는 전혀 기대하지 못했을 분야에 취업 기회를 제공하며, 셋째, SEO의 모든 프로그램을 위해 투자 은행계로부터 자금 지원을 확보할 수 있을 것으로 생각했다.

1979년 후반 오쉬어위츠는 월스트리트 최대 투자 은행 골드만삭스 그룹의 상무이사인 로버트 멘셜(Robert Menshel)의 소개로 당시 골드만삭스의 공동 회장이었던 존 화이트헤드(John Whitehead)를 만났다. 오쉬어위츠의 재무 컨설팅 기업이 화이트헤드와 몇 가지 거래를 진행한 적이 있었기에 이 둘은 서로를 잘 알고 있었다. 오쉬어위츠는 만나는 사람마다 SEO 프로그램에 대해 말했기 때문에 화이트헤드도 이를 잘 알고 있었다. "우리는 투자 은행업계가 얼마나 백인 남성을 중심으로 돌아가는지 얘기하기 시작했습니다. 내가 존에게 SEO가 실제로 이 문제를 해결할 수 있을 것이라고 얘기하면서 좀 도와줄 수 있는지 물었지요." 오쉬어위츠가 당시를 떠올리며 얘기했다.

화이트헤드는 그 자리에서 제안을 승낙했고, 오쉬어위츠, 로버트 멘셜, 그리고 인사 총괄이사 로버트 버크(Robert Burke)에게 그 계획을 구체적으로 진행해 보라고 했다. 계획이 준비되자 화이트헤드는 모건스탠리 회장 로버트 볼드윈(Robert Baldwin)과 대형 투자 은행 퍼스트보스톤(First Boston)의 회장 조지 신(George Shinn)에게 오쉬어위츠를 소개해 주었다. 오쉬어위츠는 금세 다른 월스트리트 기업 CEO들과도 인맥을 쌓게 되었다.

SEO가 선별한 미국에서 가장 뛰어난 유색인 대학생이 3학년 여름 방학 동안 투자 은행에서 인턴으로 근무한다는 아이디어는 단순하고 설득력이 있었다. 여름이 되자 SEO는 월스트리트의 공식적인 규율과 불문율을 숙지하기 위해 훈련소를 개설했다. 여름 내내 월스트리트 기업들의 CEO와 고위 임원들이 세미나를 개최했고, 기업마다 멘토를 정하여 여름 방학 동안 학생을 개별적으로 지도했다.

1980년 한겨울에도 오쉬어위츠는 여러 명문 대학을 방문해 설명회를 열었다. SEO는 하버드, 예일, 컬럼비아, 다트머스, 웨슬리언 대학에서 지원한 100명이 넘는 유색인 학생 중 여학생 4명과 남학생 7명을 선발했고, 총 11명으로 첫 번째 수업을 시작했다. 그들이 느끼는 중압감은 엄청났는데, 초기 참가자이며 나중에는 SEO의 회장에 오른 월터 부커(Walter Booker)는 그때를 다음과 같이 기억했다. "우리 자신을 위해 이곳에 있는 것이 아니라는 점은 분명하게 느껴졌습니다. 내가 실패하면 본인만 피해를 보는 것이 아니라 그 회사에 오게 될 후배에게 갈 기회도 날려버리는 것이었습니다."[1] 모두가 훌륭히 과정을 마쳤고, 실패한 사람은 아무도 없었다. 여름이 끝나갈 무렵, 11명의 인턴 전원이 인턴으로 일했던 기업에 정규직으로 취업했다.

현재는 1만 4,000명의 졸업생 중 75퍼센트 이상이 주요 금융 서비스 기업에 정규직으로 채용되었고, 이 투자 은행 프로그램은 SEO 취업교육 과정의 일부가 되어, 법조계, 기업경영, 경영 컨설팅 및 대체 투자와 같은 다른 산업 분야에서도 인턴십과 멘토링을 제공하고 있다. 게다가 투자 은행으로부터 받은 재무 지원 덕분에 고등학교 프로그램이 확대되었고 1만 3,000명이 넘는 SEO 출신 학생들이 대학을 졸업하고 있다.

한 사람의 꿈이 거대한 운동으로 발전한 것으로, 나는 이 운동의 영향을 직접 확인했다. SEO의 사례를 연구하면서, 나도 샌프란시스코에 사는 한 고등학생의 멘토가 된 것이다. 내 동료 멘토 중 절반 이상은 SEO 출신이다. 이 프로그램이 시작된 지 40년이 지났고, 초창기 참가자들은 미국 주요 기업의 임원진으로 활동하면서 성별과 인종에 따른 소외계층을 지원하고 있다.

1980년대 SEO의 고도성장을 이뤄낸 마이클 오쉬어위츠의 성공은 한 가지 중요한 통찰을 통해 예견되었다. 자신은 운동의 지도자가 될 수 없다는 자각이 그것이다. 사실 그와 같은 겸손한 태도는 금융 서비스 산업에서 눈에 띄게 이례적이다. 그도 역시 앞에 나서는 일이 자신의 성격과 어울리지 않는다고 인정한다.

사려 깊고 헌신적인 소수의 시민 모임이
세상을 바꿀 수 있다는 사실을 의심하지 말라.
그것이 실제로 세상을 바꾼 유일한 방법이다.

마거릿 미드(Margaret Mead), 문화인류학자

그는 SEO가 성장하기 위해서 자신은 옆으로 비켜서고, 대신 다른 사람들이 주체적으로 운동을 일으키도록 해야 한다며 다음과 같이 말했다. "중요한 방식으로 무언가를 이루려면, 변화를 만들어가는 사람이 바로 그들 자신이라는 믿음을 직원들에게 심어주어야 합니다. 리더는 그들을 지원하고 한 발 뒤로 물러서서 세간의 주목을 받지 않도록 해야 합니다." 월스트리트의 주요 금융 기관 CEO들은 이 프로그램을 자신의 것으로 만들 필요가 있었다. 사모펀드 KKR의 설립자 겸 CEO이자 SEO의 대체투자 프로그램 설립자인 헨리 크래비스는 SEO에 대해 알면 알수록 SEO가 가지게 될 기회에 대해 더 확신하게 되었다. 그는 2014년 SEO의 회장에 취임한 후 SEO의 최근의 성장과 결실을 추진하는 역할을 맡고 있다.

많은 경영인들은 파괴와 격동의 시기에 다른 사람들에게 리더 역할을 맡기는 것이 굉장히 위험하고 불안하다고 생각하기 때문에, 통제권을 포기하지 못하고 결국에는 파괴적 전환 운동을 시작하지 못한다. 그 상황이 얼마나 불편할지 이해는 하지만, 통제권을 놓아주면 그에 대한 충분한 보상이 따른다는 점을 알아야 한다. 이것을 잘 보여주는 내 경험담을 소개하겠다.

알티미터 설립 초창기에 우리는 파격적인 방법으로 전략을 추진하고 존재감을 알릴 수 있는 파트너 세 곳과 함께 작업했다. 나는 통제권을 포기할 준비를 하고 그들을 동등한 파트너로 끌어안았다. 그 결과, 파트너들은 알티미터 브랜드를 전면에 내세웠고 자신들의 브랜드와 팔로워가 그 뒤에 따라가도록 해주었다. 덕분에 알티미터의 브랜드와 영향력은 굉장히 빠르게 성장했고 규모 면에서 우리보다 몇 배는 큰 기존의 투자 분석회사들과 경쟁할 수 있었다. 우리의 통합된 힘이 개별적으로 발휘한 힘보다 훨씬 강했다.

통제권을 포기하고 다른 이에게 운동의 주도권을 넘겨주는 작업의 핵심은 적당한 팔로워를 모집하는 것이다. 최초의 핵심 팔로워를 발견하고 육성하는 방법을 좀 더 자세히 살펴보자.

최초의 팔로워를 찾아라

파괴적 전환 운동을 개시하기 위해서는 그냥 팔로워가 아니라 그 운동을 앞장서서 받아들이고 이끄는 팔로워가 필요하다. 1988년 로버트 켈리(Robert Kelley)는 〈하버드 비즈니스 리뷰〉에 〈팔로워 찬양(In Praise of Followers)〉이라는 최초의 팔로워십 관련 학술논문을 기고했다. 그는 이 논문에서 조직 내 팔로워의 유형을 크게 다섯 가지로 분류했다(표 3.1 참조).[2]

표 3.1 팔로워의 다섯 가지 유형

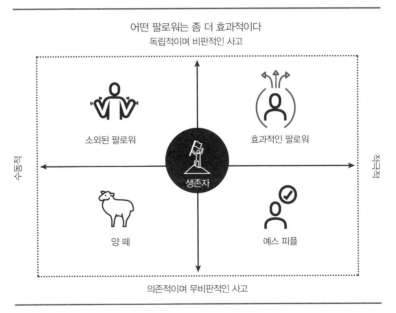

어떤 팔로워는 좀 더 효과적이다
독립적이며 비판적인 사고

소외된 팔로워　　　효과적인 팔로워

수동적　　생존자　　적극적

양 떼　　　예스 피플

의존적이며 무비판적인 사고

출처: 로버트 켈리, 〈하버드 비즈니스 리뷰〉, 1988년 11월

직원들 대부분은 의존적이고 무비판적이라서, 켈리가 정의한 팔로워의 유형 중 수동적이고 무비판적이며 결단력과 책임 의식이 부족한 '양 떼(Sheep)' 유형이거나 영감을 주는 리더에 의존하고 그를 동경하는 '예스 피플(Yes People)' 유형에 속한다. '소외자(Alienated)' 유형의 팔로워는 비판적이고 독립적인 사고가 가능하지만, 수동적인 역할을 맡고 있기 때문에 일이 조금만 틀어져도 불만이 많은 냉소주의자로 쉽게 변할 수 있다. '생존자(Survivors)'는 누가 이끄느냐에 따라 어떤 유형으로도 변신할 수 있는 사람들이기 때문에 팔로워의 형식적인 범주 안에 속하지 않는다.

그러나 파괴적 성장 전략이 성공하기 원한다면 '스스로 생각하고 적극적으로 열정을 다해 자신의 임무를 수행하는' 사람과 '위험을 감수하고 자발적으로 행동하며 독립적으로 문제를 해결하는' 사람, 즉 켈리가 정의한 '효과적인 팔로워(Effective Followers)'를 발견하고 육성해서 그런 직원들로 조직을 채워야 한다. 켈리가 지적했듯이, 이것들은 효과적인 리더가 갖춰야 할 자질과 같다. 그의 주장에 따르면 "팔로워십은 사람이 아니라 역할을 뜻하고, 리더와 팔로워를 구분 짓는 것은 지능이나 성격이 아니라 그들의 역할이다"라고 한다.

이런 효율적인 팔로워를 어떻게 발견할 수 있을까? 목적의식을 가지고 당신과 당신의 팔로워 사이의 관계를 정의하고 강화하면 가능하다.《리더십 챌린지》의 공동 저자이자 리더십 권위자인 제임스 쿠제스(James Kouzes)와 배리 포스너(Barry Posner)는 책에서 '리더십이란 이끌려는 열망을 가진 자와 영감을 받아 추종하려는 자의 관계'라고 설명했다.[3] 리더인 당신은 효과적인 팔로워에 대한 기대치를 정해 놓고 리더인 당신과의 관계를 바탕으로 팔로워의 역할과 책임을 정의한다. 그들이 맹목적으로 당신의 지시를 따를까? 아니면 그들이 스스로 리더십이라는 역할을 맡게 될까?

상황이 빠르게 바뀌면서 리더십 역할을 맡을 수 있는 효과적인 팔로워가 필요하기 때문에, 파괴적 운동을 펼치는 데 팔로워십의 실천과 설정은 특히 중요하다. 마이클 오쉬어위츠와 SEO의 사례에서 보았듯이, 반드시 확보해야 하는 가장 중요한 팔로워는 첫 번째 팔로워다. 골드만삭스 CEO 존 화이트헤드는 재빨리 리더로 변신하여 다른 첫 번째 팔로워들이 SEO에 모이도록 하는 역할을 했다.

데릭 시버스(Derek Sivers)는 '운동을 시작하는 방법'이라는 제목의 테드 토크(TED Talk) 강연에서 첫 번째 팔로워의 중요성을 잘 설명해 주었다.[4] 이 강연에서 그는 언덕에서 웃통을 벗은 채 음악에 맞춰 춤추는 한 남자의 영상을 보여준다. 강연 내용 중 핵심 부분은 다음과 같다.

리더는 배짱이 필요합니다. 주목받고 조롱거리가 되니까요. 그렇지만 저 남자의 행동은 따라 하기 아주 쉽습니다. 여기서 중요한 역할을 하는 첫 번째 팔로워가 나타나고, 다른 사람들에게 어떻게 따라 하는지 보여줍니다.

리더가 그를 동등한 상대로 받아들이는 걸 보세요. 이제는 더 이상 리더 한 사람이 아니라 그들, 즉 복수가 됩니다. 첫 번째 팔로워는 외로운 괴짜 한 사람을 리더로 변모시킵니다. 그리고 이제 두 번째 팔로워가 옵니다. 이제는 외로운 괴짜가 하나도 아니고, 둘도 아닙니다. 세 명은 하나의 집단이고 집단은 뉴스거리죠. 운동이란 대중적이어야 합니다. 리더를 보여주는 것이 아니라 팔로워들을 보여주는 것이 중요합니다. 새로운 팔로워들은 리더가 아니라 팔로워들을 따라 하기 때문입니다.

여기에 두 사람이 더 오고, 바로 뒤에 세 사람이 더 붙습니다. 이제는 가속도가 붙게 됩니다. 이것이 바로 전환점입니다. 이제는 하나의 운동이 됩니다. 많은 사람들이 참여할수록 덜 위험합니다. 그래서 그전까지 방관하고 있던 사람들도 이제는 그 운동에 참여하지 않을 이유가 없어졌죠. 주목받지도 않고 조롱거리가 되지도 않지만 서두르면 집단 내 핵심 그룹의 일원이 될 수 있습니다.

이 강연에서 두 가지를 알 수 있다. 첫 번째, 리더는 팔로워를 동등하게 받아들인다. 두 번째, 그 첫 번째 팔로워는 그의 비전이 미친 것이 아니라고 확인하면서 리더를 인정한다. 이것이 바로 마이클 오쉬어위츠와 존 화이트헤드 사이에서 일어났던 일이고, 첫 번째 팔로워로서 화이트헤드의 신뢰가 SEO의 파괴적 성장을 가져오는 운동을 일으켰다.

　당신이 파괴적 전환 전략을 위해 세계에서 가장 뛰어난 투자 은행 CEO의 팔로워십을 얻을 수는 없을 것이다. 임원들이 당신의 아이디어에 귀 기울이도록 하는 일조차 쉽지 않을 것이다. 그러나 당신이 이루고자 하는 목표에 고무되어 다른 사람들도 팔로워로 만들 수 있는 첫 번째 팔로워 한 사람만 있으면 된다.

　직원과 고객은 당신을 신뢰할 때에만 당신의 파괴적 전략을 믿을 것이다. 그리고 당신이 하는 모든 일의 중심에 그들의 이익이 있다고 믿을 때 그들은 비로소 열렬한 팔로워가 되고 운동의 일부분이 될 것이다. 오쉬어위츠는 투자 은행업계에 확고한 인맥을 발전시켰고, 그 인맥들이 모두 SEO에 대한 그의 열정을 알고 있었기에 그는 신용을 바탕으로 SEO의 확장에 대한 초기 논의를 제안할 수 있었다. 그러나 그들을 완전하고 동등한 파트너로 만들기 위해서는 그들의 신뢰를 얻어야만 했다.

운동을 일으키는 세 가지 방법

SEO를 성장시키고 월스트리트를 다각화하기 위해 월스트리트 리더 사이에서 운동을 시작해야 했던 오쉬어위츠와 마찬가지로, T-모바일 CEO 존 레저도 제1장에서 언급했던 언캐리어 전략을 T-모바일 조직 내의 운동으로 만들어야 한다는 사실을 알고 있었다. 고객 만족을 위한 언캐리어 전략은 회사의 핵심이었다. 그러나 레저는 고객 만족 추구를 주장하는 것만으로는 사업을 진행하는 것이 충분하지 않다는 사실을 이해했다. 진정한 의미의 차별화된 언캐리어 전략을 추구하려면 T-모바일 모든 직원이 모든 측면에서 고객 만족을 이뤄야 하고, 그 과정에서 직원과 고객에게 힘을 실어주는 운동을 만들어야 했다. 레저는 T-모바일이 고객의 목소리를 잘 듣고 그들이 원하는 바를 실천하기 위해서는 회사의 모든 접근방식을 바꿔야 한다고 판단했다.

주목받지 않으려고 했던 오쉬어위츠와 달리 레저는 대중 앞에 나서기를 즐겼다. 스타일로 따지면 이 둘 만큼 극명한 차이를 보이는 리더들은 찾아보기 어려울 정도다. 이 두 리더는 유형만큼이나 자신을 드러내는 방법이나 관계를 발전시키는 방법도 달랐다. 그러나 운동의 시작이 두 사람의 리더십 실천방안의 핵심이었다는 사실은 분명하다.

파괴적 성장 전략을 추구할 방법을 고민하면서 방향을 잡지 못해 고민하고 있을 사람이 많을 것이다. 리더로서 어떻게 보여야 하는지 생각해보는 일은 중요하다. 오쉬어위츠나 레저처럼 파괴적 성장을 현실로 만들어 줄 운동을 어떻게 계획적으로 일으키고 유지할 것인가?

나는 연구를 통해, 운동을 일으키는 세 가지 방법을 확인할 수 있었다.

1. 팔로워를 확인하고 그들과의 관계를 정의하라.
2. 행동을 촉구하는 선언문을 작성하라.
3. 끊임없이 리더십을 보여줘라.

T-모바일의 예를 보면서 이 세 가지가 왜 필요하고 어떻게 작용하는지 설명하고, 이를 실천하는 방법을 소개하겠다.

팔로워를 확인하고 그들과의 관계를 정의하라

|

언캐리어 전략을 전개하면서, T-모바일은 고객의 목소리에 귀를 기울이고 고객이 원하는 것을 보여주기 위해 직원들이 자신의 직무 수행 방식을 새롭게 접근해야 한다는 사실을 알았다. 레저는 직원들과의 소통과 관계 설정이 필요하다고 생각했다.

출시 준비 단계는 직원들 내부적으로 가속도를 만들어내는 것이 중요했다. 2012년 가을, 레저는 다가오는 국제가전박람회(Consumer Electronics Show, CES)를 언캐리어 포지셔닝을 소개하는 기회로 보았다. 당시 T-모바일은 발표할 거리를 갖고 있지 못했지만, 레저는 매력적인 발표를 진행할 기회를 포착할 수 있었다. 다음은 2013년 라스베이거스 국제가전박람회 당시 T-모바일 기자회견에서 그가 발표한 내용을 발췌한 것이다.[5]

뉴욕시에서 저희의 네트워크는 에이티앤티와 버라이즌보다 빠릅니다. 여기 혹시 뉴욕에서 오신 분이 계신가요? 여기에 에이티앤티를 사용하시는 분이 계신가요? 만족스럽습니까? 물론 만족스럽지 못할 겁니다. 네트워크가 쓰레기거든요!

저희가 이번 1/4분기에 자신감을 가지고 이 언캐리어 서비스 일부를 시작할 계획인데, 아마도 여러분은 저희의 호기로운 자세나, 경쟁사에 대한 적극적인 공세를 보시게 될 겁니다. 물론 이 모든 게 흥미롭겠죠.

이 모든 핵심은 고객들의 불만 사항을 해결하는 것입니다. 고객은 이제 요금 청구서도 불투명하고, 투명성도 융통성도 없고, 약정에 갇혀 뜻대로 할 수 없고, 긴 약정 기간 때문에 이류 시민 취급받는 이런 상황을 참지 않을 것입니다.

일반적으로 CEO라면 이런 식으로 말하지 않는다. 레저는 경쟁자를 '쓰레기'라 부르고 그들이 거짓말을 하고 있다면서 정면 승부를 감행했다. "존은 다른 이동통신사 임원들과는 완전히 다르게 말했고, 완전히 다른 방식으로 표현했습니다." T-모바일의 마케팅 수석 부사장이던 앤드루 셰라드가 당시를 회상하며 말했다.

국제가전박람회에서의 기자회견이 언론의 주목을 받고 있었지만, 레저는 뒤에서 지켜보고 있는 직원들이 더욱 중요한 청중이라는 사실을 알았다. 자신의 기업 CEO가 무대에 서서 공개적으로 업계 선두주자에게 도전장을 내미는 상황을 본 T-모바일 직원을 상상해보자.
3월에 있을 언캐리어 출시를 준비하느라 지친 직원들이 자신의 입장
을 대변하고 경쟁사에게 싸움을 거는 레저의 모습을 보았을 것이다.
"그 기자회견을 계기로 회사가 단결하게 되었습니다. 존이 그렇게 말
했을 때 우리는 박차를 가했죠." 셰라드가 말했다.

리더로서 레저는 길게는 몇 년이 걸릴 수도 있는 험난한 여정이
펼쳐져 있음을 알고 있었다. 그는 전략 실행 그 이상의 것을 이루기
위해 T-모바일 조직을 단결시켜야 했다. 고객에게 편리한 이동통신
환경을 만드는 개혁 운동에 동참하고 있다고 직원들 모두가 믿어야
했다. 그는 그런 직원들을 이해했고 첫 번째 팔로워로 여겼다.

팔로워 관계를 운동의 중심에 있게 하는 방법

레저처럼 운동을 일으키기 위해서는 팔로워들을 어떻게 동참하게 할
지 심사숙고해야 한다. 지금부터 일 년 후에 운동에 가장 많이 관여
하는 사람들과 회의를 열고 있다고 생각해 보자. 회의실에는 누가 있
는가? 누가 회의를 주관하는가? 의사 결정은 어떻게 하는가? 회의
중에 당신은 얼마나 많이 발언하는가? 이 질문에 옳고 그른 답은 없
지만, 시간을 가지고 깊이 생각해보면 당신과 첫 번째 팔로워, 그리
고 운동을 둘러싼 관계를 정의하는 데 도움이 된다. 답을 얻기 위해
다음 두 가지 실천방안을 고려해보라.

첫 번째 팔로워를 확인하라. 시작하기 위해서는 오직 한두 사람만 있으면 되지만, 그렇다고 자발적으로 원하는 사람을 아무나 선뜻 데리고 오면 안 된다. 마이크 오쉬어위츠는 SEO에 투자 은행 프로그램을 도입하기 전에 적당한 때가 되고 적당한 인물이 나타날 때까지 수십 년을 기다렸다. 중요한 첫 번째 팔로워 없이는 그 프로그램을 성공적으로 실행할 가능성이 거의 없다는 점을 알았기 때문이다. 존 레저는 T-모바일 직원이라는 내부 청중들, 특히 언캐리어 계획을 수행하는 직원들에게 말을 건네는 큰 그림을 그렸다. 잠시 시간을 갖고 이상적인 첫 번째 팔로워는 어떤 인물이 될지 생각해 보라. 다만, 특정한 인물보다는 운동을 시작하는 능력이나 기량 또는 인맥, 팔을 걷어붙이고 일을 추진하려는 의지를 고려하는 것이 좋다.

팔로워의 관점에서 관계를 정의하라. 리더는 자신의 관점이나 조직의 관점에서 관계를 정의하고 측정하려는 경향이 있다. 그러나 뒤로 물러나 팔로워의 시각으로 관계를 살펴보라. 그들에게 어떤 것이 중요할까? 다음에 소개할 몇 가지 질문들이 이 문제에 관한 사고 과정에 도움을 줄 것이다.

- 지금부터 일 년 후에 팔로워는 리더와의 관계에 대해 어떻게 생각할까? 그들이 느낄 감정에 대해 깊게 고민해보라. 권한 부

여, 격려, 신뢰, 동기 부여와 같은 단어들이 떠오르면 좋겠다. 이런 감정들이 발생하는 관계를 만들기 위해 리더로서 해야 할 일은 무엇인가?

- 방금 확인한 이런 감정들이 생기려면 어떻게 정보를 공유하고 결정을 내려야 하는가? 신뢰와 관계는 저절로 만들어지는 것이 아니라, 사람들 사이에 성공적인 상호작용을 통해 형성된다. 리더가 팔로워를 신뢰한다는 것을 보여주기 위해서 초기에 공유할 수 있는 정보는 무엇인가? 리더가 팔로워의 조언을 소중히 여기고 그들 스스로 결정할 수 있다는 확신을 보여주기 위해서는 어떤 질문과 결정으로 접근해야 하는가?

- 당신의 장점과 단점은 무엇인가? 또 그것을 팔로워에게 알릴 수 있는가? 정직함과 약점만큼 신뢰와 관계를 빠르게 구축할 수 있는 것도 없다. 당신의 첫 번째 팔로워는 당신이 무엇을 잘하는지 알려고 하고 또한 당신이 가진 약점과 단점을 채워줄 방법을 찾고 싶을 것이다. 당신의 모든 것을 그들과 공유하라는 말은 아니지만, 관계를 돈독히 하기 위해서 어떤 것을 공유할지 스스로 물어보라.

행동을 촉구하는 선언문을 작성하라

팔로워와의 관계를 정의했다면 그들이 운동과 파괴적 성장 전략에 계속 연계되어 활동할 수 있도록 격려하는 것이 중요하다. 그들이 독립적으로 행동할 수 있도록 공동의 목표를 상기시켜 주어야 한다. 그와 동시에, 지침을 제공하여 모든 이가 통일된 행동 양식을 갖도록 해야 한다. 대부분의 기업들은 직원을 위한 북극성 역할을 하는 비전을 갖고 있다. 비전은 미래에 어떤 모습이 되어 있을지 보여주는 한 줄로 된 문장이다. 문제는 이 한 줄짜리 문장이 많은 해석을 낳는다는 점이다.

그에 반해, 선언문은 굵은 필치와 생생한 세부 묘사로 미래상을 그려내기 때문에 파괴적 성장 전략에 굉장히 중요한 것이다. 선언문은 조직의 목표와 의도를 공개적으로 선포한다. 선언문은 미래 고객을 염두에 두고 작성되며, 기업의 존재 이유를 설명하고 조직이 믿는 가치를 기록한다. 선언문은 또한 운동에 참여하고자 하는 직원과 고객을 끌어모은다.

역사 속에는 유명한 선언문들이 있다. 1517년 마르틴 루터가 〈95개조의 논제〉를 비텐베르크성 교회당 대문에 게시하면서 종교 개혁이 시작되었다.[6] 1848년 카를 마르크스와 프리드리히 엥겔스가 공동 집필한 〈공산당선언〉은 전 세계에서 일어난 공산주의 혁명을 정당화하는 역할을 했다.[7] 오늘날에는 모든 형태의 조직이 선언문을 이용한다. 예를 들어 11개 병원으로 구성되고 애틀랜타에 본부를 둔 비영리 지역 의료기구 피드몬트 헬스케어(Piedmont Healthcare)는 자신들의 고객 경험 전략 지침을 위해 다음과 같은 선언문을 작성했다.

피드몬트 헬스케어의 병원들은 고객 여러분의 건강을 책임지겠다는 사명감으로 모였습니다. 저희는 여러분의 건강지킴이로서 의료 현장에서 지원 사무실에 이르기까지 항상 여러분 곁에 함께 있겠습니다. 고객 한 분 한 분이 편안하고 빈틈없이 건강관리를 받으실 수 있도록 소중히 모시겠습니다. 피드몬트 헬스케어는 최상의 의료 서비스를 제공하겠다는 목표를 가지고 있습니다. 이것이 우리의 길, 피드몬트의 길입니다.

다양한 조직에서 작성한 선언문 몇 가지를 더 알아보자.

- **애플** 애플이 2011년에 발표한 '싱크 디퍼런트(Think Different, 다르게 생각하라)' 광고 캠페인은 기본적으로 선언문이다. 이 선언문은 다음과 같은 말로 시작한다. '미친 자들에게 축배를' (www.thecrazyones.it)

- **넥스트도어**(Nextdoor) 지역 기반의 온라인 네트워크 서비스 기업인 넥스트도어의 선언문 첫 문장은 이렇다. '우리는

이웃과 함께합니다.' (www.nextdoor.com/manifesto)

- **레드(Red) 재단** 전 세계 에이즈 퇴치를 위해 활동 중인 이 비영리단체의 선언문은 이렇게 끝난다. '에이즈를 끝낼 수 있습니다. 바로 당신이 할 수 있습니다.' (www.red.org/red-manifesto-1)

위의 기업들처럼, T-모바일도 2013년 언캐리어 서비스를 출시하기 전에 강력한 선언문을 작성했다. 당시 T-모바일 직원 4만 명은 언캐리어 전도사가 되기 위해 먼저 언캐리어 전략을 이해해야 했을 뿐만 아니라 업무의 모든 부분도 바꿔야만 했다. 단기간에 이루기에는 너무 거대한 변화였다.

애초에 언캐리어 선언문은 마케팅 커뮤니케이션 지침으로 시작되었으나 내부적 검토를 통해 제품과 서비스 개발용 지침이 되었다. 선언문은 이렇게 시작한다.[8] "우리는 다른 이동통신사와 다릅니다. 왜 그럴까요? 다른 회사들은 통신사업을 합니다. 우리는 통신사업을 바꾸는 사업을 합니다. 우리는 기존의 다른 이동통신사(carrier)와는 다르게 당당히 탈통신사인 언캐리어(un-carrier)가 되겠습니다." 선언문은 내부 지침으로 시작해서 현장 직원 활성화 방안으로 발전했고, 콜센터에서부터 소매점에 이르기까지 모든 사업소에 전달되어 언캐리어 전략에 활력을 불어넣었다. 이 선언문의 첫 단락 '우리는 통신사업을 바꾸는 사업을 합니다'와 마지막 단락 '우리는 멈추지 않을 것입니다'는 언캐리어 전략에 필요한 비전과 행동을 잘 보여준다.

T-모바일은 고객에게 언캐리어 서비스를 제공할 직원의 훈련 방법도 바꿨다. T-모바일이 급히 변화를 추진했기 때문에, 계획대로 되지 않는 경우도 불가피하게 발생했다. 교육 및 훈련에는 표준 정책과 절차를 적용하기 어려운 상황을 상정하여 직원들이 개별적으로 고객을 응대하도록 유도하는 내용도 포함되었다. 어떤 절차나 설명도 없는 이런 경우에, 직원들은 언캐리어 선언문을 떠올리고 행동의 지침으로 삼아야 했다.

최근에 나는 이것을 확인하고자 동네 상가에 있는 T-모바일 매장에 방문해서 판매원 두 명에게 보너스는 어떻게 받는지 물어보았다. 개인 보너스의 절반은 상품 판매 수량에 따르고 나머지 절반은 매장의 전체적인 고객 만족도에 따른다고 했다. 따라서 그들은 고객의 얘기를 잘 듣고 적절히 응대하기 위해 함께 팀으로 일해야 했다. 이 둘은 서로 자신이라면 상대방이 담당한 고객을 어떻게 상대했을지 언급하는 등 업무에 관해 굉장히 자세하게 얘기했는데, 이것이 바로 언캐리어 전략을 실천하는 방식이었다.

행동을 이끌어내는 선언문 작성법

자신만의 선언문을 작성하기 위해, 선언문이 운동을 설명하는 큰 획이라고 생각하라. 직원과 고객이 험난하고 위험한 파괴적 전환 과정을 따라오게 하려면, 그들이 선언서를 이해하는 것만으로는 충분하지 않다. 그것을 느끼고 기억하고 체화해야 한다. 그들은 선언문을 있는 그대로 기억하지 못하겠지만 감정을 떠올리고 그것을 활용하여 특정한 행동을 스스로 떠올릴 것이다. 당신만의 선언문을 작성하는 몇 가지 팁을 다음과 같이 소개한다.

불만으로 시작하라. 이는 작가 섀넌 탠턴(Shannon Tanton)이 어떤 훌륭한 게시글에서 추천한 접근법으로 세상의 문제가 무엇인지 알아보는 것이다.[9] 사람들이 다른 방식으로 행동했다면 얼마나 더 좋은 결과를 얻을 수 있었을까? 마법 지팡이가 있다면 업계의 어떤 부분을 바꿀 것인가? 싫어하는 현재 상황을 모두 떠올리고 적어보아라. 재미있는 작업이니 기분이 좋아질 것이라 확신한다.

불만을 믿음으로 뒤집어라. 모든 부정적인 불만을 긍정적인 문구로 바꾸어보라. 예를 들어 "전에는 개를 좋아했지만, 지금은 고양이를 기르는 사람으로서 고양이가 이등 반려동물로 취급되는 상황이 안타깝다"는 불만이라면 이렇게 뒤집어 생각해보라. "우리가 고양이를 진심으로 사랑하기 때문에 고양이는 최고의 반려동물 자격이 있습니다."

그 신념에 따르기 위해 해야 할 행동을 추가하라. 선언문은 이런 신념들이 실제로 어떻게 드러나는지 펼쳐보는 각본이다. 다음과 같은 간단한 공식을 따라 해보라. "우리는 [어떤 것이 진실이라고] 믿고, 그렇기 때문에 [어떤 것을] 할 것이다." 방금 보았던 고양이의 사례에서 내가 동물병원에 있었다면 나의 선언문은 "고양이를 사랑하기 때문에 최고의 대우를 받아야 한다고 믿는다. 그래서 우리는 강아지 짖는 소리와 냄새를 차단한 고양이 전용 대기실과 검사실을 준비했다"가 되었을 것이다.

선언문에 들어갈 강령들을 몇 가지 적어본 후, 다음에 소개할 최고의 실천 방법에 따라 압축하고 보완하라.

집단적이고 적극적인 목소리를 이용하라. 선언문은 "우리와 함께하는가?"라고 말하는 집단적 목소리를 통해 행동을 촉구하고 소속감을 약속한다. 적극적인 목소리는 행동과 참여에 대한 기대를 보여준다. 이웃을 기반으로 한 사회관계망인 넥스트도어의 선언문은 '믿습니다', '끌어안습니다', '선택합니다' 같은 강한 문구를 자주 사용한다.

각 강령에 대한 블로그 글을 게시하라. 만약 그 강령이 블로그 글의 제목이라면, 내용과 의미가 몇 단락 쓸 수 있을 정도로 충분한가?

그 강령이 진정으로 근본적인 신념을 펼친다면 하고 싶은 말이 많을 것이다. 만약 그 강령에 대해 한두 단락 정도도 쓸 수 없다면 그 강령은 선언문에 포함되지 않도록 하라.

고객들에게 보여주어라. 강령들을 선정한 후에는 선언문을 일부 고객들에게 보여주거나 혹은 실질적인 고객 테스트를 실행하라. 고객이 강령에 공감하는가? 고객이 그것을 읽고 기업에 대해 다르게 생각하게 되었는가? 고객이 당신을 보고 뭔가 변화가 생길 것이라 기대하는가? 고객과 함께 강령을 확인하고 고객에 맞게 다듬어라. 결국 모두 고객을 위한 일이다.

한 페이지에 담아라. 선언문을 한 페이지에 모두 들어갈 수 있을 정도로 간략하게 만들면 사무실에 포스터 형식으로 게시하거나 인스타그램에 올리거나 혹은 컴퓨터 화면으로 저장할 수 있다. 이는 당신이 바라보는 미래상에 대하여 고객과 직원이 전략적으로 상기할 수 있도록 선언문을 공유하고 널리 알리려는 목적이다. 한 페이지가 넘어가는 선언문이라면 아무도 읽으려 하지 않을 것이다.

원하는 선언문을 작성했다면 널리 알리도록 하라. 조용한 운동을 본 적이 있는가? 따르고 싶은 운동을 원한다면 선언문이 기존 팔로워와 잠재적인 팔로워 앞에 노출되도록 가능한 모든 기회를 모색해야 한다.

이제 운동의 세 번째이자 마지막 단계인 리더의 역할로 넘어가도
록 하자.

끊임없이 리더십을 보여줘라

지금까지 리더는 겸손해야 하고 섬기는 리더가 되어 자신보다는 조
직을 먼저 생각해야 한다고 배웠다. 그러나 문제는 겸손하고 조직을
우선시하는 것과 눈에 띄지 않는 것을 혼동한다는 점이다. 보이지 않
으면 사람들에게 목표와 비전을 상기시켜 줄 수 없다. 사람들은 누구
나 바쁘다. 그래서 당신이 항상 하는 일의 이유를 사람들에게 계속
상기시켜 주는 것이 중요하다. 당신이 하지 않으면 누가 하겠는가?

이런 이유로, 파괴적 성장 전략을 이끌고 있다면 지속적인 리더십
활동을 유지해야만 한다.

최근에 나는 포천 500 기업의 내부 마케팅 교육에 참석해 강연한
적이 있었는데, 이날의 과정은 최고마케팅경영자와 질의응답 시간으
로 마무리되었다. 내가 그해 마케팅 목표가 무엇인지 질문하자 그녀
는 자신있게 자신의 팀을 향해 몸을 돌리더니 "저희 팀에게 물어보
세요. 우리가 함께 작업했거든요"라고 말했다. 당황스럽고 어색한 침
묵이 이어졌다. 누구도 전략의 다섯 가지 핵심 요소를 말하지 못했
다. 후에 그녀는 오랫동안 열심히 전략에 대해 함께 일했기 때문에

팀원들이 마케팅 목표를 내재화했을 것으로 오해했었다는 점을 인정했다. 실제로는 마케팅 목표가 매일매일의 우선순위에 밀려나 있었던 것이다.

리더는 지속적이며 일관성 있게 운동을 지원해야 한다. 그러기 위해서 열린 리더가 되는 데에 어려움이 없어야 한다. 열린 리더라고 해서 자신의 모든 것을 공유하라는 말은 아니다. 어떤 리더가 말하길, 인스타그램에 음식 사진을 올리는 많은 리더들을 지적하면서 이렇게 말했다. "내가 점심으로 무얼 먹었는지 누가 궁금해할까요?" 나도 전적으로 동의한다. 나는 당신이 점심으로 무엇을 먹었는지 궁금한 것이 아니라 당신이 점심시간에 무슨 이야기를 했는지 당신이 우리의 작업을 어떻게 생각하는지, 어떻게 하면 우리가 더 잘할 수 있는지가 궁금하다. 당신이 무엇을 생각하고 무엇에 집중하는지 궁금하다. 그래야 우리가 같은 목표를 가지고 함께 파괴적 혁신 운동을 진행하며 장애물을 극복할 수 있기 때문이다.

마이클 오쉬어위츠가 자신의 이야기에 관심을 갖는 사람들에게 SEO와 그것을 통해 삶이 개선된 어린이들의 이야기를 한 것이 그 조직을 오늘날의 모습으로 변화시킨 운동의 시작이 되었다. 그러나 운동에 대해 얘기하는 것만으로는 충분하지 않다. 눈에 잘 띄어야 하고 디지털상에서 열려있어야 한다. 이것은 선택사항이 아니며, 급변하는 세상에서는 이 도구를 사용할 줄 알아야 한다. T-모바일의 레저는 이 방법을 제대로 이해했다.

사진 3.2 T-모바일 CEO 존 레저의 변신

T-모바일에게는 걸어 다니는 고객 만족 전도사가 되고자 하는 CEO를 보유한 것이 큰 행운이었다. T-모바일 영입 당시 깔끔한 외모에 넥타이를 매고 양복을 입은 레저의 모습은 다른 CEO와 크게 다르지 않았다. 2012년 9월에 직원들에게 보내는 소개 메시지에서 그는 하얀 셔츠를 입고 나타나 웃음기를 뺀 전형적인 기술 기업 CEO의 모습을 보여주었다.[10] 그러나 이제 그는 T-모바일 로고가 그려진 진한 분홍색 티셔츠를 입고 긴 머리를 휘날리고 있다(사진 3.2 참고).[11] 임기 초반부터 레저는 고객의 목소리를 듣는 데에 열중했다. 그는 콜센터에 방문해 직원들과 얘기를 나누고 고객 전화 응대 상황을 지켜보았다. 그는 고객 전화 응대 내용을 언제라도 쉽게 들을 수 있도록 전화선을 연결했다. 그러나 더욱 중요한 것은 재빨리 소셜 미디어 플랫폼을 이용해 내부적으로 그리고 외부적으로 운동을 추진했다는 점이다.

언캐리어 마케팅 개시 직후, 레저는 딸의 제안을 받아들여 고객과 직접 접촉하는 수단으로 트위터를 시작했다. 그는 이 사실을 T-모바일 직원 누구에게도 알리지 않았다. 보안 부서는 그를 사칭한 계정으로 오해하고 경고하기도 했다.[12]

레저는 트위터 계정을 사용하여 꾸준히 T-모바일을 홍보하고 경쟁사를 공격하고 고객의 목소리를 들으면서 그에 반응했다. 트위터에서 그를 멘션한 사람들에게 꾸준히 댓글을 남겼다. 댓글은 확실히 레저가 직접 쓴 것이었고 엄청나게 빠르게 달렸다. T-모바일 소셜 미디어 팀은 특별히 개입하지 않고 필요할 경우 지원을 준비했다. 그리고 트위터의 '좋아요' 숫자는 최고경영자와 소통하고 싶은 T-모바일 직원들 수와 비슷했다. 내가 세어보니 레저는 보통 트위터에만 하루 30에서 50개 트윗과 멘션을 남겼다. 레저는 자신이 소셜 미디어에 지나치게 많은 시간을 썼다고 인정했는데, 많게는 하루에 예닐곱 시간을 썼다고 한다.[13]

그는 왜 그랬을까? 자신의 조직이 더 좋은 기업이라는 믿음을 바탕으로 모든 이를 T-모바일의 고객으로 만들겠다는 결의를 보여주고 싶었기 때문이다. 이는 고객 집착이 무엇인지 잘 보여준다. 레저는 운동을 일으키고 고객과 직원이라는 팔로워들과 진정성 있고 투명한 방식으로 직접 연결이 가능한 디지털 플랫폼의 힘을 이미 이해했다. 그리고 때마침 그가 적절한 곳에서 적절한 위치에 있었고 고객과 직원도 회사와 새로운 종류의 관계를 맺을 준비가 되어 있었다.

스스로를 나서기 좋아하는 독설가라고 여긴 존 레저를 좋지 않게 보는 사람들도 많았지만, 그는 개의치 않았다. 레저에게는 언캐리어 전략과 직원들에게 승리를 가져다주는 사람들이 중요했다. 그는 열심히 일하고 열정이 넘치는 T-모바일 직원을 항상 강조했다. 응원팀과 함께 분홍 목도리와 색종이 대포를 챙겨서 콜센터와 매장에 자주 방문했다. 이런 행보는 단발성 응원 이벤트로 보일 수도 있었지만, 레저는 트위터에서 직원들을 응원하고 격려하는 등 꾸준히 온라인으로 존재감을 드러내며 그들을 지원했다.

결국, 수많은 팬들이 레저를 직원을 위해 최전선에 나서는 리더로 여기게 되었다. 2019년 4월 6일 현재 레저는 트위터에 621만 팔로워가 있는데 이는 에이티앤티, 버라이즌, T-모바일, 스프린트의 팔로워를 모두 합친 410만 팔로워보다 많은 숫자다.[14]

개인이 단독으로 고객 및 예비 고객과의 소통을 추진한 레저의 능력은 T-모바일의 언캐리어 전략의 핵심이다. 그의 능력은 페이스북 라이브에 〈일요일 찜솥(Slow Cooker Sunday)〉이라는 주간 요리 프로그램까지 이어졌다.[15] 'T-모바일 CEO'라고 진하게 적힌 분홍 앞치마와 요리사 모자를 걸친 레저가 절반은 요리 설명으로, 나머지 절반은 T-모바일 홍보로 15분짜리 방송을 진행한다. 그의 시청자는 이제 300만 명이 넘는데, 이는 황금 시간대 케이블 방송 시청자 수와 같은 수준이다.

주간 방송 시청자 300만 명이나 트위터 팔로워 600만 명의 마케팅 가치는 얼마나 될까? 존 레저는 그 가치를 확신하고, 언캐리어 운동을 전개하기 위해 고객과 직원과의 관계를 구축하는 데에 우리가 아는 그 어떤 CEO보다 더 많은 시간을 할애하고 있다.

고위 간부에서 이사회에 이르기까지 T-모바일의 모든 경영진은 그 운동이 파괴적 성장 전략의 핵심이라는 점을 처음부터 이해했다. 그들은 또한 경쟁사들이 이런 운동을 전개하지 못하리라는 것도 알고 있었다. 에이티앤티와 스프린트, 버라이즌도 모두 약정을 없애고 무제한 데이터를 제공하는 등 금세 비슷한 서비스를 시작했지만 T-모바일의 운동 구축 노력만큼은 따라 할 수 없었다. 그리고 경쟁사의 CEO들은 레저가 활용한 소셜 미디어 연출법을 감히 따라 할 엄두를 내지 못했다.[16]

지속적인 리더십 존재를 유지하는 방법

운동을 시작하고 지속시키는 두 가지 단계가 있다. 첫 번째는 눈에 띄는 것에 익숙해지고 다양한 디지털 기술과 소셜 미디어를 자유자재로 활용하는 것이다. 두 번째는 운동을 지속적이고 일관적으로 지원하는 것이다. 디지털 시대에 눈에 띄는 리더가 되는 방법은 경청, 공유, 소통이라는 세 가지 단어로 압축할 수 있다. 이것들은 고전적 리더십 행동이지만 디지털 세계에서는 완전히 다르게 나타나기 때문에 리더라면 미리 알아둘 필요가 있다.

고객과 직원의 목소리를 경청하라. 경청을 통해 리더는 그들과의 관계를 발전시키고 연계를 심화시키기 위해 무엇이 필요한지 알 수 있다. 디지털 기술과 소셜 미디어의 발전 덕분에 고객과 직원의 목소리를 아무런 방해도 받지 않고 직접 실시간으로 들을 수 있다. 게다가 가장 관련성 있고 영향력 있는 사항이 무엇인지 표면화하기 위해 데이터 분석을 통한 대규모 의견도 들을 수 있다.

희망과 두려움을 공유하라. 공유는 리더가 상호 이해를 발전시키고 사람들이 취해야 할 마음가짐과 행동을 형성하기 위해 이야기나 다른 도구를 이용하는 것이다. 디지털 채널은 그동안 제한적이고 틀에 박혀 있던 공유의 어려움을 많은 부분 해소해 주었다. 리더는 트윗이나 인터넷 게시글을 제대로 된 보도자료로 여기고 있다.

팔로워와 직접 소통하라. 소통은 공동의 목표를 위해 일치된 양식으로 행동하도록 팔로워를 격려하고 결집시키는 양방향 대화다. 소통은 또한 틀에 박히지 않고 제한이 없기 때문에 리더는 대화가 시작될 때 어디에서 대화가 끝날지 모른다.

두 번째 방법은 운동을 지속적이고 일관적으로 지원하는 데 집중하는 것이다. 최전방에서 일하는 직원에게 다가가 물어본다면 그 직원은 조직의 전략을 똑바로 밝힐 수 있을까? 그 직원은 전략을 어떻게 실행하고 어떻게 행동해야 하는지 알고 있을까? 그 직원이 전략에 대해 신경을 쓰고 있기는 할까? 전략을 유지하는 것이 여러 가지 측면에서 운동을 전개하는 과정 중에 가장 어려운 부분이다. 파괴적 전환 전략을 실행하기 위해서는 앞으로 몇 년 동안 계속 운동을 지원하고 영감을 불어넣어야 할 것이다. 이를 위해 좋은 실천방안을 몇 가지를 소개한다.

간단해야 한다. 구구절절 긴 편지를 쓰지 말라. 구호를 만들거나 머리글자를 사용해서 간략하게 전략을 상기시켜라.

자의식을 잊어버려라. 같은 말을 여러 차례 반복해야 한다면 나 자신도 이상한 기분이 들 것이다. '이것을 또 한 번 말하면 사람들이 지겨워하지 않을까?' 하고 생각하게 된다. 매번 청중을 살펴보라. 한 사람이라도 끄덕이는 사람이 있다면 그 사람을 위해 못마땅해 보이는 다른 사람들은 모두 잊고 계속하라.

반복을 습관으로 만들어라. 예를 들어 회의 시작 전에 항상 소통하는 시간을 갖거나 하루 중 특정 시간에는 업데이트 글을 올리는 등 적당한 때를 찾아 같은 행동을 반복하라.

다양한 방법을 이용하라. 행동강령만 여러 차례 이야기해야 한다면 스스로도 당황스러울 것이다. 전략이 얼마나 큰 영향을 미치는지 잘 보여주는 이야기를 소개하고 공유하라. 새로운 청중에게 다가가기 위해 사진이나 페이스북 라이브 인터뷰 같은 새로운 방법도 시도해보라. 보통은 조금씩 익숙해지고 있는 그때가 자신과 팔로워를 위해 새로운 것을 시도해야 할 때다.

인내심을 가져라. 특히 초반에는 공허함을 느낄 수도 있다. "거기 아무도 없나요?"라거나 "누가 나 좀 봐주세요!"라고 소리치고 싶을지도 모른다. 내가 해줄 수 있는 조언은 기존에 하던 일을 계속하면서 동시에 새로운 것을 시도해보라는 것이다. 어떤 것이 팔로워들의 공감을 불러일으킬지는 아무도 모르고, 어떤 것이 조금 괜찮아 보이더라도 그 기간이 매우 짧기 때문이다.

더 생각하기

이쯤에서 '운동을 주도하는 일은 내가 할 수 있는 일이 절대 아니다'라고 머릿속에서 되뇌고 있을 수도 있다. 이 장에서 살펴본 마이클 오쉬어위츠와 존 레저를 떠올려보기 바란다. 그 둘은 성격이나 접근법이 완전히 상반된 리더들이었다. 오쉬어위츠는 레저만큼 공개적으로 눈에 띄지 않았지만, 그가 SEO를 끊임없이 열정적으로 지원했기에 SEO는 성공할 수 있었다.

다양한 스타일과 접근법이 가능하겠지만, 운동을 이끌기 위해서는 불꽃을 일으키는 사람이 필요하다는 점은 변하지 않는다. 당신이 그 불꽃이 될 수 있다. 어디에나 기회는 많고, 해결해야 할 문제도 많고, 해야 할 일도 많다. 이것들을 다루기 위해 조직이나 사회 차원에서 우리가 할 수 있는 유일한 방법은 당신같이 용감하고 열정적인 리더가 한 발짝 나아가 신뢰할 가치가 있는 운동을 일으키는 것뿐이다.

요점

- 파괴의 시대에는 길고 험난한 파괴적 전환 과정을 거치는 동안에 조직을 유지하게 하는 운동을 일으키도록 리더십도 바뀌어야 한다.
- 운동에는 팔로워들에게 영감을 주어 스스로 리더십 역할을 맡도록 하는 또 다른 리더십이 필요하다.
- 운동을 일으키고 유지하는 최고의 실천방안 세 가지는 다음과 같다.
  - 팔로워를 확인하고 그들과의 관계를 규정하라.
  - 행동으로 이어지는 선언서를 개발하라.
  - 일관적인 리더십 존재를 유지하라.

THE DISRUPTION
MINDSET

단련되지 않은 재능은
롤러스케이트를 탄 문어와 같다.
열심히 움직이지만
앞으로 갈지 뒤로 갈지 옆으로 갈지
전혀 예측할 수 없다.

Talent without discipline is like an octopus on roller skates.
There's plenty of movement, but you never know
if it's going to be forward, backwards, or sideways.

H. 잭슨 브라운 주니어(H. Jackson Brown, Jr.),
《삶의 작은 교훈서(Life's Little Instruction)》의 저자

제4장

누구나 파괴적 리더가 될 수 있다

앞에서 나는 파괴적 전환을 추진하기 위해 리더가 운동을 이끌고 유지하여 사람들이 힘든 시간을 견딜 수 있도록 해야 한다고 말했다. 리더는 존재를 드러내 보이고 신뢰를 쌓아야 한다.

그렇다면 파괴적인 리더가 되기 위해서는 무엇이 필요할까? 파괴적이라는 것은 타고난 자질인가, 체계적인 훈련으로 얻을 수 있는 것인가? 닭이 먼저인가 달걀이 먼저인가 하는 문제만큼이나 오래된 질문이지만 그만큼 중요하다. 파괴적인 성장을 이루기 원한다면 스스로 강한 파괴적 리더가 되어야 할 뿐만 아니라 조직 내에서도 파괴적 혁신가들이 자라나게 해야 한다. 당신의 파괴 기술을 끊임없이 연마하면서 동시에 다른 잠재적 파괴적 혁신가들을 파악하고 그들을 안락한 자리에서 벗어날 수 있도록 육성해야 한다. 관리자만 리더가 되라는 법은 없다. 누구나 리더가 되어야 한다.

파괴적인 리더가 되기 위해 무엇이 필요한지 잘 이해하기 위해, 나는 전 세계 1,000명이 넘는 리더들을 상대로 설문 조사를 진행했고, 그 결과 모든 파괴적인 리더가 다 같은 모습은 아니라는 점을 확인했다. 리더들에게 공통으로 나타나는 사고방식이나 행동 양식도 있지만, 리더들의 파괴적인 면모는 조금씩 다른 방식으로 전개되어, 여러 가지 다양한 모습으로 나타났다.

파괴적인 리더의 특징과 다양한 양상을 더 자세히 살펴보기 전에, 미술관의 세계에서 나온 아주 특별한 한 가지 사례를 살펴보자.

샛노란 장화 한 켤레가 만들어낸 시민들의 미술관

2008년 당시 독일 프랑크푸르트 슈타델 미술관(Städel Museum) 관장이던 막스 홀라인(Max Hollein)은 중대한 도전에 직면했다. 1816년에 설립된 슈타델 미술관은 역사와 명성을 자랑하는 독일의 대표적인 사립 미술 기관이었으나, 관람객 수가 크게 감소하고 있었던 것이다. 홀라인은 쓰러져가던 프랑크푸르트의 자매 박물관 쉬른 미술관(Schirn Kunsthalle)을 최신 유행의 전시장으로 탈바꿈시킨 전력이 있었기에 이사회는 그가 슈타델도 유명세를 이어가는 장소로 만들어주길 바랐다.

홀라인은 슈타델 미술관에 적용할 두 가지 평행 전략을 세웠다. 첫 번째 전략은 새로운 전시회를 개최하고 미술관에 더 많은 작품을 전시한 다음 새로운 관람객을 유치하고 전시회에 깊이를 주기 위해 디지털 채널을 이용하는 것이었다. 두 번째는 성장하고 있는 현대미술 컬렉션을 전시하기 위한 공간으로 활용하기 위해 6,900만 달러를 들여 건물을 짓는 것이었지만, 불행히도 시기가 좋지 않았다. 미술관의 새로운 전시관 착공 시기가 바로 2008년 리먼 브라더스(Lehman Brothers) 사태 직후였던 것이다. 유럽의 경제 중심지인 프랑크푸르트는 금융위기로 심각한 타격을 받았고, 당시 홀라인은 새 미술관 완공에 필요한 자금의 절반밖에 모금하지 못했다.

그러나 조심스러운 접근방식을 취해 건축과 모금을 중지하기는커녕, 홀라인은 오히려 더욱 강하게 미술관 건축을 밀어붙였다. "이렇게 가속도가 붙었고 어느 순간이 되자 사람들은 이 프로젝트가 실패하지 않기를 바랐어요. 실패한다면 크게 당황스러울 것이기 때문이었죠." 홀라인이 당시의 상황을 설명했다.[1] "몇몇 조심성이 많은 사람들의 반대를 무릅쓰고 프로젝트를 강행할 수는 있지만, 언제나 프로젝트의 성공에 대한 믿음이 있어야 합니다. 그 과정에서 100퍼센트 확신을 가질 수 있는 사람은 없을 테고, 제 경우에는 그걸 바라지도 않았습니다."

홀라인은 프랑크푸르트가 권력자에 의한 통치가 아니라 스스로 의지에 따라 행동하는 자율적인 시민의 도시라고 믿고 있었다. 시민

사진 4.1 노란 장화를 신고 기금 모금 중인 슈타델 미술관의 막스 홀라인 관장

들은 자신들의 미술관을 사랑했고 도시의 자랑으로 삼았기 때문에, 홀라인은 미술관 직원들과 프랑크푸르트 시민, 재계 인사들에게 이런 변화를 설명하고 그들이 변화의 주인공임을 느끼게 하면 성공할 수 있다고 생각했다.

관심과 흥미를 끌어내기 위해, 홀라인은 건설 현장에서 사용하는

샛노란 장화를 신고 돌아다니며 사람들에게 미술관을 함께 만들었다는 상징으로 장화를 판매하고 기부금을 마련했다(사진 4.1 참조).[2]

노란 장화는 슈타델에서 일어나는 변화의 상징이 되어 직원과 자원봉사자들이 원대한 목표를 이루도록 힘을 북돋아 주었다. 이런 노력 끝에 미술관 재정비에 필요한 6,900만 달러의 절반이 개인 기부자들에게서 나왔고 그중 600만 달러는 시민들의 소액 개별 성금이었다.[3]

"노란 장화는 그 장화를 신은 저뿐만 아니라 우리가 모두 함께 미술관을 세웠다는 상징이었습니다. 미술관 확장 캠페인의 효과는 오랫동안 지속되었고 방문객과 미술관의 관계가 굉장히 돈독해져서 거의 시민들의 미술관이라고 할 정도로 많은 참여를 이끌어냈습니다."

결과는 놀라웠다. 6,900만 달러 모금 목표를 달성했고 그중의 절반 이상이 기업과 개인에게서 나왔다. 관람객 수도 크게 증가했다. 2012년에는 44만 7,395명이 방문했는데, 이는 확장 공사 전 최고기록인 2009년의 방문객 수 32만 8,773명과 비교하면 36퍼센트가 증가한 수치였다.[4] 유럽의 미술관으로는 굉장히 이례적으로 현재 슈타델 미술관이 주정부로부터 받는 지원금은 미술관 예산의 15퍼센트 미만이다.

프랑크푸르트를 떠난 홀라인은 샌프란시스코 미술관(Fine Arts Museums of San Francisco)의 관장 겸 CEO로 활동하면서, 테오티우아칸 피라미드(Teotihuacan pyramids) 관련 전시회를 열었고,[5] 게이머와 젊은 관람객의 인기를 얻은 마인크래프트(Minecraft) 게임 형식의 미술관 안내지도를 완성했으며, 현대 무슬림 패션 전시회를 개최했다.[6]

2018년 그는 미국 최대의 미술관이자 세계 4대 인기 미술관인 뉴욕 메트로폴리탄 미술관(Metropolitan Museum of Art)의 관장으로 취임했다.[7] 메트로폴리탄 미술관에서 그는 2020년까지 미술관 예산을 재조정하는 데 노력을 기울이는 한편, 17개 전시 부서 모두가 늘어나는 디지털 세계의 요구에 부응하는 작업을 하고 있다.

여러 면에서 막스 홀라인은 슈타델 같은 도전 과제를 해결하기에 완벽한 인물이었다. 그는 미술사학과 경영학 학위를 갖고 있었기 때문에, 현실적인 경영 방법과 뛰어난 기금 모금 기술을 날카로운 전시 기획의 관점과 접목할 수 있었고 이것이 미술관 경영에 독특한 배경이 되었다. 그가 비록 미술 후원가와 미술관 직원, 방문객들에게 편한 자리를 박차고 나오도록 압박하긴 했지만, 우아한 방식으로 그들에게 도전 과제를 주었고 그 결과에 대한 확신도 줄 수 있었다.

홀라인은 학교를 졸업하고 당시 구겐하임 박물관 토마스 크렌스(Thomas Krens) 관장의 프로젝트 매니저로 일하면서 전환적 리더의 효과적인 사고방식과 행동 양식을 개발하기 시작했다. 홀라인은 1995년에 스페인 빌바오 구겐하임 박물관의 확장을 위한 기금 마련 및 진행의 책임을 맡으면서 토마스 관장과 함께 일했다. 홀라인은 당시 상황을 이렇게 얘기했다. "이사진 상당수와 기자들 대부분이 그 프로젝트를 미친 짓이라며 크게 실패할 거라고 말했죠."

홀라인은 크렌스가 비판하는 사람들을 체계적으로 다루며 설득하는 과정을 지켜보았다고 말했다. 그는 크렌스에게서 무엇을 배웠는지 기억하면서 이렇게 얘기했다. "뛰어난 소통가가 되는 것뿐만 아니라 확신을 주는 이야기를 만들어낼 줄도 알아야 합니다." 그는 크렌스를 통해 상황이 제대로 되고 반대론자들이 몰려올 때까지 야심 찬 계획을 밀고 나갈 수 있다는 점을 배웠다. 크렌스의 보호 아래, 홀라인은 결과를 만들어내는 탄탄한 리더십 도구들을 개발하면서 현재 상황을 언제 어떤 방식으로 바꾸는지 터득하게 되었다.

홀라인은 자신의 대의명분을 사람들과 연관 지었을 뿐만 아니라 그들이 행동할 수 있도록 북돋아 주었다. 그는 시간을 들여 직원들의 얘기를 경청했다. 홀라인은 새로운 미술관에 관장으로 취임하면 가장 먼저 각 부서의 기획 담당자들과 함께 앉아서 시간과 인원, 자금이 충분하다면 어떤 전시회를 열고 싶은지 물어보았다.[8] 비록 전시회를 열겠다는 확답이 없을지라도, 이런 뿌리 깊은 욕구를 물어보고 그에 대한 답을 듣는 간단한 과정을 통해 홀라인과 직원들의 관계는 더욱 단단해졌다.

시간이 지난 후에 뒤돌아보기 때문에 홀라인이 미술관 관장이자 전환적 리더로 성공한 이유가 분명히 보이지만, 당시의 상황이 항상 쉬운 길은 아니었다. 홀라인은 그가 변화를 시작할 때 경험했던 전형적인 두 가지 단계가 있었다고 밝혔다. "첫 번째는 가능성과 선택지, 그리고 논리를 찾고, 소통하면서 사람들을 설득하는 변화의 초기 단계입니다. 그리고 진로를 바꾸지 않고 속도를 내서 재빨리 진행해야 하는 단계가 나타납니다. 저는 빠른 실행을 위해서는 방향을 잃지 않은 상태에서 가속도를 활용해야 한다고 굳게 믿고 있습니다." 홀라인의 리더십 스타일은 열린 마음으로 다양한 선택지를 제공하지만, 그 후에는 분명하게 진행 방향을 설정해주고 탈선의 가능성을 차단하고 실행에만 집중한다.

도전 과제를 완수한 홀라인은 미술관의 사명을 개선하고 충족시킬 수 있는 더 많은 기회를 찾으려고 애쓰면서 스스로 동기를 부여했다. "솔직히 말하면 가끔은 약간 압도당하는 느낌을 좋아하는데, 왜냐하면 그런 상황에서 더 집중할 수 있고, 최선을 다해서 제대로 작업할 수 있기 때문이죠. 매우 차분해지면서 결정을 내려야 한다는 사실을 알게 되는데, 저는 그런 때 의욕이 샘 솟고, 아마 그래서 이런 종류의 압박감이 필요한 것 같아요."

홀라인은 팔로워를 변화라는 원대한 여정으로 끌고 나오는 굉장히 효율적인 전환적 리더의 한 예일뿐이다. 지금까지 알아본 파괴적인 리더들과 홀라인이 공통으로 가지고 있는 사고방식과 행동 양식은 무엇일까?

파괴적 리더를 만드는 사고방식과 행동 양식

홀라인과 멘토인 토마스 크렌스의 관계에서 알 수 있듯이, 파괴적 리더는 또 다른 파괴적 리더에게서 배운다. 그러나 파괴적 리더는 또한 자신의 보호 아래에 있는 이들에게 파괴적인 변화를 이끄는 방법을 알려주어야 한다. 이 세상에 똑같은 리더는 없다. 파괴적이라는 것은 이분법적인 특징, 즉 어떤 것은 되고 어떤 것은 안 되는 성질은 아니다. 그것은 오히려 현재 상황을 바꾸고 싶은 열정이 거의 없는 단계에서부터 변화를 향한 아주 강한 욕구에 이르는 연속체에 가깝다. 따라서 파괴적인 리더십이 얼마나 다르게 나타날 수 있는지 이해해야 파괴적인 리더를 육성하고 조직 내 파괴적인 리더를 확인할 수 있다.

> 진보는 설교자나 도덕성의 신봉자가 아니라
> 미치광이, 은둔자, 이단자, 몽상가, 반항아,
> 회의론자에 의해 이뤄진다.
>
> **스티븐 프라이(Stephen Fry), 희극인, 배우 겸 작가[9]**

첫 번째 단계는 파괴적인 리더가 무엇을 의미하는지 이해하는 것이다. 파괴적인 리더는 파괴적이라는 단순한 자각이나 성향을 넘어, 현재 상황에 도전하고 파괴적 성장을 이끌기 위해 조금 더 나은 상황으로 바꾸고자 노력해야 한다. 그저 변화를 위한 변화가 아니라, 개선을 목적으로 하는 변화를 이야기하는 것이다. 파괴적인 리더는 형식적인 리더에 국한되지 않으며, 비형식적인 리더도 충분히 파괴적인 리더가 될 수 있다. 나는 리더십이라고 하는 것이 직위가 아니라 사고방식이라고 굳게 믿고 있다.

지난 20년 동안 나는 운 좋게도 파괴적인 리더들과 함께 일할 수 있었고 곁에서 관찰한 결과 그들이 가지고 있는 몇 가지 공통적인 특징을 발견할 수 있었다. 그들은 살바토레 매디(Salvatore maddi)와 수잔 코바사(Suzanne Kobasa)가 처음으로 주창한 '심리적 강인성(Psychological Hardiness)'의 특징을 보여준다.[10] 이런 리더들은 높은 '강인성'을 갖고 있었고, 다시 말하면 스트레스가 되는 상황을 넓게 보는 경향이 있다. 그들은 이런 상황을 위기라기보다는 개인이 성장할 수 있는 도전과 기회라고 인식한다. 강인성에는 다음의 세 가지 특징이 있다.

전념은 높은 목표와 진실에 대한 믿음을 뜻하며 이것은 파괴적인 리더가 업무에서 의미를 찾고 거기에 최선을 다하는 능력으로 이어진다. 자신이 스스로 만들어 낼 수 있는 결과에 전념함으로써 외부의 장애물이나 부정적인 소식은 대수롭지 않게 생각할 수 있다. 나는 더 좋은 미래를 생각하면서 힘든 시기를 버틸 수 있는 낙관주의를 전념이라고 생각한다. 파괴적인 리더들은 미래를 바라보며 전념할 수 있다.

통제력은 주변에서 일어나는 일들이 자신의 노력에 따라 바뀔 수 있다는 리더의 믿음을 뜻한다. 힘든 상황이 되면 파괴적 리더들은 무기력하게 압도되기보다는 자신이 할 수 있는 일을 행동으로 옮기면서 통제력을 얻으려 한다. 동시에 자신이 통제할 수 없는 부분도 파악하고 거기에는 힘을 낭비하지 않는다. 파괴적인 리더들은 자기 자신에 대해서뿐만 아니라 팔로워의 수행능력에 대해서도 자신감을 갖고 있다.

도전정신은 문제를 위기가 아니라 기회로 보는 성향이다. 파괴적인 리더들은 상황에 압도당하거나 방어적인 자세를 취하기보다는 관심을 가지고 해결책을 찾는다. 도전을 받아들이는 능력이 있기에 그들에게 도전은 일상이며 예측 가능한 일은 기준대상이 아니다. 파괴적인 리더들은 도전 과제가 찾아오기를 기다리지 않고 적극적으로 도전 과제를 찾는다.

위에서 살펴보았듯이, 이 세 가지 마음가짐은 서로 겹치며 보완한다. 그렇지만 내가 관찰하고 연구한 파괴적인 리더들의 성공을 설명하기에는 여전히 부족하다. 심리적으로는 강인하지만 현재의 상황을 바꾸지 못하는 경우도 분명히 있다.

나는 파괴적인 리더를 이끄는 요인이 무엇인지 이해하기 위해 미국을 비롯하여 브라질, 중국, 독일, 영국의 리더들 1,087명을 조사하면서 다양한 사고방식과 리더십 행동들을 확인했다. 그리고 리더가 스스로 이끌 수 있다고 생각하는 파괴적 변화의 정도, 즉 파괴 지수와 상관관계가 높은 요소들을 알아보았다.

지역이나 국가에 상관없이 가장 효과적인 파괴적 리더들은 자신의 믿음, 성격, 행동을 통해 변화를 시련이 아니라 기회로 여기는 능력, 즉 변화에 대한 열린 사고방식과 변화를 만들기 위해 미래에 대한 비전을 공유하고 사람들과 연계하는 등 팔로워에게 영감을 주고 힘을 실어주는 리더십 행동을 보여주었다. 그리고 이런 믿음, 성격, 행동은 세 가지 심리적 강인성의 특징으로 도식화할 수 있다(표 4.2).

예를 들어, 전념의 경우 파괴적인 리더는 개인적으로 강한 목표의식을 가지고 있을 뿐만 아니라 (제3장에서 설명했듯이) 팔로워의 목표추구를 자극하는 선언서를 작성하고 활용한다. 통제력에 대한 태도는 모든 해답을 얻기 전이라도 걱정 없이 결정을 내리는 성향 여부에 따라 결정된다. 도전정신과 관련해서, 파괴적인 리더는 몰랐던 부분을 적극적으로 찾아보는 성향이 있어서 자연스럽게 실패를 학습의 기회로 삼고, 주변 사람들이 새로운 접근법을 찾을 수 있도록 격려한다.[11]

표 4.2 심리적 강인성에 따른 파괴적 리더의 주요 추진력

	변화에 대해 열린 사고방식	팔로워에게 영감을 주고 힘을 실어주는 리더십
전념	● 언제나 좀 더 나은 방법이 있다는 믿음을 갖고 끊임없이 새로운 시도를 한다.	● 조직의 흥미롭고 새로운 가능성을 상상한다. ● 사건을 해석하고 시급한 변화의 필요성을 설명한다.
통제력	● 불확실성과 친숙하며 모든 답을 얻기 전에 결정을 내린다. ● 어떤 위험요소가 중요한지 파악하는 데 집중한다.	● 사람들이 도전적인 목표를 성취할 수 있다는 믿음을 표현한다. ● 혁신과 사업가 정신을 격려하고 지원한다. ● 변화를 일으키는 핵심 인물들과 연대를 맺는다.
도전정신	● 일상적인 일에서 변화를 찾는다. ● 업무에서나 개인의 삶에서 새로운 일을 맡으면 활력을 얻는다. ● 무엇을 몰랐는지 찾는 것이 중요하다고 생각한다. ● 실수와 실패는 학습의 기회라고 생각한다. ● 변화는 일상적으로 일어나며 성장의 기회라고 생각한다.	● 개선 방법을 찾기 위해 조직이라는 테두리 너머 멀리 바라본다. ● 사람들을 다독여 새로운 업무 접근법을 찾도록 돕는다. ● 사람들이 문제나 기회를 다른 방식으로 바라보도록 격려한다.

파괴적 리더의 네 가지 유형

파괴적 리더를 말할 때 좋고 나쁨이 있을 수 없지만, 리더가 전환을 추진하는 능력과 선호방법의 정도와 깊이는 굉장히 다양하다. 나는 조사를 위해 리더들에게 현재 상황에 안주하지 않고 더 나은 상황을 위해 변화를 추구하는 능력을 기준으로 자신의 파괴 지수를 측정해 보라고 요청했다.[12]

이 분석을 통해 알게 된 것이 든든한 관리자, 현실주의적 낙관론자, 걱정 많은 회의론자, 조용한 첩보원이라는 파괴적 리더의 네 가지 유형이다(표 4.3 참조).[13]

이런 네 가지 유형을 알면 파괴적 리더십의 뉘앙스를 좀 더 깊게 이해하고 확인할 수 있다. 당신의 조직의 모든 리더들이 어느 정도 파괴적인 리더십을 가지고 있지만, 어떤 이는 변화에 대해 열린 마음을 가지지 못했거나 다른 사람을 이끄는 기술을 갖추지 못했을 수도 있다. 조직을 앞으로 나아가게 하고 싶다면, 가장 느린 리더의 속도에 맞출 수밖에 없으며, 따라서 당신이 서 있는 곳이 어디인지 솔직히 알아야 한다.

이 유형들은 서로 다른 파괴적 리더십 능력을 지닌 리더들이 어떻게 협력하고, 특정한 사고방식과 행동 양식을 지속적으로 채택하여 더욱 파괴적으로 변하는지 알 수 있는 기본 틀을 제공하기도 한다. 이 유형들은 파괴 지수를 높여야 하는 이유와 그 방법에 대한 질문에

표 4.3 파괴적 리더의 유형

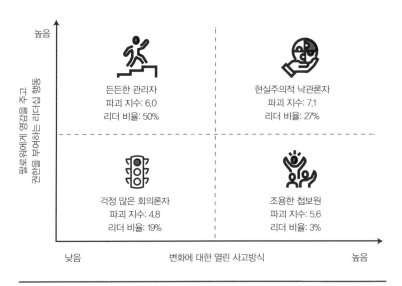

□ 파괴 지수: 1(전혀 파괴적이지 않은)~10(지극히 파격적인)
□ '파괴적'이라는 것은 현재 상황에 머무르지 않고 더 나은 상황을 만들기 위해 변화하려는 능력으로 정의

해답을 제공한다.

마지막으로 이 유형들을 통해 조직에서 리더십 개발을 위한 초석을 다질 수 있다. 즉, 리더는 이 유형을 파악하여 파괴적 혁신에 필요한 사고방식과 기술을 확인할 수 있을 뿐만 아니라 역할과 직책에 상관없이 잠재력이 높은 파괴적 리더를 확인할 수 있다. 내가 조사한 바에 따르면, 파괴적 리더십 잠재력은 연령, 역할과는 무관한 것으로 나타났는데, 이는 역할 위주로 개발된 전통적 리더십 개발 프로그램이 더이상 유효하지 않다는 것을 의미한다.

각각의 유형을 살펴보고 파괴적 성장을 추진하기 위해 이것들이 어떻게 함께 작용하는지 알아보자. (당신의 파괴적 리더십 유형을 확인하려면, charleneli.com/disruption-mindset에 접속하여 온라인 진단을 활용하라.)

든든한 관리자

든든한 관리자는 시기와 자금에 맞는 실행이 필요할 때 조직이 의지하는 리더로, 팀을 격려하여 제대로 된 접근법을 찾음으로써 파괴적 혁신을 이룬다. 그들은 역할과 기대를 명확히 하고 모든 이의 업무에 지침이 되는 규칙과 절차를 자세히 설명한다. 그리고 이런 관리자들은 사람들의 의견을 구하고 사람들에게 영향을 줄 수 있는 결정을 내릴 때 합의점을 찾기 때문에 사람들은 그들과 일하는 것을 좋아한다.

그들은 또한 위험을 최소화하여 실수나 실패 때문에 조직의 경영과 성공이 가로막히는 상황을 피하는 데에 많은 시간과 노력을 투자한다. 적절한 방법을 찾으면 그 방법을 고수한다. 든든한 관리자는 변화에 개방적이지만 변화는 어디까지나 예외적이어야 한다고 생각한다. 그들에게 성공이란 일이 문제 없이 순조롭게 잘 굴러가는 것을 의미한다.

조직이 파괴적 전환 전략에 착수하면 종종 든든한 관리자는 중요한 변화들에 불편함을 느낀다. 그들은 순조로운 실행을 위해 투자했던 모든 작업이 가치를 잃게 된다고 여겨 변화가 불공평하다고 생각한다. 그러나 실제로는 그들이 모든 파괴적 성장 전략의 중심인물이다. 그들은 강력한 리더십 능력으로 동료들을 모으고 진행 과정과 질서를 정해주기 때문에, 그들이 없으면 파괴적 성장을 이룰 수 없다.

든든한 관리자는 현실주의적 낙관론자와 가장 잘 어울린다. 현실주의적 낙관론자는 든든한 관리자의 강력한 리더십 기술을 어떻게 활용하는지 알고 있고, 든든한 관리자를 힘들게 하지 않으면서도 파괴적 변화를 위해 그들을 얼마나 활용할 수 있는지도 이해하고 있기 때문이다.

현실주의적 낙관론자

현실주의적 낙관론자는 고도로 효과적인 파괴적 리더가 갖춰야 할 요인들, 즉 변화에 대한 열린 마음가짐과 변화를 일으키기 위해 다른 이들에게 힘을 주고 영감을 주는 강력한 리더십 행동을 갖추고 있다. 그들은 '컵에 물이 아직 반이나 남았다'라는 낙관론적 시각으로 세상을 바라보기 때문에, 언제나 더 좋은 해결방안이 있고 그것을 찾는 것은 시간문제라고 믿는다.

그들에게 변화와 도전은 힘든 일이 아니며 오히려 그 반대로 새로운 상황은 그들에게 활력을 준다. 일이 잘못될 때는 실패를 받아들이고, 목표 달성을 위해 다른 방법을 찾을 수 있는 학습의 기회로 여긴다. 실패를 받아들이는 자세 덕분에 그들은 앞으로의 여정을 현실적으로 바라볼 수 있다. 그래서 불가피한 어려움이 닥치더라도 언제나 자신의 군대를 결집시켜 진군할 준비가 되어 있다. 가장 중요한 점은 혼자 힘으로는 변화를 실현할 수 없다는 것을 충분히 이해하고, 실제로 변화를 일으키는 사람들과 연대를 이루는 자신의 능력에 자신감을 가지고 있다는 점이다.

그들의 가장 큰 도전 과제는 그들의 생각이 조직 내 대부분의 리더들의 생각과 같지 않다는 점이다. 현실주의적 낙관론자는 별난 사람으로 찍힌다. 그들은 조직 내에 있는 다른 현실주의적 낙관론자를 찾아서 서로의 안건을 확장하고 지지한다는 점이 중요하다. 그들은 또한 든든한 관리자와 연대를 구축해야 한다. 조직 전체를 단결하게 만들 때 든든한 관리자의 뛰어난 리더십 기술이 필요하기 때문에, 현실주의적 낙관론자는 그들이 변화에 대한 걱정을 떨쳐버리도록 도와야 한다.

걱정 많은 회의론자

걱정 많은 회의론자는 '컵에 물이 반밖에 안 남았다'고 생각하는 관점에서 세상을 바라보고 모든 일이 잘못될 수 있다는 것을 걱정한다. 그럴만한 이유가 있다. 그들은 엉망인 상황을 정리하는 데에 뛰어나기 때문에, 문제가 불거지면 사람들이 그들을 찾기 때문이다. 그들은 순식간에 댐에 뚫린 구멍을 틀어막고 보강 공사를 해내는 영웅이 된다.

그들은 문제를 해결하기 위해 경험이 부족한 동료나 팀원들에게 의존하기보다는 자신의 뛰어난 분석 기술과 문제를 꿰뚫어 보는 직관력을 활용한다. 완벽한 조사도 없고 충분한 자료도 없는 무모한 아이디어는 위험성이 상당히 높기 때문에 회의적이다.

이런 특징 때문에 파괴적 전략을 추구하는 조직에서 걱정 많은 회의론자는 위험천만한 파괴적 전략의 부정적인 측면을 볼 수 있는 정상적인 사고를 가진 사람처럼 보일 것이다. 그들의 목소리는 비판적이며 자신이 우려하는 바를 충분히 인식시키기 위해 현실주의적 낙관론자의 강력한 리더십 행동에 대한 반대 의견을 펼친다.

한편, 걱정 많은 회의론자는 다른 이들을 이끌기 위해 자신의 리더십 행동을 개선해야 하며 제안되는 파괴적 성장 계획에 대해 더 많은 관심을 갖지 않으면 뒤처질 위험에 처한다. 그들은 종종 변화에 열린 마음을 가지기 힘들어한다는 점에서 자신과 비슷한 처지의 든든한 관리자에게 위안을 얻곤 한다. 같은 파괴적 리더십의 과정을 겪는다는 동료의식이 위안이 될 수 있다.

조용한 첩보원

변화와 실패를 유난히 좋아하는 조용한 첩보원은 지금보다 더 좋은 방식은 언제나 있다고 믿기 때문에 파괴의 최전선에서 끊임없이 새로운 것을 시도한다. 변화가 성장의 기회를 낳기 때문에 알려지지 않은 일을 찾아보는 것이 좋다고 생각한다. 항상 하던 일은 따분해하지만 업무에서나 개인의 삶에서 새로운 도전을 받아들이는 일에서 활력을 얻는다.

그들은 가끔 조직 내 다른 사람들이 눈앞에 보이는 명백한 기회를 이해하지 못한다고 생각한다. 그들의 가장 큰 어려움은 변화를 추구하고 싶지만, 사람들을 동참시켜 행동으로 옮기게 하는 일이 힘들다는 점이다. 더 효과적인 파괴적 리더가 되기 위해서는 업무 차원에서 새로운 접근법을 시도하도록 격려받는 사람들과의 연대를 구축하는 능력을 길러야 한다.

조용한 첩보원은 특히 자신이 추구하는 변화에 대한 기대와 기준을 설정하는 데 집중하고, 사람들이 같은 양식으로 행동할 수 있도록 지침을 제공하는 과정과 절차를 꼼꼼히 계획해야 한다. 특히, 조직 내에서 든든한 관리자를 찾아야 할 필요가 있는데, 이는 든든한 관리자의 리더십 능력이 변화와 실패를 두려워하지 않는 조용한 첩보원의 개방성과 힘을 합치면 파괴적 성장을 추진하는 강력한 조합을 이룰 수 있기 때문이다.

성별의 편견을 깨고 앞으로 나아가라

각각의 유형을 살펴본 결과, 리더십 행동의 평균 수치와 변화에 대한 개방적인 사고방식에서 성별에 따른 차이는 사실상 없었다. 다시 말하면, 변화에 대한 개방성과 다른 이들을 이끄는 능력에 있어서 여성은 남성과 차이가 없다. 그러나 미국에서는 자신이 파괴적 변화를 얼마만큼 이뤄낼 수 있다고 생각하는지를 측정한 자가측정 파괴 지수에

표 4.4 성별에 따른 파괴적 리더십의 네 가지 유형

든든한 관리자

	남성	여성
개방적 사고	3.0	3.1
리더십 행동	4.0	4.0
파괴 지수	6.3	5.8

현실주의적 낙관론자

	남성	여성
개방적 사고	4.4	4.4
리더십 행동	4.3	4.3
파괴 지수	7.4	6.7

걱정 많은 회의론자

	남성	여성
개방적 사고	3.0	2.9
리더십 행동	2.9	3.0
파괴 지수	5.0	4.4

조용한 첩보원

	남성	여성
개방적 사고	4.3	4.2
리더십 행동	2.5	3.0
파괴 지수	6.3	5.4

☐개방적 사고: 1(변화에 어려움을 겪음)~5(변화가 자연스러움)
☐리더십 행동: 1(리더십 행동을 전혀 하지 않음)~5(항상 리더십 행동을 실천)
☐파괴 지수: 1(전혀 파괴적이지 않음)~10(매우 파괴적임)

서 남성 리더의 수치가 여성 리더의 수치보다 훨씬 높았다(표 4.4 참조).

성별에 따른 차이는 우리가 파괴적 리더를 어떻게 받아들이고 육성하고 보상하는지를 보여주는 중요한 의미를 갖는다. 사회 · 문화적 기대 때문에 우리는 여성을 '파괴적'이라고 보는 데에 익숙하지 않다. 내 연구조사에 따르면 여성들은 남성과 비슷한 정도로 파괴적 리더십 사고방식과 행동 양식을 보이고 있지만, 여성 스스로도 현재 상황에 맞서는 능력이 없다고 생각한다. 사실 파괴적이라고 묘사하는 것은 부정적인 느낌을 주고 더 나아가 부정적인 결과를 낳기도 한다. 여성으로서 나는 협조적이고 친절하다는 칭찬과 현재 상황에 반하는 변화를 추진할 때 나오는 부정적인 피드백과 같은 무의식적인 편견을 많이 보아왔다.

가슴 아픈 일은 남성 리더와 동등하거나 더 뛰어난 능력이 있음에도 불구하고 우리 여성들이 스스로 파괴적 리더가 되는 걸 꺼린다는 점이다.

디지털 시대의 파괴적 리더가 되는 방법

리더는 긍정적인 변화를 이루고자 앞장서기 때문에 의미상 모든 리더들은 어느 정도 파괴적이라 할 수 있다. 이는 변화에 대한 개방성이나 다른 이들을 통해 변화를 이루는 리더십 행동에는 '옳은' 수준이란 없다는 뜻이다. 나는 당신의 파괴적 리더십 유형은 무엇인지 확인하고 파괴적 리더십 사고방식과 행동 양식의 점수는 얼마인지 알아보기 위해 당신과 당신의 팀이 온라인으로 진단해 보라고 권하고 싶다. 당신과 다른 이의 점수를 이해하면 당신이 개선해야 할 부분을 확인할 수 있고 다른 이들을 위대한 파괴적 리더로 성장시킬 수 있는 방법도 알 수 있다.

한편, 변화에 대한 개방성과 리더십 행동 부분은 뛰어나지만 파괴를 이끄는 능력을 낮게 평가한 리더라면 파괴적 전환을 이루는 자신의 능력에 대한 자신감을 기르는 훈련과 멘토링이 필요할 수 있다. 내가 살펴본 바에 따르면 특히 여성이 이런 종류의 훈련과 지원을 받으면 좋을 것이다.

이와 반대로, 파괴를 이끄는 자신의 능력이 뛰어나다고 생각했지만 변화에 대한 개방성과 격려하고 영감을 주는 리더십 행동은 평균 이하인 일부 리더들도 있었다. 이런 경우라면, 다음의 실천 방법을 통해 자신에게 부족한 사고방식이나 행동 양식을 기를 수 있다. 이 실천 방법들은 사람을 직접 대하지 않고 일하는 경우가 많은 디지털 시대에 특히 중요하다.

전념: 공동의 비전과 목표를 전개한다

리더는 이상주의자이자 몽상가다. 그들은 가능한 것을 생각하고 주

변화에 대한 개방성	리더십 행동
● 더 좋은 방법이 있다는 믿음으로 항상 새로운 것을 시도한다.	● 조직의 새롭고 놀라운 가능성을 상상한다. ● 변화의 필요성을 설명하기 위해 사건을 해석한다.

위 사람들에게 새로운 기회를 찾아보도록 격려한다. 파괴적 전략의 비전은 방 안에 앉아 수정구슬만 바라본다고 나오는 것이 아니라 고객과 가장 가까운 곳에서 자라기 때문이다. 리더는 이러한 새로운 가능성에서 공통의 실마리를 찾고 그것을 다른 사람들이 전념할 수 있는 '이유'인 목표로 바꾼다. 파괴적 전환을 위한 공동의 비전과 목표를 정하는 데 도움이 되는 사고방식과 행동 양식을 분명하게 해주는 몇 가지 방법을 소개한다.

꿈꾸기를 독려하라. 스스로에게는 물론 다른 사람들에게도 꿈을 꾸라고 말하는가? 아니면 그것이 시시한 행동이라고 생각하는가? 상황이 더 좋아질 수 있다고 믿지 않으면 새로운 일을 시도하지 않을 것이기 때문에 꿈꾸기가 가능성을 확인하는 첫걸음이다. T-모바일의 존 레저 같은 리더는 디지털과 사회적 플랫폼을 이용해 고객과 직원에게 더 좋은 미래를 꿈꾸게 한다.

가장 깊은 욕망을 거울로 비춰라. 당신이 만든 비전은 동료와 고객이 가장 원하는 것을 반영할 때에만 공유될 수 있다. 그리고 우리는 대부분 돈이 아니라 의미를 가장 중요하게 생각한다. 우리는 이 땅에서 살아가는 동안 무엇인가 좋은 일을 하고 떠나고 싶다. 가장 파괴적인 리더는 목표를 설명하면서 이런 욕구에 다가가며, 사람들은 그것을 얻기 위해 자신의 역할을 이해한다. 막스 홀라인은 전시기획 부서 리더들을 찾아가 이야기를 듣고 그들의 가장 깊은 희망과 욕망을 이해했으며 그들에게 더 크고 깊은 생각을 하도록 격려했다.

더 빨리 가려면 더 멀리 바라보라. 급변하는 디지털 세상에서 이번 달에 어떤 일이 생길지도 예측할 수 없는데, 5년 이상의 비전을 만드는 일은 미친 짓처럼 보일 수도 있다. 그러나 고속도로를 고속으로 운전할 때, 우리는 앞을 멀리 보아야 굽어지는 길도 보고 장애물도 확인하며 미리 운전대를 조정할 수 있다. 마찬가지로 이런 미래 비전은 오늘 행동을 취해야 하는 명분과 긴박감을 알려준다.

통제력: 안정감과 주인의식을 심어준다

파괴적 전환에서 생기는 가장 큰 문제 중 하나는 거대한 불확실성 때문에 상황을 제어할 수 없다고 느끼게 된다는 점이다. 알려지지 않은 부분도 많고 상황도 급변하기 때문에 당신이 할 수 있는 일이라곤 어

변화에 대한 개방성	리더십 행동
• 불확실성에 익숙해서 모든 답을 얻기 전에 결정을 내릴 수 있다. • 위험을 감수할 만한지 가늠하는 데 집중한다.	• 사람들에게 도전적인 목표를 성취할 수 있다는 자신감을 보여준다. • 혁신과 사업가 정신을 격려하고 지원한다. • 변화를 일으키는 핵심 인물들과 연대를 맺는다.

떤 일이 일어나고 있는지를 파악하는 것뿐이다. 이런 이유로 두 가지 측면에서 통제가 중요하게 된다.

첫 번째는 주변 상황이 통제 불가하게 될 때, 감정을 억누르고 사고방식을 바꾸는 방법이다. 강한 통제력을 가진 리더는 혼돈과 불확실성에 대한 본능적인 반응을 누그러뜨리고, 의사 결정 과정에서 통제력을 갖기 시작한다. 그들은 불확실성 때문에 우유부단하게 멈추어 있지 않는다. 대신 신속한 의사 결정이 불확실성을 줄여준다는 사실을 잘 이해한다. 비록 결정이 실패로 끝나더라도 그것이 성공적이지 않았다는 사실을 아는 것이 그대로 팔짱 끼고 앉아 아무것도 하지 않는 것보다는 낫다.

두 번째는 팔로워들에게 통제 감각을 전해주는 방식이다. 팔로워들이 행동을 취할 수 있도록 격려하는 지점이 어디인지, 주인의식과 행동할 수 있는 권한이 나오는 지점이 어디인지 설정해줌으로써 그들은 통제력을 얻을 수 있다. 이 통제 감각은 필수적인데, 왜냐하면 파괴적 전환의 결과를 통제할 수 있다고 당신과 당신의 팀이 믿는다면, 당신은 그것을 이루기 위해 모든 것을 쏟아부을 것이기 때문이다. 그러나 당신의 팀이 스스로 통제력이 없다고 믿거나 결과물에 영향을 주지 못한다고 믿으면, 그들은 폭풍우가 몰아칠 때 자신은 피해가기를 바라듯이, 한쪽 구석에 무기력하게 서 있기만 할 것이다.

당신과 당신 조직이 힘을 얻고 상황을 통제하는 능력을 키우기 위해서는 다음의 실천 방법들을 고려해보라.

최악의 시나리오를 반복해서 준비하라. 최악의 시나리오의 묘미는 말할 수 없는 것에 이름을 붙여준다는 점이다. 잘못될 수 있는 점을 예측하고 준비하면 당신과 당신의 팀이 이런 힘든 상황에 빠진 모습을 그려볼 수 있고, 자료와 상황을 이해하고 해석할 수 있으며 어떤 위험 요소가 감수할 만한 것인지에 집중할 수 있다. 만약 고난의 시기가 다가오면, 결과에 영향을 미치기 위해 무엇을 할 수 있고 무엇을 할 수 없는지 이미 알고 있을 것이고, 변화가 가져올 기회를 침착하게 바라볼 수 있는 시간을 벌 수 있다.

더 나은 사후 평가를 실시하라. 완벽한 것은 없으니, 프로젝트가 끝나거나 분기를 마치면 다른 방식으로 처리할 수 있었던 일은 무엇인지 확인하기 위해 사후 평가를 실시하라. 사후 평가 시간의 4분의 1은 무엇이 잘못되었는지 검토하는 데 사용하고, 4분의 1은 무엇을 배웠는지 토론하는 데 사용, 나머지 시간에는 다음에 무엇을 할지를 논하는 데 사용하라. 팀 내 모든 직원들이 참여해야 하고, 순수한 관찰이 가능하도록 익명의 목소리와 질문을 유도하는 디지털 도구를 사용하고, 모두에게 쪽지를 나눠준 후 합의된 단계에 대해 살펴보면서 다음 프로젝트나 다음 분기를 시작하라. 계획이 있다면 빠른 시간 내에 통제 감각을 기를 수 있다.

자유롭게 허락하고 관대하게 받아들여라. "허락을 구하지 말고, 용서를 구하라"라는 말은 멋지게 들리지만, 실제로는 우리는 유치원에서부터 손을 들어 허락을 구하도록 교육받았다. 리더들이 파괴적 변화를 이끌지 못하는 가장 큰 이유로 꼽은 것은 파괴적 변화를 실제로 이끌 수 있는 허락을 받지 않았다고 믿는 것이었다. 이것은 조직 내 모든 계층에서 나타났으며 심지어 직원들이 주로 책임을 돌리는 임원이나 이사진에게서도 나타났다. 리더로서 끊임없이 쉽게 허락해주어라. 그래서 모든 이들이 품고 있는 사업가적인 열정을 독려하고 용서라는 큰 이벤트를 만들어라. 당신이 허락을 기다리고 있는 상황이라면 이제 그만 멈추고, 허락이 정말로 필요한지 확인하라. 만약 정말 허락이 필요하다고 하더라도 나중에 용서를 구할 수 있을 정도로 돈독한 관계인지 확인하라.

지원 네트워크를 만들어라. 변화는 힘든 작업이고 파괴적 전환은 지치고 외로운 일이다. 회복을 위한 휴식이 필요할 테니, 당신이 변화를 실행할 때 도움을 주는 핵심 인물을 조직 내에서 찾아보라. 지역사회를 통해 조직 외부의 사람들과도 인맥을 형성하거나 프로그래밍 학습을 위한 회의에 참석해서 파괴적 리더 동료들과 네트워크를 구축하라.[14]

도전: 실패에 반응한다

내가 좋아하는 문구 중 하나는 "원하는 것을 얻지 못할 때에도 얻을 수 있는 것이 경험이다"라는 말이다. 실수를 저지르거나 실패했을 때에만 배울 수 있는 법이다. 크게 성공한 리더들 가운데에서도 실패에

변화에 대한 개방성	리더십 행동
● 일상적인 일에서 변화를 찾는다. ● 업무에서나 개인의 삶에서 새로운 일을 맡으면 활력을 얻는다. ● 무엇을 몰랐는지 찾는 것이 중요하다고 생각한다. ● 실수와 실패는 학습의 기회라고 생각한다. ● 변화는 일상적으로 일어나며 성장의 기회라고 생각한다.	● 개선 방법을 찾기 위해 조직이라는 테두리를 넘어 멀리 바라본다. ● 사람들을 다독여 새로운 업무 접근법을 찾도록 돕는다. ● 사람들이 문제나 기회를 다른 방식으로 바라보도록 격려한다.

대한 두려움이 컸다고 조심스럽게 고백한 리더들이 수도 없이 많다. 그들은 실패를 피하고 혹은 적어도 실패의 조짐이 나타나는 것을 막기 위해 어마어마한 열정을 쏟아부었다. 일부러 실패하라고 말하지는 않겠지만 실패를 학습의 기회로 활용하라고 권하고 싶다.

몇몇 대학들은 이제 실패를 통해 배우는 방법에 대한 강의를 교과과정에 포함시키고 있다.[15] 그리고 많은 기술 기업들이 사용하고 있는 '애자일' 프로세스는 실험 후 실패가 아니라 실험 후 학습이라는 반복 순환으로 이루어져 있다. ('실패 명령'이라고 부르는 것에 대해 더 자세히 알고 싶다면 내 책《오픈리더십》제9장을 참고하기 바란다.[16])

호기심을 키우기 위해 작은 실험을 기획하라. 리더는 태생적으로 실험가이기 때문에 문제를 해결하기 위해 항상 새로운 접근방법을 시도한다. 당신과 당신의 조직이 변화에 맞서는 부분을 파악할 때, 결과는 확실하지 않지만 감지된 위험도 낮은 실험을 기획하라. 이 실험의 목적은 알려지지 않은 것에 대한 호기심을 키우고 그것을 풀기 위해 자유롭게 실험을 할 수 있는 분위기를 만드는 것이다. 실험을 반복하면서 더 크고 복잡한 불확실성을 다루는 능력을 키울 수 있는 좀 더 큰 실험을 진행하라.

몰입을 찾아라. 굉장히 집중하고 몰두해서 힘들이지 않는 최상의 수행능력을 발휘하게 되는 순간인 '몰입'을 경험한 사람도 있을 것이다. 몰입은 당신의 기술이 도전을 받아들일 수 있을 때에만 가능하다. 도전 과제가 너무 크면 지치거나 불안해지지만 도전 과제가 너무 작으면 따분해지고 무관심하게 된다. 파괴적인 리더는 자신과 팀의 기술을 확장시키고 시험하는 도전을 찾고 거기에서 자신감과 성취감을 느낀다.

낙관주의를 연습하라. 문제에만 집중하거나 해결방법만 추구하는가? 생존 상황에서 가장 먼저 죽는 사람들은 "아, 안 돼! 우리 모두 죽게 될 거야!"라고 소리친다. 그러나 살아남는 사람들은 "이 상황에서 빠져나가려면 어떤 일을 해야 할까?"라고 질문한다. 컵에 물이 반이나 남았다고 생각하기 어려운 사람들이라면 이를 보완해줄 수 있는 낙관주의자와 짝을 이뤄 같은 상황을 바라보는 서로다른 관점을 공유해보라. 다른 사고방식에 노출되는 것이 생각을 바꾸는 첫 번째 단계다.

'실패 이력서'를 만들어라. 다들 여러 가지 성공 사례를 그럴싸하게 소개하는 이력서를 가지고 있다. 그러나 실패에서 무엇을 배웠는지 목록화하는 작업도 충분히 가치가 있다.[17] 가장 끔찍한 실패를 떠올려보라. 무엇을 배웠는가? 그 실패 때문에 지금은 더 나은 상황이 되었는가? 이 질문들에 대한 답을 적어보라. 계속 실패한다면 실패의 원인을 관찰하고 분석해서 잘 기록해 두어야 한다. 한

발짝 물러나서 살펴봄으로써 실패를 통해 배우고 성공을 향해 한 단계 더 나아갈 수 있다.

더 생각하기

당신은 이제 파괴적인 리더가 되기 위해 필요한 것이 무엇인지 알게 되었으니 더 많은 파괴적 리더를 육성하기 바란다. 조사해보니 많은 리더들이 변화에 대해 개방적인 사고방식과 리더십 행동 양식을 보여주며 다른 이들에게 영감을 주고 용기를 주었지만, 자신의 파괴적 능력에 대한 자신감은 큰 편차를 보였고 특히 여성의 경우 남성과 많은 차이를 보였다.

이는 파괴적 리더가 절실하게 필요한 때에 파괴적 전환을 추진할 수 있는 심리적으로 준비된 리더는 많지 않다는 이야기이기도 하다. 밀레니얼 세대에게 그 역할을 맡기려고 하면 안 된다. 그들은 다른 세대와는 다르게 스스로가 파괴적이라고 생각하는 경향이 있었다. 파괴 지수가 가장 낮은 조직들은 규모가 큰 조직들이었으니, 규모가 큰 조직에 속해 있다면 상황은 더 급하다. 그러니 기다리지 말고, 파괴적 리더를 파악하고 그들이 조직에서 획기적인 성장을 추진할 때 필요한 사고방식과 행동 양식을 기를 수 있도록 도와야 한다.

요점

- 파괴적 리더가 된다는 말은 현재 상황에 도전하고 더 나은 상황으로 바꿀 수 있는 능력에 대한 자신감이 있다는 말이다. 파괴적 리더의 가장 큰 추진력은 팔로워들에게 영감을 주고 힘을 실어주는 변화에 대한 개방적인 사고와 리더십 행동이다.

- 파괴적 리더의 네 가지 유형을 통해 조직 내에서 당신과 당신의 동료는 어떤 종류의 파괴적 리더인지 이해하고 어떤 방식으로 서로 힘을 합쳐 최고의 결과를 낼 수 있는지 알 수 있다.

- 여성들은 변화에 개방적인 사고방식과 리더십 행동의 수준이 남성과 같거나 높은 수준임에도 불구하고 스스로 남성보다 훨씬 덜 파괴적이라고 생각한다는 점을 주목하라.

문화는 매일 아침 식사로 전략을 먹는다.

Culture eats strategy for breakfast every day.

피터 드러커(Peter Drucker), 경영학자

제5장

—

관습의 굴레에서 조직을 구출하라

제대로 된 파괴적 혁신을 이루기 위해서는 제대로 된 전략뿐만 아니라 그것을 실행할 수 있는 문화와 리더십이 필요하다. 문화는 조직이 얼마나 파괴적 전환을 이룰 수 있을지 결정한다. 문화는 성장의 제한 요소이자 동시에 성장 동력이기도 하다. 조직 문화를 바꾸는 것이 불가능하다는 생각으로 획기적인 전략을 피하는 조직이 수없이 많다. 그러나 당신은 그렇고 그런 기업이 되고 싶지 않을 것이다.

　새로운 성장 기회를 얻기 위해 전략에 변화를 주고자 한다면 기업이 일하는 방식과 문화에도 역시 변화가 있어야 한다. 따라서 파괴적 전환 전략을 세우고, 추진하고 유지하기 위해 문화를 바꿔야만 한다는 사실을 받아들이고 이제는 문화를 어떻게 바꿔야 하는지를 고민해야 한다.

획기적인 성장을 이뤄내는 이상적이며 '완벽한' 문화로 전환하는 것이 궁극적인 목적은 아니다. 그런 완벽한 문화라는 것은 없기 때문이다. 우리의 목적은 빠르게 움직이는 고객을 추적하는 데 필요한 세 가지 믿음 즉, 개방, 권한, 실행을 보장하는 문화를 이루는 것이다.

그리고 전략을 바꾸면 문화도 끊임없이 파괴되고 바뀌어야 한다는 불편한 진실을 이해하기 바란다. 파괴는 심약한 자에게 어울리는 단어가 아니고, 파괴를 위해서는 훈련과 절차, 그리고 통합된 리더십이 필요하다. 그러나 파괴를 실현하면, 변화에 맞닥뜨렸을 때 주저하는 조직이 아니라 기꺼이 도전을 받아들이는 조직으로 발전할 수 있다. 2010년 맥킨지가 이를 증명해 보였다.

맥킨지는 어떻게 저성장의 늪에서 빠져나올 수 있었을까?

맥킨지는 세계 최고의 경영 컨설팅 기업이다. 이들의 문화는 경영 이사 마빈 바우어(Marvin Bower)가 CEO를 대상으로만 일하는 것부터 고객의 이익을 최우선으로 생각하라는 것까지 의사 결정과 행동의 지침이 되는 원칙들을 정립한 1950년대에까지 거슬러 올라간다.[1]

도미닉 바턴(Dominic Barton)이 맥킨지의 세계 경영 이사 자리를 맡게 된 2009년, 세상은 급격하게 변하고 있었지만 맥킨지는 그러지 않았다. 전략 검토도 12년 전에 이뤄진 것이 마지막이었다. 바턴의 말에 의하면 전략 검토의 주요한 계획 중 하나가 프로젝트를 달성하는 방법의 변화였다고 한다. 당시에는 담당 관리자(Engagement manager) 한 명과 동료 두 명이 팀을 이루는 모델을 통해 고객들의 요구 사항을 들어주고 있었다. 이 '담당+2(EM+2)' 모델은 거의 바뀌지 않은 채 12년 동안 유지되었는데, 바턴은 이에 대해 이렇게 언급했다. "모두가 좋은 의도를 가지고 열심히 일했지만 변화는 거의 없었습니다."[2]

바턴은 새로운 전략 검토를 구상하고, 시작부터 평가에 필요한 부분과 제거해야 할 부분을 명확하게 정했다. "우리는 임무 강령과 가치, 고객을 먼저 생각하고 뛰어난 인재를 찾는다는 문구를 바꾸고 싶지 않았습니다. 대신 그것을 제외하고는 우리의 고객, 고객에게 제공하는 서비스, 지불 방식, 인재 영입 방식 등 모든 것을 바꾸고자 했고, 이런 관행들을 목록화해서 '왜? 지금 벌어지고 있는 변화를 고려하면 이것이 이해되는 일인가?'라는 질문을 했습니다."

바턴의 전략 과정은 체계적으로 맥킨지의 관행들을 뒤흔들었다. 예를 들어, 10명의 간부들이 이끄는 전략팀은 맥킨지가 왜 500개의 거대 기업하고만 거래하고 있는지 질문했다. 아직은 규모가 작지만 급성장하는 기술 기업과 거래한다면 어떨까? 아니면 고객을 대신해서 전략을 실행하도록 도와주면 어떨까? 그러기 위해서는 공장과 병원 체인, 소매상점을 운영해 본 경험이 풍부한 인재를 채용해야 했다. 그리고 전에는 왜 맥킨지가 특정 분야의 경력자보다는 전 세계 일부 학교 출신 경영학 석사 학위 소지자만 채용했는지에 대한 질문으로 이어졌다.

2010년 후반 바턴은 전략 시도를 통해 회사의 기존 관행과는 완전히 다른 10가지 주요 계획을 확인했다. 전략 실행을 위한 승인을 얻기 위해 그는 회사의 간부 350명을 보스턴의 한 호텔 회의장에 초대했다. 바턴은 그 행사가 굉장히 혼란스러웠다고 회상했다. "회의실을 나오면서 '도미닉, 이거 정말이지 좋은 아이디어네요. 만약 그렇게 하지 않으면 내가 회사를 그만둘 수도 있을 정도예요'라고 말하는 사람들도 있었고, 한 편으로는 '이 아이디어는 정말 별로군요. 만약 그렇게 한다면 내가 회사를 그만둘 수도 있을 정도예요'라고 하는 사람들도 있었지요."

이때 의자에 앉아 있던 전임 글로벌 경영 이사 프레드 글루크(Fred Gluck)는 숟가락으로 유리잔을 쨍쨍 쳐서 사람들의 시선을 모은 후 이렇게 얘기했다. "파트너십이란 합의가 아니라는 점을 모두 이해하시리라 생각합니다. 파트너쉽은 신뢰에 바탕을 두고 있죠. 합의점을 찾지 못하더라도 우리는 서로가 회사를 위해 최선의 행동을 취한다고 믿습니다."

몇 가지 계획안에 대한 투표가 끝나고 절대다수는 아니지만 어쨌든 승인이 통과되었다. 바턴은 이 계획들을 추진했고 조직이 안주하지 않도록 주기적으로 자극을 주고 고객들을 새로운 방법으로 대하는 등 계속해서 기존의 관행에 도전하는 방법을 찾아 나섰다. 경영

이사직에서 물러나기 직전에 실행한 조직 자극은 학사 학위가 없는 5명을 고용하여 맥킨지 컨설팅 역할을 맡긴 것이다.

바턴은 명망 있는 기업을 변화시키는 일이 절대 쉽지 않았다며 다음과 같이 인정했다. "우리는 다른 이들에게 변화하라는 얘기를 줄곧 해왔지만, 정작 우리가 변화해야 할 때가 되니 쉽지 않더군요." 그러나 맥킨지 사람들은 다르게 행동하기 시작했다는 점도 강조했다. "많은 사람들이 안도감을 느꼈습니다. '전부터 이런 일을 하고 싶었어요'라거나 '이제는 고객들과 더 많은 일을 할 수 있게 되었습니다'라고 말하는 사람들도 많았어요. 우리는 직원들에게 더 많은 도구를 제공했고 고객을 돕기 위해 다른 방식을 시도하도록 격려했습니다. 많은 직원들이 성공할 수 있었고 우리는 성장하기 시작했습니다."

기존 2~3퍼센트였던 맥킨지의 연간 성장률은 이 기간 동안 12~15퍼센트로 크게 증가했다. 그러나 이런 성장을 이루기는 쉬운 일이 아니었다. 최근에는 남아프리카공화국, 사우디아라비아, 중국에서 펼친 맥킨지의 사업에 대한 언론의 집중 조사가 이루어지기도 했다.[3] 그렇지만 맥킨지는 스스로 도전을 내부적으로 실천한 경험이 있기 때문에 이러한 도전 과제들을 잘 해결할 수 있으리라고 믿는다.

맥킨지와 마찬가지로 파괴적인 조직들은 체계적으로 그리고 의도적으로 자신의 문화를 흔들어 조직을 변화시키고 파괴적 성장을 이룬다. 그러나 문화가 정확히 무엇이고 어떻게 파괴적 전환을 가속하는 엔진이 될 수 있을까?

유동 문화를 구성하는 세 가지 신념

문화는 '우리가 무엇인가 하는 방식'에 대한 공유된 합의다. 회사의 모든 이들은 회사의 문화를 매일 온몸으로 느끼며 깨닫는다. 그들은 위험을 감수하는 일이 진정으로 가치 있고 권장되는 일인지 아니면 그냥 입에 발린 말인지 또는, 권위에 도전하는 일이 안전한지 아니면 회사를 그만둘 각오를 해야 하는 일인지 알고 있다. 그리고 특정한 절차를 따르지 않아도 처벌받지 않을지 혹은 높은 기준을 충족시켜야 할 책임이 있는지 알고 있다. 업무가 어떻게 진행되어야 하는지 정해주는 특정한 구조, 절차, 그리고 정책이 있지만, 문서화되지 않은 업무 처리 방식의 요소들도 많이 있다. 문화는 모든 직원의 마음속에 살아 있다. 문화는 논리적이고 이성적으로 관리되는 것이 아니라 감정적으로 다가오는 것이다.

'좋은 문화'나 '나쁜 문화'는 없다. 어떤 조직은 서로 자신의 접근법을 채택하라며 라이벌 팀들을 경쟁시킴으로써 뛰어난 경쟁력을 가질 수 있다. 또 어떤 조직은 합의를 통해 의사 결정을 내리기도 한다. 한 조직에서 약이 되는 방법이 다른 조직에는 독이 될 수 있다.

간단히 생각하면, 문화란 일을 어떤 방식으로 처리할지, 무엇이 적절하고 무엇이 적절치 않은지를 결정하는 일련의 신념과 행동이다 (그림 5.1 참조). 신념이란 조직 전체에 걸쳐 '진실이라고 생각되는 것'으로 표현되는 조직원들의 공통된 생각이다. 행동은 사람들이 업무

그림 5.1 신념과 행동이 조직의 문화를 결정한다

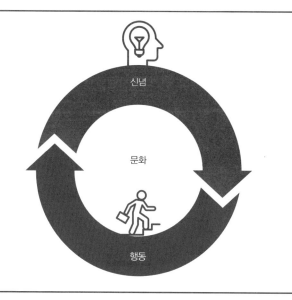

를 완수하기 위해 하는 것으로, 곧 우리가 하는 말이자 우리가 취하는 움직임이다. 행동은 일이 어떻게 처리되어야 하는지에 대한 우리의 신념에서 나오며 또 한편으로는 이 신념을 강화하기도 한다. 문화적인 요소들 즉, 조직의 구조, 절차, 정책, 의식, 상징과 이야기는 문화의 바탕이 되는 신념의 표현이다. 새로운 부서 구조와 같은 새로운 문화적 요소를 투입하거나 더 많은 위험을 감당하는 것 같은 새로운 행동을 투입한다고 해도 근본적인 신념의 변화에는 큰 영향을 미치지 못한다.

신념과 행동은 시간이 지남에 따라 진화하지만 항상 좋은 방향으로 발전하는 것은 아니다. 내가 함께 일했던 한 조직은 서로를 존중해야 한다는 신념을 바탕으로 '존중'을 기업 가치로 삼고 있었다. 시간이 지나자, '존중'은 결정이 진행되기 전에 모든 이가 자신의 아이디어를 제공하고 동의해야 한다는 신념으로 서서히 바뀌었다가, 결국에는 다른 사람의 의견에 이의를 제기하는 것이 결례의 신호라고 해석되었기 때문에 사람들은 자신의 의견을 밝히지 않게 되었다.

경쟁적인 압박감과 더 빨라진 제품 주기를 맞이하면서 이 기업의 리더들은 이런 식으로 경영하는 것이 어렵다는 것을 깨달았다. 그래서 그들은 '존중'이라는 가치가 의미하는 바를 다시 정의했다. 자신들이 원하는 결과가 나오지 않더라도 서로에 대한 배려와 회사에 대한 헌신을 강화하면서 공손하게 이의를 제기하는 방법을 제시했다. 그들은 리더십이 모든 일에 있어서 승인을 구하지 않고도 결정을 내릴 수 있는 사람들의 전문성과 판단과 능력을 존중하고 있다는 신념을 발전시켰다. 가장 중요한 점은 이 조직이 리더들을 훈련시켜 조직 전체에 걸쳐 다양한 반대 의견을 찾아내고 격려하여 인식하도록 했다는 점이다. 그들의 발목을 붙잡고 있던 존중이라는 가치는 한 가지 문화 요소를 체계적으로 파악하고 변화시킴으로써, 이 조직은 대담한 전환 목표를 달성하기 위해 더 잘, 그리고 빠르게 전진할 수 있었다.

이 조직에서 발견할 수 있듯이, 파괴적 전환 전략이 조직이 택해야 할 길이라면 문화는 그 길을 따라 여정의 속도를 결정하는 엔진이라

할 수 있다. 문화의 모든 요소가 당신의 조직을 현재 상황에 머무르게 할 수도 있고 파괴적 성장의 미래로 나아가게 할 수도 있다.

끊임없이 계속되는 유동적 상태와 잘 어울리는 문화들을 나는 '유동 문화(flux culture)'라고 부른다. 파괴적 전환을 위해서는 새로운 신념과 행동이 필요한데 이는 전통적으로 기업의 우수성과 효율성에 집중하는 대부분 기업 문화가 권장하던 것과는 반대다. 유동 문화는 신뢰와 안정이라는 기초를 확립하고, 사람들이 자신 있게 새로운 것을 찾아 나서고 대담한 위험을 감수할 수 있는 감정적 용기를 준다. 이성이 아니라 감정이 변화를 이끌기 때문에 사람들은 안전하다고 느껴야 비로소 작업 방식을 급진적으로 바꿀 것이다. 그들은 힘을 쏟아 위험을 감수하면 동료와 회사는 그들을 이해하고 지원할 것이라는 사실을 믿어야 하고, 유동 문화가 그 안전망을 제공한다. 이와 반대되는 개념은 현재 상황에 머무는 '정체 문화(stuck culture)'로, 정체 문화로는 파괴적 전략을 지원하는 데 필요한 거대한 변화를 다루는 직원들의 능력을 기를 수 없다. 정체 문화와 유동 문화의 신념들은 정반대다(표 5.2 참조).

내가 살펴본 바로는 파괴적 유동 문화의 유형이 파괴적 전환 전략만큼이나 다양했으며, 획기적 성장 달성에 완벽한 문화란 없었다. 그렇지만 조직의 규모나 산업군에 상관없이 유동 문화와 조직에는 개방, 권한, 실행이라는 세 가지 신념을 발견할 수 있었다(표 5.3 참조). 이 세 가지 신념이라는 비법이 있기에 파괴적인 조직이 끊임없는 유동

표 5.2 정체 문화와 유동 문화가 도전을 대하는 방법은 얼마나 다른가?

정체 문화 신념	유동 문화 신념
"우리가 계속해오던 방식이다."	"더 좋은 방법이 있다."
아는 것이 힘이다. 정보를 축적하여 모든 이가 나를 찾아오게 만들어라.	공유가 힘이다. 정보를 널리 알려 사람들이 스스로 행동할 수 있도록 힘을 실어줘라.
정보는 반드시 알아야 하는 사항만 공유하라.	정보는 비밀을 지켜야 하는 것이 아니라면 공유하라.
사람들은 지금 잘되고 있는 일이 미래에도 그럴 것이라고 믿는다.	사람들은 지금 잘되고 있는 일이 미래에는 그렇지 않을까 걱정한다.
옳다는 것을 증명하기 위해 시험한다.	틀린 것을 발견하고 개선하기 위해 시험한다.
모든 이가 지휘 계통을 따른다.	필요하면 상급자의 상급자에게 보고하는 것이 어렵지 않다.
여기서 발견한 것이 아니라면 좋을 리가 없다.	사람들은 새로운 가능성에 호기심을 갖는다.
사람들은 예민해서 도전받는 상황을 참지 못한다.	사람들은 주관이 뚜렷하고 도전받는 상황을 즐긴다.

상태에서도 살아남을 수 있고 도전을 장애물이 아니라 기회로 볼 수 있는 것이다.

신뢰의 기반을 구축하는 개방을 시작으로 각각의 유동 신념에 대해 살펴보자.

표 5.3 유동 문화의 세 가지 신념

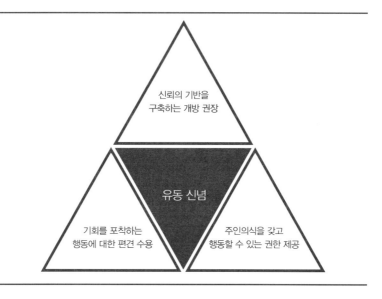

개방 신념: 정보를 공유하여 신뢰의 기반을 구축하라

조직 내에는 개방의 두 가지 유형이 존재한다.[4] 첫 번째 유형은 조직이 진행 중인 사업의 재무보고나 고객 참여도에 대한 세부 자료와 같은 정보를 얼마나 자유롭게 공유하는지로 측정하는 정보의 가용성이다. 활용할 정보가 많고 그 흐름이 빠를수록 조직이 정보를 이용해 파괴적 전환을 추진할 가능성은 높아진다. 예를 들어 고객 이해는 전형적인 시장 조사의 영역이다. 그러나 영업과 서비스 분야가 펼치는 고객과의 상호작용을 수집하고 분석할 수 있다면, 그 정보를 통해 미묘한 변화를 감지하여 적절한 초기 대응을 준비할 수 있다.

열린 조직에서 정보가 아래에서 위로 빠르게 올라가기도 하지만 위에서 아래로 흐르는 경우도 상당히 많아진다. 그리고 많은 양의 정보가 접근 제한되었던 '알아야 한다'의 사고방식에서 벗어나, 급여와 관련된 정보나 소송 절차와 같이 일부 민감한 자료만 보호하는 '비밀로 해야 한다'는 사고방식으로 변화가 일어난다.[5] 이런 조직들은 자신의 성공뿐만 아니라 문제점과 실패사례도 공개적으로 공유한다. 이들은 사람들이 자신들에 대해 많이 알면 알수록 장애물을 극복하기 더 쉬워진다고 믿는다.

조직 내에서 개방이 발현되는 두 번째 방식은 의사 결정 과정에 있다. 어떤 자료와 범위를 이용했는지, 참여한 사람들은 누구인지, 후보 선택사항은 무엇이었는지 등 의사 결정의 과정을 명확히 하면 그 결정에 영향을 받는 사람들이 합의된 결정을 지지할 가능성이 높아진다. 내가 일했던 한 조직은 업무에 필요하다고 생각되는 회의에는 누구라도 참석할 수 있도록 했다. 이는 곧 각각의 회의가 명확한 의제와 결과물을 갖고 있어야 한다는 뜻이었다. 투명성이 높아지자 사람들은 각각의 리더가 다른 사람들과 협력하면서 움직이고 변화하고 있다는 확신을 가지게 되었다.

개방적인 조직에서는 상명하달식 결정이 더욱 눈에 띄고, 의사 결정 과정에는 많은 이가 참여할 수 있다. 디지털 협력 플랫폼 덕분에 조직의 어느 부서에서든 아이디어가 나올 수 있고 모든 사람들에게 공개된다. 이런 아이디어들은 더 이상 계층 경로에 얽매이지 않고 노출된다. 하나 이상의 아이디어를 올리고 싶은 사람은 실제로 그렇게 하고 결과를 낼 수 있다. 예를 들어 어떤 기업에서 한 사람이 종이컵 대신 머그잔을 사용하자는 아이디어를 올리자, 그다음 주에 마케팅 부서는 판촉용 머그잔을 몇 박스 준비해서 사무실 주위에 나눠주었다. 작은 사례로 보이겠지만, 정보와 의사 결정 과정을 모두에게 공개했을 때 나오는 힘을 보여주는 사례다.

파괴적 전환을 추구하고 있다면 개방은 다음과 같은 이유로 특히 중요하다.

개방은 책임감을 갖게 한다. 전설적인 투자가 워렌 버핏은 "썰물이 빠지고 나서야 비로소 누가 알몸으로 헤엄치고 있었는지 알 수 있다"고 말했다. 숨을 곳이 없다면, 당신의 성공과 실패는 조직의 모든 이에게 좋은 연구 사례가 될 것이다. 사실과 자료보다 개인적인 관계가 판치는 밀실 로비나 정치는 발붙일 수 없다. 높은 성과를 올린 사람은 그에 맞는 대우를 받고 보통의 성과자는 한 층 더 노력하고, 낮은 성과를 기록한 사람은 밀려난다. 투명성은 상황을 개선하며, 모든 이가 확인하고 동의한 단 하나의 진실을 만들어낸다.

어려운 대화를 강요한다. 개방에 대한 몰입은 불편한 대화가 일어나도록 강요한다. 모든 이가 알고 있지만 말하기 꺼리는 주제에 대해 말하게 함으로써 숨겨진 의제와 말하지 못한 피드백을 명확히 하면, 우리 사이를 가로막는 것은 남아 있지 않다는 확신이 생긴다. 헤지펀드 브리지워터는 공유하기 가장 어려운 것을 서로에게 말하도록 사람들에게 용기를 주면서 '극단적 투명성'을 실천한다. 이 기업의 CEO 레이 달리오(Ray Dalio)는 자신의 저서 《원칙》에서 "모든 사람이 이치를 이해할 권리를 갖고, 공개적으로 언급하지 않고는 비판적인 의견을 가질 권리가 없는 환경을 만들라"고 말했다.[6] 이것은 상대의 의견에 대해 솔직해지는 것이 상대를 물어뜯는 것이 아니라는 신뢰가 있을 때에만 가능하다.

실패의 두려움을 없앤다. 실수가 발생하고 시도가 실패하고 실험에 오류가 있을 때 학습이 발생한다. 실패사례를 공개적으로 널리 공유하지 않는다면 우리는 각자의 경험에만 의존하여 학습해야만 한다. 개방성을 통해 사람들은 문제와 좌절을 방어적으로 은폐하는 데 소중한 에너지를 사용하지 않고, 실패에서 오는 학습의 가치를 인식하여 앞으로 나아갈 수 있다.

다양한 관점을 기를 수 있는 기회를 만들어준다. 조직이 개방될수록, 주변 환경에서 더 많은 가능성을 발견하게 된다. 서로 다른 부서, 수준, 지역, 배경의 사람들이 모두 모여 정보를 다르게 처리하고 의사 결정 시에도 다른 관점을 적용하기 때문에 사물들이 말

그대로 다르게 보이기 시작한다.

이러한 이점들이 있지만 개방성을 갖추기란 어렵다. 사업가로서 우리들은 그동안 이와는 반대로 비밀로 간직하는 것이 안전하고, 공유는 위험하며 정보를 가진 자가 권력을 갖는다고 배워왔다. 개방적일수록 통제력을 잃지 않을까 두려워하지만, 실제로는 오히려 타인에게 정보 접근성과 의사결정권을 위임할수록 당신은 힘을 얻는다. 책임과 의무를 타인에게 나눠줌으로써 신뢰를 쌓아 신임을 얻을 수 있으며, 그 결과 거대한 변화를 이룰 수 있는 더 큰 영향력을 행사할 수 있는 위치로 올라갈 수 있다.

지속적인 개방성은 숨겨진 뜻이 없고 어떤 걱정이나 어려움에 대해서도 동료들에게 솔직해질 수 있다는 신뢰감을 형성한다. 대담하고 파괴적인 전환일수록 변화의 과정에서 조직을 단결하게 하는 관계 구축을 위해 더 많은 개방성과 신뢰가 필요하다.

그렇다면 얼마나 개방적이어야 할까? 파괴적 성장 전략을 지탱하기 위해 당신은 얼마나 개방적이어야 하는가? 나는 다른 질문을 해보라고 말하고 싶다. 파괴적 전략을 추구하는 과정에서 팀이 정보를 이용하고 의사를 결정한다면 당신은 얼마나 그들을 신뢰해야 하는가? 개방성으로 더 깊은 신뢰 관계를 구축한다면 조직은 더욱 빠르게 움직일 수 있고, 개방에 친숙한 정도에 따라 그 속도는 달라질 것이다. 개방에 대한 당신의 친숙도가 어느 정도든 조금 더 힘을 내서,

공유에서 오는 신뢰를 발전시키고 통제력에 대한 우려를 떨쳐버리기
바란다.

투명한 소통으로 내부의 벽을 허문 노키아

리스토 실라즈마(Risto Siilasmaa)가 2012년 중반에 노키아 회장직을
맡았을 때, 노키아는 잘못 선택한 소비자 휴대전화 전략 때문에 이미
주식 가치의 90퍼센트를 잃은 상태였다. 휴대전화 사업 정상화를 위
해 노키아는 대규모 현금 유입이 필요했고, 따라서 실라즈마와 당시
의 노키아의 CEO였던 스티븐 엘롭(Stephen Elop)은 더 넓은 정보 통
신 기술(ICT) 세계에서 떠오르고 있던 성장 기회를 발견하기 위해 긴
밀히 협력했다. 그들은 휴대전화 사업을 매각하고, 가전제품 분야보
다는 통신 장비와 서비스 사업으로 전환하는 것이 가장 좋은 선택이
라는 데 뜻을 같이했다.

　이런 전환을 실행하는 데에는 걸림돌이 많았지만, 그중에서도 가
장 큰 걸림돌은 노키아가 감정적으로나 재무적으로나 핀란드의 자존
심이라는 사실이었다. 노키아의 휴대전화 사업 포기는 상상할 수 없
는 일이었다. 성공한 사업가인 실라즈마는 거대한 변화를 성공적으
로 이행하기 위해서는 좀 더 개방적인 기업이 되어야 한다는 점을 알
고 있었다. 이에 대해서 그는 저서《노키아의 변신》에서 이렇게 적었
다. "상상할 수 있는 최악의 결과를 언급하면, 두려움이 사라지고 우

리는 스스로 계획을 짜고 준비할 수 있습니다."[7]

개방성은 그동안 노키아가 취한 경영방식과는 완전히 다른 성질이었다. 2008년에 노키아 이사회에 합류할 당시 실라즈마는 성공한 핀란드 기술 기업가였고 유명한 기업의 이사회에 합류한다는 생각에 들떠 있었다. 그러나 그가 참석한 첫 번째 이사회에서 전년에 갓 출시한 새로운 아이폰이나 안드로이드폰에 대한 언급이 전혀 없었다는 점에 놀랐다.

그는 곧 경영부서가 하락하고 있는 노키아 경쟁력의 전모를 공유하지 않고 있었고 이사회는 그들에게 책임을 묻지 않았다는 사실을 깨달았다. "시야를 확보했었더라면 우리는 경쟁력이 급속히 하락하는 것을 볼 수 있었을 테고 하락세의 근본 원인도 알 수 있었을 겁니다. 자료가 제대로 공유되었다면 기업 내부에서 실제로 일어나는 일을 이해하는 도구가 되었을 겁니다."

실라즈마는 의장의 자리에 오르면서 변화를 실행하기로 결정했다. "우리는 놀라지 않아도 될 주제에 대한 부정적인 뉴스에 놀라는 것에 지쳐 있었습니다." 그는 '무소식은 나쁜 소식, 나쁜 소식은 희소식, 희소식은 무소식'이라는 새로운 슬로건을 도입했다. 이에 대해 그가 조금 더 설명했다. "발생 가능한 부정적인 미래, 위험, 실패와 실수를 숨겨야 할 필요가 없어지면, 우리는 서로를 더욱 신뢰하게 됩니다."

실라즈마는 또한 사람들에게 아이디어를 요구했고 참여하지 못한 사람들을 위해 토론에서 일어난 일들을 거의 실시간으로 공유하는 등 투명성을 이용하여 사람들의 참여를 유도했다. 오전 회의 내용은 정오까지, 오후 회의 결과는 당일이 지나기 전에 공유하도록 지시했다. 그는 개방성과 투명성으로 천천히 새로운 신뢰 문화를 구축했다.

당시 노키아는 두 가지 복잡한 거래를 동시에 진행하고 있었기 때문에 신뢰 구축은 더욱 절실했다. 마이크로소프트 CEO 스티브 발머(Steve Ballmer)는 휴대전화 사업을 거대 기술 기업인 자신의 회사에 매각하라고 실라즈마에게 제안했다.[8] 한편 노키아는 노키아 지멘스 네트워크 사업부에서 노키아 소유가 아닌 나머지 부분까지 인수하고자 지멘스와 논의 중이었다. 이 복잡한 일을 해결하기 위해 실라즈마는 엄격한 시나리오 기획 과정을 실행하여 전략적 선택을 선별했다. 이 기획 훈련은 새로운 행동이 필요했고, 조직 전체에서 모든 부서와 직원들이 다양한 선택사항과 결과 시나리오를 전개해가면서 모든 정보를 공유하고 결정을 내리고 있었다.

기업 인수에 대한 논의들이 드라마처럼 펼쳐졌고, 놀랍게도 동시에 이 두 거래가 성사되었다. 일 년에 걸친 마이크로소프트와의 거래에서는 세 차례의 협상이 결렬되었다. 노키아와 스티브 발머가 조율한 계약 조건을 마이크로소프트 이사진이 거부했기 때문이다. "스티브 발머가 저에게 전화해서 자신의 이사진이 거래를 승인하지 않았다고 말했을 때 저는 '좋아, 우리가 원하는 방식대로 되지 않았구나. 계약 성사를 위해서 다른 방법을 알아봐야겠다'라고 생각했습니다."

실라즈마가 이사회나 경영팀과 함께 구축한 준비과정, 시나리오 그리고 신뢰가 있었기에 어떤 상황이 오더라도 적절하게 대응할 수 있다는 자신감을 가질 수 있었던 것이다. 이 기간에도 실라즈마는 끊임없이 정보를 주고받으며 소통했다. 사실 이사진은 2년이 채 되지 않는 기간 동안 100회 이상 모였고, 2013년 한 해 동안 64회의 회의를 가졌다.

결국 노키아는 휴대전화 사업을 마이크로소프트에 매각했고 노키아 지멘스의 지멘스 지분을 인수했으며 프랑스 통신 장비 기업 알카텔루슨트(Alcatel Lucent)를 합병했다. 오늘날 노키아는 2018년 매출 226억 유로를 기록하고 직원 10만 2,000명을 거느린 세계 2위 통신 장비 설비 기업으로 성장했다. 현재 직원 중 겨우 5퍼센트의 직원만이 2013년 당시 노키아 소속이었다. 노키아의 사업 전환은 현대 기업 중 가장 대담하고 놀라운 전환을 보여주는 사례라고 할 수 있다.

개방적인 문화를 개발하는 방법

모든 전환이 노키아만큼 극적이지는 않지만, 개방성이 있으면 조직의 신뢰 기반을 구축할 수 있다. 몇 가지 좋은 실천 방법을 살펴보자.

안전하고 포괄적인 환경을 조성하라. 전체 회의나 이메일 업데이트, 주간 화상 회의 등 다양한 소통장치도 좋지만, 사람들의 아이디어를 온전히 받아들이지 못한다면 이런 소통장치들은 효율적이지 못할 것이다. 예를 들어, 정기 회의를 연다고 하면 미리 혹은 실시간으로 익명의 질문을 제출하도록 하여 시간이 허락하는 한 모든 질문에 답하는 것에 집중하라. 혹은 사람들로부터 꾸준히 익명의 피드백을 받아 그들의 관심과 질문에 공개적으로 답하는 방법을 마련하라. 익명이지만 때로는 어려운 질문을 다루면서 사람들에게 다른 주제를 제기하는 것에 대한 피해가 없음을 보여주면, 정보를 공유하고 신뢰를 쌓기 위한 개방성을 더욱 장려할 수 있다.

신뢰도가 낮은 주요 장소를 확인하고 개방성으로 해결하라. 문제가 해결되지 않고 조직이 정체되어 있다면, 문제의 핵심으로 곧장 파고들어라. 신뢰가 가장 큰 영향을 미칠 수 있는 곳은 어디인가? 영향을 받은 팀과 협력하여 개방성에 대한 신념을 확고히 하고 더 좋은 공유 방법을 개발하라. 개방성을 계속 언급하다 보면 처음에는 느린 속도이지만 점차 신뢰가 쌓일 것이다.

핵심 자료와 정보를 가장 잘 활용할 수 있는 분야에 투입하라. 결정을 좌우하는 핵심 자료를 필요한 사람들이 사용할 수 있도록 하라. 어떤 조직은 핵심 고객 자료가 시장 조사팀만 접근할 수 있는 기업의 플랫폼에 묻혀 있다는 사실을 알게 되었다. 이 문제를 해결하기 위해 고객 응대 계획 업무를 맡은 직원이라면 누구나 사용 가능한 읽기 전용 접근권을 제공하여 전 직원들이 고객 분석 자료를 유용하게 사용할 수 있다는 신호를 주었다. 고객에 대한 다각적인 검토를 진행하라는 이야기가 아니라 조직이 이미 보유하고 있는 정보를 전략적으로 식별하고 그것을 이용해서 영향력을 만들 수 있는 사람들 손에 건네주라는 이야기다.

공유를 장려하는 기업 협력 플랫폼을 시작하라. 기업 내에서 자주 사용되지 않고 가장 저평가된 도구 중에는 셰어포인트(SharePoint), 마이크로소프트 팀즈(Teams), 슬랙(Slack) 등 기업 협력 도구와 플랫폼이 있다. 나는 실리콘 밸리의 유명한 '유니콘' 스타트업과 일한 적이 있는데, 그들의 협력 플랫폼이 워낙 인기가 없어서 한 달이 넘도록 그 플랫폼을 사용한 임원이 한 명도 없을 정도였다. 공유는 윗선에서부터 필요하니, 임원들을 독려하여 작업이 어떻게 진행되고 있는지 업데이트를 공유하고, 의사 결정이 어떻게 이루어지는지에 대한 통찰력을 제공하며, 참여를 유도하는 질문을 요구하는 방법을 찾게 하라. 이런 모든 행동들을 통해 자연적으로 계층 사이에 생기는 힘의 거리를 무너뜨리고 조직 내에서 더 강력한 신뢰를 구축할 수 있다.

조직 문화에서 개방성과 신뢰를 측정하라. 기술자 출신인 실라즈마는 노키아 문화에서 발생하는 변화 측정에 뛰어난 수완을 보였다. 예를 들어, 사람들에게 상관의 상관에게 말을 건네는 것이 얼마나 편한지를 질문하여 조직이 얼마나 계층적인지 측정했다. "상관의 상관에게 말하기란 쉽지 않은 일이죠. 그렇지만 신뢰가 있다면 직속 상관의 윗사람에게 얘기하는 것이 실용적입니다." 모든 것을 측정할 필요는 없다. 다만 좀 더 개방적이면서 신뢰를 바탕으로 하는 문화를 만들기 위한 노력이 효과를 발휘하는지를 보여주는 몇 가지 행동들만 측정하면 된다.

협력 플랫폼을 이용해서 정보의 흐름을 촉진하라. 직장에서 일어난 가장 큰 변화 중 하나는 마찰을 줄이면서 정보와 아이디어를 주고받을 수 있는 온라인 협력 플랫폼의 등장이다. 오스트레일리아 통신회사 텔스트라(Telstra)의 CEO인 데이비드 소디(David Thodey)는 소통의 문제를 해결하고자, 조직의 속도를 느리게 하고 시간을 허비하는 불필요한 승인 절차들을 알려달라고 직원들에게 물었다. 그러자 설문을 시작한 지 한 시간 만에 700건이 접수되었다. 특히 경력이 길지 않고 많은 권한이 없는 직원들에게는 아무래도 온라인이나 익명으로 정보를 공유하는 것이 안전하고 편했을 것이다.

권한 신념: 주인의식을 갖고 행동하도록 권한을 주어라

최근에 나와 함께 작업한 한 팀은 리더가 업무 회의에 열심히 참석하면서부터 속도가 빨라졌다는 이야기를 자랑스럽게 알려줬다. 그가 회의에 참석하면서 참석자들의 제안을 실시간으로 결정할 수 있었다. 이 이야기를 듣자마자 나는 리더가 팀원들의 제안을 반대한 적이 있는지 물어보았다. "아니오. 모든 제안을 승인해줬어요." 그리고 나는 리더가 이 회의에 참석하는 것이 제안에 영향을 주는지 물었다. "아니요. 우리는 다른 채널을 통해 이미 피드백을 받았기 때문에, 그저 승인을 받기만 하면 돼요." 그렇다면 애초에 왜 이런 승인 과정이 필요했던 걸까?

이 팀은 윗사람이 모든 사안을 결정해야 한다는 통념에 갇혀 있던 것이다.

기업들과 워크숍을 진행하면서, 나는 독립적인 행동을 하도록 허가를 받지 못했다거나 자신이 생각하기에 꼭 필요한 변화를 만들기 위해 다른 사람의 승인이 있어야 한다고 말하는 관리자와 직원들을 수없이 보았다. 얼마나 부끄러운 일인가? 빠르게 움직이는 고객을 따라잡으려면, 직원들 모두가 최대한 빨리 움직여야 한다. 불필요한 문턱에 걸려 시간을 허비할 여유가 전혀 없다.

모든 직원에게 독립적으로 행동하고 스스로 선택할 수 있는 권한을 주어야 한다고 생각하는 조직에서는 직원들이 스스로 주인이라 생각하고 전환 전략을 이끈다. 그들은 변화의 필요성을 확인하면, 실제 직급이나 역할과 상관없이 변화를 만들어낸다. 권한을 부여받은 사람들은 조직 전체의 이익을 생각하는 책임감을 가지고 장기적인 관점에서 결정을 내린다.

권한은 조직 상부의 리더에게서 나와 조직 하부의 직원에게 전해지는 힘을 뜻하는 위임보다 한층 강력하다. 권한은 쌍방향으로 작용하며 책임감을 동반하는 힘이다. 의사 결정에 있어서 직원들에게 강한 권한을 부여하는 조직은 결정한 사람이 그 결정에 대한 책임을 진다는 논리를 잘 보여준다. 결과적으로 이런 직원들은 다음과 같은 행동 양식을 보여준다.

- 그들은 실패에 대해 '내 일이 아니었다'라는 핑계를 대지 않는다. 대신, 그들은 부서와 문화적 장벽을 깨고라도 일을 해낼 수 있는 사람과 자원을 찾는다.

- 그들은 자신들의 결정이 고객과 다른 팀에게 끼치는 영향력을 항상 고려한다. 그들은 장기적 관점에서 조직 전체에 더 큰 이득이 된다면 자신이나 자신의 팀에게 돌아오는 혜택이 작더라도 감수한다.

- 미래를 위한 기초를 구축하고 부상하는 고객층을 확인하여

그에 투자하며 뛰어난 능력을 개발하는 등 미래의 요구와 결과를 생각한다.

권한은 또한 계층 구조라는 권력 관계를 원활하게 해준다. 고위 간부로부터 작업 진행을 위한 승인을 얻느라 결국 전환 전략이 중단되는 경우를 보았다. 이는 내가 HIPPO(highest-paid-person's opinion, 최고 연봉 수령자의 의견)라고 부르는 것으로, 많은 조직들이 안고 있는 문제점이기도 하다. 그들은 고객 정보와 정직한 토론에 기초한 결정이 아니라 상급자가 내린 결정을 따른다.

그러나 조직을 아우르는 권한이 존재한다면 궁극적으로 그 '상급자'는 관리자나 고위 임원이 아니라 고객이다. 당신은 팀원들의 제안을 받아들일 준비가 되어 있는 동시에, 자신의 기분이나 느낌이 아니라 고객의 요구를 이해할 준비도 되어 있어야 한다. 그러면 직원들은 명령체계 높은 곳 어딘가에 있는 임원을 기쁘게 하기 위해 타협할 필요가 없게 된다.

물론, 직원들에게 권한을 줄 때에는 당신이 그들의 아이디어에 동의하지 않더라도 충분히 지원할 준비가 되어 있어야 한다. 그러면 소중한 에너지를 조직 내 정치에 허비하지 않고 고객에게 필요한 선택을 결정하는 데 사용할 수 있다.

좋지만 느린 결정을 내리는 기업은 없다.
좋고 빠른 결정을 내리는 기업만 있을 뿐이다.

래리 페이지(Larry Page), 구글 창업자이자 알파벳(Alphabet)의 최고경영자

파괴적 전환의 노력은 논란이 되고 위험하며 완벽한 성공을 담보하지 않을 것이다. 그리고 한번 방향을 결정하면, 모든 조직 구성원들은 비록 결정에 동의하지 않았더라도 이견을 내려놓고 그 결정을 따를 수 있어야 한다. 특히 중요한 점은 새로운 방향을 뒷받침해 주는 100퍼센트의 지원이 있어야 한다는 것이다. 무제한으로 지지해주면 사람들은 그 결정을 내린 당사자처럼 행동한다. 기쁠 때나 슬플 때나, 변함없이 그들을 지원해 줄 것이라는 사실을 사람들이 알고 있어야 한다. 당신을 수수방관하고 있다가 실패할 때 나타나 "그럴 줄 알았다"고 말하는 사람이 아니라, 성공을 이루기 위해 열심히 일하는 사람이라고 믿게 해야 한다.

한 조직이 조직원들에게 권한을 심어주는 사례를 자세히 살펴보자.

모두가 리더처럼 생각하고 행동하는 아마존

아마존에는 기업의 전략과 문화의 기초가 되는 14개의 '리더십 원칙'

이 있고 이는 아마존 웹사이트에도 뚜렷하게 명시되어 있다.[9] 이 리더십 원칙 중 두 가지는 직원들에게 결정 권한을 부여한다는 핵심 사항을 잘 표현해준다.

첫 번째 원칙은 '주인의식'으로, 아마존은 이것을 다음과 같이 정의한다. "리더는 주인이다. 그들은 장기적인 관점을 가지며 단기 결과를 위해 장기적 가치를 희생하지 않는다. 그들은 자신의 팀만을 위한 것이 아니라 회사 전체를 대변하여 행동한다. 그들은 '내 일이 아니다'라고 절대 말하지 않는다." 이 원칙은 직원들이 자신의 업무에 대해 말하는 방식에서 잘 드러나는데, 그들은 무엇을 하는지 말하는 것이 아니라 자신이 무엇을 가지고 있는지를 설명하기 때문이다. 그들은 기술과 경험, 절차를 보유하고, 자신이 보유한 것들의 효과 유무에 대한 책임을 진다.

두 번째 원칙은 '주관을 갖고 이의를 제기한 후 전념하라'이다. 아마존은 이 원칙을 다음과 같이 정의한다. "리더는 비록 불편하고 피곤한 일일지라도 자신이 동의하지 않는 결정은 정중하게 물리칠 의무가 있다. 리더는 강한 신념을 갖기에 흔들리지 않는다. 그들은 사회적 결속력을 위해 타협하지 않으며, 한번 결정을 내리면 그 결정에 완전히 전념한다."

2016년 아마존의 CEO 제프 베이조스(Jeff Bezos)는 주주 서한에서 '이의 제기와 전념' 원칙을 확장했다.[10] 이 개념을 설명하는 데에 베이조스 자신보다 더 뛰어난 사람이 없을 것이므로 그의 주주 서한 전문을 다음과 같이 소개하고자 한다.

의견일치를 이루지 못했더라도 특정한 방향으로 가고자 하는 확고한 신념이 있다면 "보십시오, 우리가 이것에 대해 동의하지 않는다는 사실은 알고 있지만, 저와 함께 도박을 해보시지 않겠습니까? 이의를 제기하고 전념하시겠습니까?"라고 말해보면 도움이 됩니다. 이런 때가 되면 누구도 확실한 답을 알 수 없기 때문에, 당신은 아마도 금세 긍정의 대답을 들을 수 있을 것입니다. 저는 항상 이의를 제기하고 몰입합니다. 최근에 저희는 아마존 스튜디오 오리지널 콘텐츠를 승인했습니다. 저는 제작팀에게 제 관점을 설명하면서, 내용이 얼마나 흥미로운지, 제작과정에 복잡한 점은 없었는지, 거래 조건이 그다지 좋지 않았는지, 다른 기회들이 많이 있었는지에 대해 논의했었습니다. 그들은 완전히 다른 의견을 가졌고 계속 진행하려고 했습니다. 저는 즉시 "이에 동의하지는 않지만 이것이 우리가 만든 어떤 것보다 더 많은 인기를 끌게 되기 바란다"고 적어 보냈습니다. 만약 팀이 제 의견을 확인하지 않고 나중에 저를 설득해야 했다면 이런 결정을 내리는 데 시간이 얼마나 많이 걸렸을지 생각해 보십시오.

제가 스스로 "좋아, 이 친구들이 틀렸고 요점을 놓치고 있지만 내가 물고 늘어질 가치는 없군"이라고 생각한다는 이야기는 아닙니다. 그것은 단순한 의견 불일치였고, 제 관점을 솔직하게 표현한 것이었고, 팀이 제 관점을 이해하는 기회가 되었고, 팀원들은 빠르고 진지하게 전념할 수 있었습니다. 제작팀이 11개의 에미상(Emmy), 6개의 골든글로브상(Golden Globe) 그리고 3개 오스카상(Oscar)을 받았기에, 저를 토론장에 불러준 제작팀에 그저 감사할 따름입니다!

만약 팀마다 자신들의 결정이 옳다는 사실을 베이조스 자신과 다른 임원들에게 설득시켜야 했다면 아마존은 고객의 요구를 따라갈 수 없었을 것이라는 사실을 영리한 베이조스는 알고 있었다. 따라서 아마존 임원들은 모든 팀의 설명을 듣는 것이 아니라 그들에게 결정권을 주고, 팀이 결정을 내릴 때 정확한 자료와 분석을 사용하도록 했다.

조직 내 권한 주입하기

조직 내 권한을 주입하는 좋은 사례로 직원들의 개인 소셜 미디어 계정을 이용해 기업의 소식과 업무 경험을 공유하는 것을 들 수 있다. 대부분 기업들은 미디어 교육을 받은 임원들만 회사를 대변한다는 내부 방침을 갖고 있다. 만약 직원들이 권한에 대한 의식을 갖고 있다고 생각해 보라. 그들은 무엇을 공유하고 무엇을 공유하지 않을까? 그 기회와 책임은 공식적인 조직도나 프로세스 맵이 아니라 직원들에게 권한을 주는 리더와 동료들에게서 나온다. 조직 내 모든 이에게 주인의식과 자신감을 심어주고 전환 노력을 진전시키는 과감한 결정을 내리게 하는 몇 가지 모범 실천방안을 소개한다.

당신이 그들의 판단을 신뢰하고 있음을 증명해 보여라. 사람들에게 그들이 책임자라고 말하는 것과 그들이 책임자임을 믿는다는 사실을 증명하는 것은 서로 다른 문제다. 누군가 문젯거리를 가져오더라도 곧장 문제를 해결하겠다는 자세를 취하지 말라. 잠시 기다린 후 "이 문제를 해결하기 위해 당신은 무엇을 해야 하나요?" 혹은 "어떤 방법을 추천하시겠습니까?"라고 되물어 보라. 그렇게 함으로써 당신은 그들의 문제해결 능력에 대한 자신감을 키워주고, 단순히 무엇을 해야 할지 말해줄 사람이 아니라 조언해 주는 사람으로 다가가게 된다.

주인의식과 권한을 같이 부여하라. 만약 당신이 사람들에게 갑자기 특정 영역이나 일련의 결정들에 대한 소유권을 부여한다면, 그들은 실제로 그것을 받아들일 준비가 되지 않았을지도 모른다. 대신, 끊임없이 그들에게 책임감을 부여하라. 먼저, 그들에게 문제해결을 위해 추천하는 방안을 준비하도록 지시하라. 그리고 행동 계획을 전개하도록 하여 결국에는 그들이 결정을 내리도록 하라. 사람들에게 주인의식을 심어주는 작업에 지름길은 없다. 주인의식을 부여하기 위해서는 의지와 의사소통, 그리고 멘토링이 필요하다.

실패를 용인하고 학습의 기회로 삼아라. 당신의 조직이 보통의 다른 조직들과 다르지 않다면, 실패 후에는 불명예와 수치심이 따를 것이다. 실패를 인정하면서도 실패의 책임자가 앞으로 나아갈 수 있도록 돕는 것은 리더의 의무다. 누구를 탓할지 정하느라 힘을 빼지 말고 실패를 통해 모든 사람이 배우고 미래에 적용할 수 있는 것은 무엇인지에 집중하는 건강한 사후검사를 실행하라. 조직 전체에 걸친 폭넓은 학습에 대한 규칙을 정하고 공유하면 실패가 반드시 학습의 기회로 바뀌어야 한다는 암시가 되어, 위험을 감수하기가 좀 더 쉬워진다. 그러나 학습으로 이어지지 않는 실패는 기회를 낭비한 것이며 용납할 수 없는 일이다.

의사 결정의 틀을 단순하고 명확히 하라. 당신의 전략을 살펴보고 해당 전략이 실현되기 위해 변경해야 하는 결정의 종류와 수준을 예측하라. 고객의 관심에 더욱 신속하게 대응하고자 한다면, 오늘 이러한 반응들을 누가 승인해야 하는가? 앞으로 어떤 식으로 이러한 결정들을 내려야 하는가? 체계적으로 전략을 검토하여 의사 결정에서 막히거나 명확하지 않거나 혹은 의사 결정이 존재하지 않는 곳을 파악하라. 모든 사람이 자신이 내린 결정의 한계와 범위를 이해하면 감정을 상하게 하는 것은 아닌지 걱정할 필요 없이 업무에 집중할 수 있다. 예를 들어, 만족하지 못하는 고객을 만났을 때 이를 해결하기 위해 직원은 얼마나 많은 비용을 사용할 수 있을까? 수천 달러는 물론 아니겠지만, 50달러라도 쓸 수 있을까?

'이의 제기와 전념' 접근방법을 구체화하라. 리더로서 당신은 매번 결정을 내린다. 비록 당신이 동의하지 않더라도, 안락한 영역에서 벗어나 팀의 결정을 지지할 기회를 찾아보라. 예를 들어, 어떤 팀이 작은 고객 그룹과 함께 새로운 사업모델을 테스트하고자 한다면, 시기가 완벽하게 적절한지 확신하지 못하더라도 그들을 지원하라.

의견 불일치가 예상되는 시점과 전념해야 할 시점을 명확히 하라. 토론을 격려하는 데에 가장 큰 우려 중 하나는 토론이 끝나고 결정이 내려질 때 당사자들 사이에 나쁜 감정이 남을 것이라는 점이다. 의견 불일치가 제대로 확인되지 않았거나 이미 결정이 내려진 후에 불일치가 나타날 경우에는 나쁜 감정이 발생할 가능성이 높아진다. 예를 들어 프로젝트 시작과 같이 의견 불일치가 발생할 수 있는 장소와 시간이 있음을 명확하게 알리고, 모든 견해와 입장을 공유할 수 있는 방식을 취하라. 또한 이 논쟁의 기간이 끝나고 결정이 내려진 후에는 모든 사람들이 그 결정에 100퍼센트 전념해야 한다는 사실을 분명히 하라.

행동 신념: 기회의 속도에 맞춰 작업하라

정체 문화는 변화에 직면하면 변화의 속도를 저하시키거나 혹은 심지어 적극적으로 변화를 피하려고 한다. 그와 정반대로, 유동 문화는 그 안에 내재한 성장 기회 때문에 변화를 향한 속도를 높일 수 있다.

행동 신념은 변화의 기회를 인식하고 빠르게 움직이는 동시에 최고 수준으로 실행하는 조직의 지속적인 능력이다. 유동 문화는 확실성을 추구하기보다는 위험을 감수하며 실행하는 것을 선호한다. 유동 문화에서는 변화와 격변을 정상적이고 다루기 쉬운 것으로 보고, 그것이 일상이 되기를 기대한다. 유동 문화는 변화로 인해 약화되지 않고 오히려 더욱 강화된다. 행동에 대한 편향 덕분에 조직은 다음 사냥을 위한 지속적인 적응이 가능하다. 이는 소수의 열정적인 '혁신가'를 위한 것이 아니고 조직의 구석구석에 내재되어 있다.

정체 문화에서는 종종 철저한 분석을 우수하다고 여기며, 사실을 절대적으로 확신할 수 있는 것이 최종 목표라고 생각한다. 실제로는 결정을 미루고 있으면서, 모든 선택사항을 고려했는지 확인하기 위해 더 많은 분석을 하는 것을 정당화한다는 점이 정체 문화의 문제다. 이러한 분석 마비 때문에 행동 개시를 위한 완벽한 시기를 기다리게 되는데, 그런 완벽한 시기는 결코 오지 않는다.

조직 내에서 행동을 믿는 사람들은 이와 정반대로 행동한다. 그들은 계획의 뼈대를 개발하고 빠르게 행동하는 것을 중시한다. 이렇게 하려면 불확실성에도 불구하고 결정 내리는 것을 두려워하지 않아야한다. 조직 내에서 행동을 믿는 사람들은 무엇인가를 제대로 해야 한다고 생각하는 것이 아니라, 무엇이든 해야 한다고 생각한다.

가장 어려운 것은 행동하겠다는 결정이고,
나머지는 끈기에 불과하다.
공포는 종이호랑이일 뿐이며,
무엇이든 결심만 한다면 해낼 수 있다.
당신은 원하는 삶을 살기 위해 행동할 수 있고,
그런 과정은 그 자체가 삶이 주는 보상이다.

어밀리아 에어하트(Amelia Earhart), 비행사

행동을 믿는 사람들이 실패를 두려워하지 않는다는 뜻이 아니다. 그들도 여전히 자료를 살펴보고 위험요소를 계산하고 이해하지만, 결국 행동으로 옮긴다. 그들은 실수에 따른 비용보다 행동으로 옮기지 않는 비용이 더 크다는 사실을 알고 있다. 그들은 '계산된' 위험 감수를 가치 있게 생각하며, 받아들일 수 없는 위험은 무엇인지를 분명히 한 후에 사람들을 놓아주며 "한번 해봐!"라고 말한다.

나는 연구를 통해 강한 행동 신념을 가진 조직들은 다음과 같은 행동을 보여준다는 사실을 발견했다.

'시도하는 것이 완벽한 것보다 낫다'는 점을 받아들인다. 유동 조직
들은 앞으로 나아가기 전에 무엇인가 완벽해지려고 노력하는 함
정을 피한다. 그들은 출시되지도 않은 제품과 서비스로는 돈을 벌
수 없다는 사실을 알고 있으며, 오래 기다리면 기다릴수록 다른 누
군가가 시장을 선도할 가능성이 높아진다는 사실도 알고 있다. 그
래서 그들은 고객이 제품이나 서비스를 어떻게 사용하는지 확인
하기 위해 주로 기술 분야에서 사용하는 '최소 기능 제품(MVP)' 개
념을 활용하여 결정을 내리는 데에 초점을 맞춘다.

성공으로 가는 길을 시험하고 실패한다. 행동에 대한 편향을 갖고
있는 조직들은 실수와 실패가 성공을 향한 여정의 자연스러운 과
정임을 인정하고, 실험실에 앉아 알아내려고 하는 것보다는 무엇
이 실제로 작동하고 혹은 작동하지 않는지를 배우는 것이 더 낫다
는 사실을 인정한다.

다음 단계와 기한을 정의한다. 행동 신념이 강한 조직들은 결정을
내릴 수 있도록 항상 명확한 다음 단계를 수립하고 그 단계들이
완료되는 기한을 정한다.

이러한 행동들은 하나의 핵심 능력 즉, 실제로 효과가 있는지 파악하기 위해 끊임없이 새로운 것을 시도하는 능력으로 이어진다. 그렇지 않고 자신이 알고 있는 것에만 집중한다면, 많은 기회를 놓치게 된다.

빠른 판단과 행동으로 기회를 잡은 서던뉴햄프셔 대학

제2장에서 서던뉴햄프셔 대학이 세계 최대의 공인 대학 학위 제공자가 되기 위해 어떤 큰 결정을 내렸는지 살펴보았다. 그 대학의 리더들은 또한 기회를 포착하기 위해 더 빠른 행동을 취할 수 있는 방법도 마련했다.

2016년 9월 2일 금요일 아침, 폴 르블랑 총장은 미 교육부로부터 인근 대학인 대니얼웹스터 대학(Daniel Webster College)이 상위 조직인 ITT 기술학교의 파산 선언으로 인가를 잃고 폐교될 위기에 처했다는 연락을 받았다.[11] 미 교육부는 서던뉴햄프셔 대학이 대니얼웹스터 대학을 인수하고 학생들을 받아들이는 데 관심이 있는지 물어보았다. 문제는 서던뉴햄프셔 대학이 결정을 내리고 집행할 수 있는 기간이 6일밖에 남지 않았다는 점이었다.

르블랑 총장은 이런 기회가 올 것을 대비해 그해 초에 서던뉴햄프셔 대학을 재조직하면서 교차기능 협력이 가능하도록 '하나의 서던뉴햄프셔 대학' 전략을 수립했다. 그는 연락을 받은 당일 점심시간까지 교차기능 팀을 구성했고, 그 팀은 다음 날인 토요일에 대니얼웹스터 대학 캠퍼스로 향했다. 9월 6일 화요일에 서던뉴햄프셔 대학은 ITT 기술학교와 계약을 체결했고 다음 날에는 이 사실을 발표했다.

교육기관은 물론 일반적인 조직에서도 이와 비슷한 상황이 온다면, 전략위원회의 안건이 되고 학문적 기준에 맞는지 따지며 이사회의 승인을 받아야 했을 것이다. 그러면 몇 주, 길면 몇 달이 걸릴 수도 있는 상황이었다. 그러나 서던뉴햄프셔 대학은 다양한 부서에서 사전에 준비된 직원들을 모두 팀으로 불러들였다. 참여를 원했던 사람들이 이미 포함되어 있었기 때문에 르블랑 총장 역시 누가 그 결정을 '소유'했는지에 대해 걱정할 필요가 없었다.

행동에 대한 편견 수용하기

서던뉴햄프셔 대학이 대니얼웹스터 대학을 인수했을 때와 같이 새로운 기회를 파악하고 이에 신속하게 대응할 수 있는 능력은 어떻게 개발할 수 있을까? 당신의 조직에서 행동 신념을 키워야 한다면 다음과 같은 모범 실천방안을 채택해 보기 바란다.

변화 능력을 개발하고 측정하라. 행동 신념을 가진 조직들은 끊임없이 변화하고 진화해야 할 필요성을 인정한다. 그들은 변화하는 고객의 요구와 조건에 따라 자신도 끊임없이 변화해야 한다는 사실을 알고 있고, 그 결과 스스로 감정적 준비 태세를 갖춘다. 그들은 또한 '변화에 따른 피로'에 시달리기보다는 구조와 안정성을 구축하여 행동에 나설 수 있는 활력을 얻는다. 핵심 요인 관리 차원에서, 조직이 변화를 받아들이는 수준을 측정해보라. 직원들이 변화를 받아들이는 것이 익숙한지, 그리고 다가오는 변화에 대한 전망으로 활력을 얻는지 아니면 피곤함을 느끼는지 조사하라. 이런 조사를 통해 전환 노력을 집중해야 할 곳을 식별할 수 있다. 그리고 직원 채용 시 행동 편향을 시험하는 질문을 통해 이미 변화를 경험해 본 후보자를 확인하라.

━━━

일을 착수하려면
말하기를 멈추고 행동으로 시작하라.

월트 디즈니(Walt Disney), 만화영화 제작자 겸 기업가

━━━

직원이 초감각 기술을 개발할 수 있도록 투자하라. 사람들은 연습과 지원이 없다면 기회를 탐지하는 '직감'을 개발하지 않는다. 지위 고하를 막론하고 조직 내 모든 직원들이 자신의 직무 네트워크를 개발하고 기업 활동에 대중을 참여시키는 크라우드소싱 또는 소셜 네트워크와 전문가 커뮤니티를 통해 대내외적으로 어떤 일이 일어나고 있는지에 대한 정보를 공유하도록 장려하라. 직원들이 시장 변화를 발견하고 그에 대한 대책을 마련할 수 있도록 고객 데이터 및 사회적 청취 도구를 활용하게 하라. 플랫폼과 교육을 위한 내부적 투자도 필요하다. 이러한 영역에 대한 비용을 줄이고 싶은 마음은 이해하지만, 이러한 투자는 성장 기회를 식별하고 활용하는 능력에 없어서는 안 될 필수 요소다.

의사 결정 영역을 정의하라. 결정은 일반적으로 뒤집기 쉬운 결정과 그렇지 않은 결정으로 구분한다. 그러나 돌이킬 수 없는 결정이라도 조직을 완전히 약화시키지 않는 한 괜찮을 수 있다. 사람들이 위험을 감수하는 것을 두려워하지 않게 하려면, 어떤 실수와 실패가 용인될 수 있고 어떤 실수는 용납할 수 없는 것인지 분명히 정의해야 한다. 그들이 활동하는 분야의 범위를 정하고 그 분야 내에서는 한 고객과 시장이 원하는 어디로든 갈 수 있다는 점을 설명하라. 마찬가지로, 전진을 위해 필요한 최소치는 얼마인가와 같은 '계산된' 위험의 정의를 명확히 하라. 일부 조직은 잠정적인 계획, 최악의 시나리오 분석, 그리고 이 조치가 실행되지 않을 경우 추진해야 할 몇 가지 잠재적 대안만 필요한 경우도 있다.

불가능한 마감 시한으로 결정과 행동을 이끌어내라. 많은 조직들이 의사 결정에 필요한 모든 자료를 수집했다고 느꼈을 때를 기준으로 마감 시한을 정한다. 그러나 그건 너무 늦다. 옵션 A와 옵션

B 중 하나를 선택하는 데 필요한 최소한의 자료를 결정하고, 해당 자료를 얻는 데 걸리는 시간을 파악한 후에 마감 시한을 정하라. 만약 당신의 팀이 이런 것을 처음 접해본다면, 불가능할 만큼 짧은 마감 시한을 시간이나 날짜 단위로 설정하여 팀이 불편해하더라도 결정을 내릴 수 있도록 하라. 시간이 지나면 팀은 최소 분석으로 더욱 편하게 의사 결정을 내릴 수 있을 것이다.

더 생각하기

나의 연구 결과를 종합해보면 다른 방식으로 일을 시작하는 것만이 문화를 바꿀 수 있는 유일한 방법이라는 한 가지 근본적인 진리에 도달하게 된다. 먼저, 조직 전체에 걸쳐 무엇이 제대로 작동하고 무엇을 개선해야 하는지 사람들에게 물어보라. 이러한 논의를 통해 조직을 구성하는 근본적인 신념과 그 신념이 부서와 사업부, 혹은 지역에 따라 얼마나 일관되게 유지되는지에 대한 통찰력을 얻을 수 있다. 유동 조직의 세 가지 신념과 당신의 조직의 상황을 비교해보면 어떤 부분을 해결해야 할지 이해할 수 있을 것이다. 그런 후에 조직의 현재 신념을 체계적으로 검토하여 이러한 신념과 이를 강화하는 관련 행동들이 지킬만한 가치가 있는지 혹은 버려야 할 때가 왔는지 결정하라. 유동적인 신념과 행동을 채택하면 미래의 고객을 추적하여 자신 있게 파괴 전략을 실행할 수 있다.

요점

- 당신의 파괴적 전환 전략의 속도는 조직 문화에 따라 다를 수 있다. 당신의 문화를 바꾸기 위해서는 업무 처리 방식을 정의하는 신념과 행동을 바꿔야 한다.
- 파괴적 전환을 주도할 수 있는 조직은 개방, 권한, 행동이라는 세 가지 신념을 갖고 있으며 파괴와 변화를 통해 성공할 수 있다.
- 변화를 꺼리게 하는 신념들은 무엇인지 파악하고 그런 신념들을 따르지 않겠다고 마음먹음으로써 조직 문화의 변화를 시작할 수 있다. 기존의 신념들을 대체하기 위해, 조직이 채택해야 하는 새로운 신념과 행동을 파악하라.

프로세스가 문화를
촉진하는 것이지
문화가 프로세스를
촉진하는 것은 아니기 때문에,
그저 문화만 바꿔서는 안 되고
시스템을 바꿔야 한다.

Process drives culture, not the other way around,
so you can't just change the culture,
you have to change the system.

에릭 라이스(Eric Reis), 〈린 스타트업 프로그램〉과 〈스타트업 웨이〉의 저자

제6장

———

다른 결과를 원한다면 다르게 일하라

앞에서 우리는 개방적이며, 직원들에게 권한을 주고, 행동에 대한 편견을 수용한다는 세 가지 유동 신념이 어떻게 파괴적 문화의 기반을 형성하는지 살펴보고, 이를 발전시키기 위한 첫걸음을 내딛는 방법을 알아보았다. 그러나 이런 파괴적 신념들만으로는 문화의 파괴적 전환을 만들어내고 지속시키는 데에 충분하지 않다. 조직의 구조, 공식적 절차와 비공식 절차, 의식, 상징, 이야기로 구성된 조직 운영 체제에 이런 새로운 신념들을 결부시켜서, 희망하는 파괴적 행동이 예외사항이 아니라 일반적인 표준이 되도록 만들어야 한다.

파괴적 운영 체제가 없으면, 조직의 규모와 힘을 조정하고 활용할 수 없다. 가장 파괴적인 전환 조직들은 파괴와는 완전히 모순되는 것처럼 보이는 강력하고 확립된 운영 체제를 가지고 있었는데, 이것은 나의 연구에서 나온 가장 아이러니한 연구 결과 중 하나다.

이는 대부분의 사람들이 '파괴 문화'를 떠올릴 때, 고도로 창의적인 사람들이 업무 조정이나 협력이 거의 없이 자신들의 일만 하는 것으로 생각하기 때문이다. 그러나 내가 파괴적인 조직에서 발견한 것은 이와 정반대였으며, 매우 창의적이고 뛰어난 사람들이 명확한 구조와 절차 안에서 '함께' 일하고 있었다. 어떤 방식으로 업무를 처리할지 고민할 필요가 없어지면서 사람들은 함께 모여 뛰어난 작업을 하는 데에 집중할 수 있었다.

만약 운영 체제가 파괴적 전략과 신념에 맞춰져 있지 않다면, 그 운영 체제는 조직의 발목을 잡을 것이다. 보고 체계와 의사 결정 과정에 대한 불확실성은 정치로 이어져서, 중요한 자료는 부서 안에 갇혀 있고, 영웅담은 현실을 반영하기보다는 과거의 영광에 머물러 있게 될 것이다. 즉, 그런 운영 체제는 조직을 앞으로 나아가게 하는 것이 아니라 서서히 멈추게 할 것이다. 나와 함께 일했던 한 임원은 파괴적인 전환 시도를 실행하는 것이 마치 거대한 바위를 언덕 위로 밀어 올리는 것 같았다고 묘사했다. 팀원들은 '변화에 따른 피로'를 겪고 있었고 그들의 노력이 잘 드러나지도 않는 조직의 기념비적인 변화를 위해 끊임없이 전투 상태를 유지해왔다고 느끼고 있었다. 즉, 그들은 지쳤고 사기가 저하된 상태였다.

운영 체제에 대해 파괴적인 조직과 이야기를 나눠보면, 그들은 전환 노력을 다르게 묘사한다. 그렇다. 파괴를 이루는 일이 어렵기는 하지만, 언제까지나 어려운 것도 아니다. 어느 시점이 되면, 파괴적 혁신이 점차 쉬워지면서, 새로운 작업 방식을 유지하는 데에 큰 힘이 들지 않게 된다.

응집력 있고 안정적인 운영 체제를 통해 조직 내 모든 이들은 변화를 시작하기도 전에 비전과 전략, 신념에 맞춰 준비 상태에 이른다. 마치 잘 정비된 경주용 자동차처럼, 문화 운영 체제는 조직을 더 빨리 움직이게 하는 엔진으로 작동한다. 파괴적 시도에 들어가는 노력이 줄어들면서 피로가 누적될 가능성도 낮아진다. 그리고 그러한 피로감이 없어지면, 유동 조직은 더 많은 파괴적 변화를 수행할 수 있다. 이것이 전형적인 파괴의 선순환이다.

마이크로소프트는 새로고침 단추를 눌렀다

2011년 사티아 나델라(Satya Nadella)는 웹상에서 본 내용 때문에 몹시 불편함을 느꼈다. 구글의 프로그래머인 마누 코넷(Manu Cornet)은 최고의 기술 기업들의 다양한 조직 구성 체계를 재미있게 그린 카툰을 발표했다.[1] 이 카툰은 아마존이나 애플 같은 기업들의 조직 구조를 6개의 그림으로 표현했다. 그중에서 마이크로소프트의 조직 체계는 특히 눈에 띄었다. 여러 부서들이 서로를 향해 총을 겨누고 있었던 것이다.

당시 나델라는 마이크로소프트가 뭔가 잘못된 방향으로 가고 있다는 사실을 알고 있었다. 나델라는 자신의 저서 《히트 리프레시》에서 다음과 같이 밝혔다. "수년간 경쟁자들을 따돌리고 나니, 뭔가 달라지긴 했는데 좋은 방향은 아니었습니다. 혁신은 관료주의로 바뀌었고 팀워크는 내부 정치로 변모했습니다. 우리는 뒤처지고 있었어요."[2] 그 카툰은 마이크로소프트의 문화가 최악의 방향으로 변화한 것을 뼈저리게 상기시켜 주었다. "그 그림이 내포한 메시지를 무시할 수 없었습니다. 마이크로소프트에서 24년 동안 일해온 베테랑이자 완벽한 내부자였기 때문에 저는 그 만화가 정말 거슬렸습니다. 그러나 더욱 화가 났던 것은 우리 직원들이 그것을 받아들여 인정했다는 사실입니다."

나델라는 마이크로소프트가 변화하려면 직원들이 다른 방식으로 생각하고 일해야 한다는 사실을 깨달았다. 그는 문화 변화를 자신의 최우선 과제로 삼았고, 새로운 마이크로소프트 문화의 중심에는 고객과 직원 및 협력업체와 공감이라는 개념을 내세웠다. 2015년 마이크로소프트는 윈도 소프트웨어와 디바이스를 같은 그룹으로 통합하는 등 이전에 경쟁했던 사업부들을 같은 그룹으로 재편성함으로써 새로운 전략과 문화를 강화했다.[3]

마이크로소프트의 사례처럼 한 기업이 새로운 방식으로 생각하고 일하려면 엄청난 훈련이 필요하다. 조직 내 모든 이가 어느 정도 자유를 기꺼이 포기하고 명료성, 일관성, 안정성을 보장하는 지침과 규율을 지켜야 하기 때문이다. 그러나 불확실성으로 가득한 이 세상에서 기본은 변치 않는다는 사실을 알게 되면 사람들은 자신감을 가질 수 있을 것이다.

또한 모든 조직원이 높은 실행 기준을 달성하기 위해 엄격하게 일하도록 전념해야 한다. 높은 기준이 정해져 있고 모든 조직원이 그것을 지키고 있다는 사실을 알게 되면 누구라도 각자 자신의 역할을 다하게 될 것이다. 일상 업무에서 불확실성이 높아질수록 다른 분야에서는 더 많은 질서와 명확성, 기초 구조가 필요하다.

나는 파괴적 전환을 단행하면서 전략적 요소에만 초점을 맞춘 나머지, 이러한 문제들을 무시하거나 해결을 미루다가 때를 놓치는 조직을 여럿 보았다. 단순히 손가락만 까딱하고 스스로 파괴적인 조직이라고 선언한다고 해서, 조직 운영의 차원에서 그것이 무엇을 의미하는지 모든 사람들이 이해하리라고 기대할 수는 없다. 조직이 전체적으로 합을 맞추는 작업은 저절로 되는 것이 아니라 시간과 에너지, 자원이 필요하다. 책임 할당 수행표를 준비하거나 새로운 과정을 마련하는 일은 굉장히 지루하고 따분할 수 있다. 새로운 인식을 위한 의식을 만드는 일도 어리석게 느껴질지 모른다. 그러나 파괴적인 성장을 지원하기 위해서는 잘 다듬어진 운영 체제를 필수적으로 갖추어야 한다.

문화 운영 체제에 집중하는 작업의 묘미는 무질서한 행동을 직접 다루기 위한 요소들을 수정할 수 있다는 점에 있다. 예를 들어, 내가 알고 있는 한 영업팀장은 팀이 회사의 새로운 포지셔닝 정책을 따르지 않아서 어려움을 겪었다. 알고 보니 회사에서 6개월마다 영업팀 직원들에게 새로운 가치 제안을 강요했다고 한다. 경영진이 영업팀의 업무에 대해 알고 있다는 확신도 없었기에, 영업팀으로서는 어차피 다시 작업 방법을 바꿔야 한다면 굳이 왜 바꾸어야 하는지 알 길이 없었다. 따라서 그들은 아무도 눈치채지 않기를 바라면서 계속 똑같은 방식으로 일을 해왔다.

나와 함께 일했던 또 다른 조직에서는 어느 유능한 직원이 분기마다 몇 가지 기본 규율을 지키지 않았는데 그에 대한 제재는 없었다. 그러자 그의 사례를 본 다른 팀원들도 아무런 제재가 없으리라 생각하며 게으름을 피우기 시작했다. 경영부서는 이 문제를 인식했지만, 그 유능한 직원이 최고의 고객을 데리고 이직할까 봐 겁이 나서 감히 그에게 규정을 지키라는 요구할 수 없었다.

이런 이야기들이 왠지 익숙한가? 현재의 고객에 대한 기본적인 서비스 수행에 어려움을 겪고 있다면 미래의 고객을 쫓아 빠르게 움직이는 것도 불가능하다. 세심하게 계획되고 목적성을 가진 운영 체제는 질서 의식을 만들고 이를 통해 조직은 다음의 세 가지 기본적인 이득을 얻을 수 있다.

1. 강력한 파괴적 운영 체제를 갖춘 조직은 동일한 목적과 행동 양식으로 작업하기 때문에 고객을 위해 더 나은 제품과 서비스

를 제공한다.

2. 수행능력이 좋은 사람들은 채용과 경력에 도움이 되는 우수한 기업으로 모인다.

3. 강력한 절차를 갖춘 조직은 변화가 필요 없을 정도로 기초가 튼튼하기 때문에 파괴를 통해 더 빠른 성장 순환을 완성할 수 있다.

나는 최근에 경쟁적인 위협에 직면한 조직과 협력하여 새로운 제조 공정을 파악한 후, 급히 시장에 신제품을 출시하도록 했다. 결과는 성공적이었다. "그게 2년 전이었는데 우리는 여전히 회복 중입니다!" 그 조직의 최고전략책임자가 실토했다. 질서를 새로 정리하기에는 공정이 너무 어려웠고, 그로 인해 그 조직은 거의 무너질 뻔했다. 나는 빠르게 움직이는 기업들이 큰 도박을 피하기 때문에 이런 종류의 소모는 피한다는 사실을 알았다. 대신에 그들은 아주 빠른 속도로 여러 가지 작은 도전을 감행하고 또 다른 확장 주기를 겪기 전에 질서 있는 상태로 되돌아온다. 파괴적인 조직들은 운동선수와 같아서, 수행능력을 조금 더 향상시키기 위해 매번 스트레칭을 하면서 꾸준히 훈련한다.

훈련에 있어서 회복은 노력만큼이나 중요한 부분이다. 운동선수들이 체계적으로 재활 시간을 계획하듯이 조직도 그렇게 할 필요가 있다. 회복과 복구를 위한 휴식 기간이 없다면, 조직은 너무 빨리 너무 멀리 밀어붙이게 되고, 그렇지 않았다면 피할 수 있었을 실수를 저지르며 그것을 만회하기 위해 뒤로 물러나야 할 위험을 감수해야 한다. 권력 관계는 파괴적인 변화의 시기 동안 끊임없이 이동하고 다시 정리되기 때문에, 조직에게는 모든 사람이 어디에 있고 어떻게 하면 모든 사람이 함께 나아갈 수 있는지를 알아낼 시간이 필요하다. 흔히 생각하는 것과는 달리, 빨리 가려면 속도를 줄여야 한다.

이 장에서는 파괴적 조직이 조직의 운영 체제를 구성하는 구조, 절차, 이야기라는 세 가지 문화적 요인들을 체계적으로 전개함으로써 유동 문화를 정의하는 데 시간을 들이는 방법에 대해 자세히 살펴볼 것이다(표 6.1 참조).

구조. 구조는 직장에서 사람들의 상호 물리적 근접성뿐만 아니라 권력 관계를 규정한다. 직장이 점점 더 디지털화되고 원거리화되는 과정에서 구조는 사람들이 언제 어떻게 서로 협력할지 정의하는 데 훨씬 더 중요한 역할을 하게 된다.

절차. 절차는 절차 개발의 지침이 되는 반복 가능한 단계 또는 정책으로 간주되거나 기록되는 모든 것을 포함된다. 예를 들어 전략적 계획 절차와 투자 우선순위 결정 방법에서부터 회의를 주최하고 피드백을 주고받는 방식 같은 사소한 것에 이르기까지 다양한 항목이 포함된다.

표 6.1 문화 운영 모델

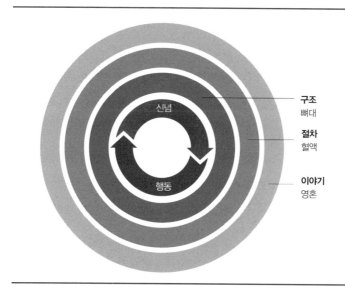

구조
뼈대

절차
혈액

이야기
영혼

(이미지 내 라벨: 신념, 행동)

이야기. 이야기의 사전적 정의는 '전통과 지식의 집합체 또는 특정 집단에 의해 전해지는 말'이다.[4] 이야기에는 사람들이 공유하는 상징, 의식, 전통이 포함된다. 이것들은 동료들이 같은 적을 상대하면서 같은 전쟁터에 함께 있음을 서로 확인하는 일종의 기록이 된다. 특히 이야기를 통해 변화를 향한 험로를 매끄럽게 해주는 신뢰라는 정서적 유대감을 표현한다는 점이 중요하다.

새로운 조직 구조로 새로운 기회를 만들어라

|

부서와 사업부의 구조는 정보와 의사 결정이 조직 전체에 어떻게 흘러가는지를 분명히 보여주기 때문에 조직에서 중요한 역할을 한다. 논리적으로 협력해야 할 일이 많은 사람들은 비유적으로든 문자 그대로든 조직의 구조에서 서로 곁에 있어야 한다.

안정적인 시기에 구조는 집중력과 책임감을 제공하므로 효율성을 높여 생산성을 한 차원 높여준다. 이때 초점은 단기적인 비즈니스 목표에 대한 실행과 이행이다. 파괴적인 조직들은 유연한 구조를 구축하여 새로운 기회를 지원하고 미래의 고객들에게 서비스를 제공하는 작업에 뛰어나다. 그들은 혁신 영역과 조직의 핵심을 어느 정도 구분하여 파괴적인 변화가 일어나야 할 곳을 찾아낸다. 그들은 또한 자원, 전문성, 시장에서 시너지를 실현하는 핵심에 어느 정도의 연관성을 가지고 있다.

그러나 대부분의 전통적인 조직들은 조직의 혁신 영역을 핵심에서 분리해 버리는데 이것은 큰 실수다. 유동과 변화의 시기에는 새로운 고객 요구에 맞는 새로운 제품을 만들기 위해 부서들 사이에 창문과 다리를 건설하여 서로 연결해야 하는데, 소통이 없는 저장고가 있으면 불리하다. 변화가 일어나는 시간은 줄어들고 있는데, 전통적인 조직 계층은 이를 따라가지 못하고 있다. 대부분 조직이 공식적인 조직도를 단순화했지만, 실제로 작업이 이루어지는 방식은 완전히 다르게 보인다(그림 6.2 참조).

이것을 뒷받침할 자료가 있다. 연례 카첸바흐 센터(Katzenbach Center) 글로벌 문화 조사에 따르면, 이사진을 포함한 고위 간부의 58퍼센트만이 공식적인 조직도가 업무의 진행 방식을 반영한다는 데 동의하

그림 6.2 전통적인 조직도는 실제의 업무 흐름을 반영하지 못한다

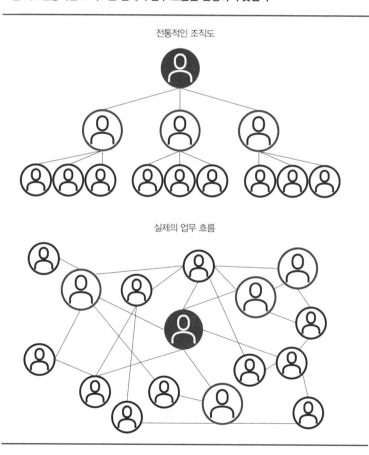

는 것으로 나타났다.[5] 더 큰 문제는 비경영직 직원들은 단지 45퍼센트만이 조직도가 업무 진행 방식과 같다고 생각한다는 점이다.

공식적인 조직 구조와 실제로 일하는 방식 사이의 차이 때문에 많은 조직들이 조직 개편을 감행하는 것이다. 사실, 조직 개편은 종이에 그려진 조직도와 실제 작업이 일어나는 방식 사이의 차이를 줄이기 위한 시도다.

대부분의 조직들은 조직도에 있는 그림 상자를 옮기는 것만으로 문화를 바꿀 수 있다고 생각하거나, 혹은 새로운 구조를 구축하면 목표를 달성하는 더 나은 방법이 나오리라 믿는다. 그러나 조직의 문화를 바꾸는 작업이 그런 식으로 될 리는 없다. 당신이 바꾸고 싶은 신념과 행동을 식별하고, 그런 새로운 신념과 행동을 강화하기 위한 새로운 구조를 만들 때 비로소 조직 변화가 발생한다.

아이엔지의 유연하고 민첩한 조직 문화

네덜란드의 소매은행인 아이엔지(ING Bank)는 바꾸고자 하는 신념과 행동을 바탕으로 새로운 구조를 정착시킨 조직의 좋은 예다. 아이엔지는 은행업계가 지각변동을 겪고 있으며 생존을 위해서는 새로운 업무방식이 필요하고 더욱 민첩해져야 한다는 사실을 알았다. 당시 네덜란드 아이엔지의 최고경영자인 닉 유에(Nick Jue)는 "IT 사람들과 경영인들이 한 팀을 이루어 모아 독립적으로 일하면서 제품을 생각하고 제작하고 최대한 독립적으로 시장에 내놓는 것이 핵심이었습니다"라고 설명했다.[6] 전환을 시도하기 위해 경영팀은 애자일 팀을 꾸려왔던 구글, 넷플릭스, 스포티파이(Spotify), 자포스(Zappos)와 같은 회사들을 연구했고, 그 결과 민첩성을 통해 얻을 수 있는 이점을 깊이 이해할 수 있었다. 2014년 11월 다가올 구조 변화를 발표하면서, 경영진들은 시장 출시 기간 단축, 고객 경험 개선, 은행의 디지털 역량 개선과 같은 '이유'를 설명하며 조직 변화의 당위성을 설명했다. 직원들은 넷플릭스나 구글 같은 기업의 대열에 합류한다는 사실에 들떠 있었다.

그 후 몇 주 동안은, 부서를 해체한 후 소규모 팀들로 재구성하고, 이런 변화가 직원들에게 어떤 의미가 되는지를 알려주는 '방식'에 초점을 맞췄다. '이유'를 '방식'으로 바꾸자 모든 이들이 새로운 '방식'이 얼마나 급진적으로 다를지 완벽하게 이해하지는 못하더라도 왜 그 은행이 이런 변화를 진행해야 하는지는 이해하게 되었다.

2015년 봄에 아이엔지 네덜란드 임원진 직속의 경영팀부터 변하기 시작했다. 직원들은 새로운 직무를 신청해야 했다. 어떤 직무에 대해 전문가로 여겨지며 몇 년 동안 그 일을 해왔던 직원들과 지도자들이 기존의 자리에서 빠지는 일은 회사 내의 모든 직원에게 정말 경종을 울리는 일이었다. 선택 과정은 직원들의 지식과 경험에만 초점을 맞추지 않았다. 그들은 또한 마음과 행동, 그리고 그들이 회사의 새로운 가치관인 '오렌지 코드(Orange Code)'와 얼마나 잘 어울리는지 고려했다(그림 6.3 참조).

그림 6.3 아이엔지의 오렌지 코드

오렌지 코드		
행동강령		
책임감을 갖고 실천하라	다른 사람이 성공하도록 도와라	언제나 한발 앞서라
책임 – 일을 완수하고 약속을 지키며 행동의 결과에 책임을 진다.	협력 – 아이엔지에게 중요한 목표를 달성하기 위해 개인적인 문제는 내려놓고 협력한다.	도전 – 자신이 해결책의 일부가 될 준비가 되었을 때에만 관습, 복잡성, 스스로의 추측에 도전한다.
영향력 – 다른 이에게 동기를 부여하고 추진력을 유지하며 영향을 미친다.	경청 – 지위, 배경 혹은 의견과 상관없이 타인의 목소리를 경청한다.	변화 – 새로운 접근법이 필요한 상황에 처하면 빠르게 적응하여 변화를 가져온다.
요구 – 적극적으로 도움을 요청하고 피드백을 요구하라. 그러면 당신의 동료들이 당신의 성공을 위해 도울 것이다.	헌신 – 사업 분야에 헌신하고 다른 분야의 사람들을 영입한다.	시도 및 단순화 – 새로운 시도가 잘되지 않으면 다시 시도하고, 잘되면 개선한다.
소신 – 좋은 일을 진행하고 낮은 성과에는 맞설 용기를 갖고 소신을 밝혀라.	신뢰 – 다른 사람의 의도와 전문성을 신뢰한다.	용기 – 실수를 두려워하지 않고 실수를 통해 학습한다.

출처: 아이엔지

이런 재임용 과정을 통해 기존의 아이엔지 네덜란드와는 근본적으로 다른 새로운 작업 방식에서 잠재력을 발휘할 수 있는 사람들을 파악할 수 있었다. 3개월 뒤 선발 과정이 끝나자 본사 직원의 25퍼센트가 재임용되지 않았다. 또한 대부분의 관리자와 감독들은 더 이상 직함을 갖지 않고 트라이브, 스쿼드, 챕터로 구성된 구조에 조직되었다(그

그림 6.4 아이엔지 네덜란드의 조직 구조

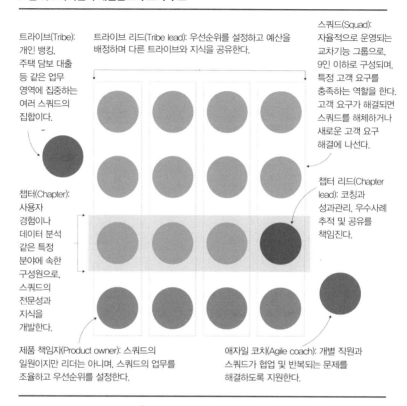

트라이브(Tribe): 개인 뱅킹, 주택 담보 대출 등 같은 업무 영역에 집중하는 여러 스쿼드의 집합이다.

트라이브 리드(Tribe lead): 우선순위를 설정하고 예산을 배정하며 다른 트라이브와 지식을 공유한다.

스쿼드(Squad): 자율적으로 운영되는 교차기능 그룹으로, 9인 이하로 구성되며, 특정 고객 요구를 충족하는 역할을 한다. 고객 요구가 해결되면 스쿼드를 해체하거나 새로운 고객 요구 해결에 나선다.

챕터(Chapter): 사용자 경험이나 데이터 분석 같은 특정 분야에 속한 구성원으로, 스쿼드의 전문성과 지식을 개발한다.

챕터 리드(Chapter lead): 코칭과 성과관리, 우수사례 추적 및 공유를 책임진다.

제품 책임자(Product owner): 스쿼드의 일원이지만 리더는 아니며, 스쿼드의 업무를 조율하고 우선순위를 설정한다.

애자일 코치(Agile coach): 개별 직원과 스쿼드가 협업 및 반복되는 문제를 해결하도록 지원한다.

출처: 〈하버드비즈니스리뷰〉 2018년 3∼4월호 '애자일 팀 실험에 나선 은행'

림 6.4 참조).

외부에서 보면, 이 새로운 조직 구조는 운영의 간소화가 아니라 혼란의 극대화를 초래할 것으로 보인다. 초기에 자율적이고 자기 주도적인 스쿼드와 트라이브 구축을 우선 과제로 정했으니 부분적으로는 혼란이 발생했던 것도 사실이다. 곧 아이엔지는 넷플릭스를 본떠 분기별 사업 검토(QBR)를 도입하여, 분기마다 트라이브 리더가 모여 구성원들이 어떤 일을 하고 있는지 검토하고 은행의 우선순위에 맞춰 업무를 조율했다. 아이엔지의 변신에 조직 구조가 큰 부분을 차지했지만, 은행 내에서 근본적이고 더 중요한 변화가 일어나고 있었다. 아이엔지의 애자일 코치인 히스 팔브라호트(Gijs Valbracht)는 하버드 비즈니스 스쿨의 사례 연구에서 다음과 같이 설명했다.[7]

"애자일 전환을 이야기할 때, 우리는 트라이브와 스쿼드에 대해서 이야기하지만, 그것이 큰 변화는 아닙니다. 정말 큰 변화는 조직 내에서 '우리가 왜 협업하려고 하는가?'라는 사고방식에서 일어났습니다." 새로운 고객을 따라갈 수 있는 유연성과 민첩성을 위해서는 이러한 '왜'가 핵심이다.

파괴적 조직 구조를 설계하는 방법

아이엔지 네덜란드의 사례는 파괴를 지원하는 조직 구조로 이동하려고 하는 조직의 좋은 예다. 그러나 애자일 팀만이 이 작업을 할 수 있는 것은 아니다. 파괴적 전환을 위한 완벽한 조직 구조는 없다. 단지 특정한 시기에 당신의 전략과 당신의 조직에 딱 맞는 조직 구조가 있을 뿐이다. 조직 변화를 시작할 때 도움이 되는 몇 가지 실천방안을 소개한다.

조직에 대한 진실을 이해하고 수용하라. 조직에 대한 면밀한 감사를 실시하라. 조직 구조와 실제 작업 수행 방법 사이에 단절이 생기는 부분을 확인하기 위해 철저히 파헤쳐야 한다. 이것은 조직 내 실제 권력 브로커들이 어디에 있는지 밝혀낼 좋은 기회이기도 하다. 그들이 반드시 높은 직위를 가진 사람은 아니며 오히려 조직 전체에 걸쳐 깊은 네트워크를 가진 개인이라는 사실을 발견하게 될 것이다. 아마도 불편한 진실을 마주하게 될 수도 있을 텐데, 그 사실을 받아들이고, 미래상을 지원하는 동시에 미래의 조직 구조를 위해 현실을 어떻게 처리할지를 계획하라.

제품이나 기능이 아닌 미래의 고객을 중심으로 구성하라. 대부분의 조직은 자신들이 고객 중심적이라고 주장한다. 정말로 고객이 사업의 중심에 있다면 모든 것은 '고객에게 가장 좋은 것은 무엇인가?'라는 간단한 질문에 대한 답을 기반으로 하는 조직 원칙에서 나올 것이다. 업무 부서나 제품군을 중심으로 조직을 구성하지 말고 현재와 미래의 고객 요구에 맞게 조직을 구성하라. 예를 들어, 유타주에서 가장 큰 의료 서비스 제공 기업이자 보험사인 인터마운틴 헬스케어(Intermountain Healthcare)는 지리적 관점으로 구성된 기존 조직 구조에서 벗어나 큰 틀에서 두 개의 주요 그룹으로 나누어 예방 및 보건에 집중하는 커뮤니티 케어(Community Care)와 입원 및 전문 치료가 필요한 환자에게 서비스를 제공하는 스페셜

티 케어(Specialty Care)로 재편했다.[8] 서로 다른 환자의 요구에 맞추기 위해 이 두 그룹의 서비스 진행 과정 및 지표는 다르게 설정되었다.

핵심 관계를 파악하라. 전환 전략을 실행하기 위해 어떤 새로운 권력 관계가 형성되어야 하는가? 가장 중요하고 빈번하며 어려운 연결이 이뤄져야 하는 곳을 확인하고 그 관계를 조직 구조 내에서 현실화하라. 내가 알고 있는 한 조직은 기술팀과 전략팀을 결합했는데 서로의 용어가 달랐기 때문에 자주 단절이 발생했다. 같은 보고 체계를 사용하고 말 그대로 서로 옆에 앉게 되자, 그들은 부서 간의 차이를 극복하고 공통의 이해를 형성하기 시작했다.

부서 간 소통의 창구를 마련하라. 내가 자주 듣는 도전 과제는 부서와 사업부가 조직 개편에 저항하며 독단적인 부서 이기주의로 굳어진다는 내용이다. 여러 기업들에게 효과가 있었던 접근법은 부서 이기주의를 완전히 없애는 것을 목표로 하는 것이 아니라, 오히려 사람들이 서로를 '보면서' 부서 안에서 함께 일할 수 있도록 정보와 소통의 '창구'를 만들어 주는 것을 목표로 삼는 것이었다. 핵심은 그 창구를 어디에 만들고 얼마나 크게 만들 것인가를 파악해서 특정 사업목표를 지원하는 것이다. 예를 들어, 한 B2B 기업은 마케팅 캠페인의 소셜 미디어 참여 데이터를 영업부에서 사용하는 고객 프로파일과 연결하여 마케팅 부서와 영업부서를 연결했다. 이런 '데이터 창구'를 마련하자 마케팅과 영업이 협업하여 만든 고객 계정 기반 팀은 판매 주기에 맞춰 고객별 맞춤형 마케팅 콘텐츠를 작성할 수 있었다.

작업 수행을 위해 물리적 작업 공간과 디지털 작업 공간을 모두 고려하라. 아이엔지 네덜란드가 전체 본부를 애자일 조직 모델로 전환하자, 모든 직원들은 인근 경기장에서 하루 동안 열린 조직 개편 행사에 참석했고 다음 날 여러 분야의 애자일 팀을 지원하기 위해 만들어진 완전히 새롭게 디자인된 사무 공간으로 돌아왔다. 물리적 작업 공간을 이용하여 복도에서 부딪히는 비공식적인 '충돌' 지점에서부터 임원 사무실 제거까지 당신이 원하는 새로운 관계를 만들고 개방성과 접근성을 확대하라. 또한 디지털 협업이 어떻게 이루어지는지 혹은 이루어지지 않는지를 살펴보고, 마찰이 생기지 않도록 새로운 업무 관계를 지원하는 디지털 업무 공간을 설계하라. 예를 들어, 마케팅, 영업 및 서비스 조직이 제품 개발과 정기적으로 연계되어 최종적으로 고객 피드백을 공유할 수 있는 협업 공간을 조성하라.

조직 설계 시 유연성을 감안하여 파괴적인 재조직을 최소화하라. 파괴적 성장 전략을 추구할 때 변화는 당연히 발생하기 때문에, 조직 구조에 유연성이 필요한 곳을 예측하고 이를 설계에 반영해야 한다. 예를 들어, 기술이 빠르게 변화함에 따라, IT 업계는 인공지능과 같은 새로운 기술에 전문성을 집중해야 하지만, 사업이 무르익을수록 사업부 내에서 전문성이 이동하고 발전해야 한다는 점도 예상해야 한다. 마찬가지로, 고객 계층에 변화가 생길 때, 직원들을 원활하게 이동시킬 수 있다는 점이 경쟁력이 된다.

빠른 행동을 가능하게 하는 효율적 절차를 찾아라

절차는 전략 기획과 채용 같은 공식적인 것에서부터 회의 방식이나 피드백 제공 및 수락 방식 같은 비공식적인 것까지 모두 조직의 구석구석에 흐르는 혈액이나 마찬가지다. 혈액 순환이 잘되면 활력이 생기고 오랫동안 달릴 수 있다. 절차가 효과적이지 않다면 근육에 매듭이 생긴 것처럼, 움직일 수는 있으나 기운이 빠진 채 제대로 속도를 낼 수 없다. 좋은 절차는 실행방법에 대해 명확하고 확실한 지침이 되어 줄 뿐만 아니라, 창의적인 문제해결을 위해 집중할 수 있도록 한다.

그러나 좋은 절차는 파괴적 성장 전략이 만든 새로운 임무 수행을 위해 채택되면 나쁜 절차로 빠르게 변한다. 작업이 변하는 속도에 맞춰 절차 또한 업데이트되지 않는다면 단절이 발생하게 된다.

파괴적 조직이 고객에 집중하고 더욱 민첩하게 움직이기 위해 사용한 몇 가지 공식적 절차와 비공식적 절차에 대해 살펴보자.

아마존의 새로운 계획안 승인 방법

아마존에서는 어떤 프로젝트를 시작하든, 팀은 제안하는 제품이나 서비스가 어떤 문제를 해결해 주는지 설명하는 한 페이지 분량의 미래 보도자료를 작성하고, 고객이 어떻게 사용할지에 대한 세부사항을 제시하는 6페이지의 FAQ를 준비한다.[9] 팀이 보도자료를 만들고 다듬는 데 몇 주가 걸릴 수도 있겠지만, 이런 작업이 끝날 무렵에는 이 프로젝트가 고객들에게 어떤 도움이 될 것인지에 대해 명확하고 확고한 설명을 할 수 있게 된다. 이 접근방식은 아마존의 혁신 인프라를 형성하고, 새로운 제품이나 서비스에 대한 모든 제안은 이와 같은 형식을 따른다. 이렇게 최종 고객의 경험에서 시작하여 현재로 돌아옴으로써 '고객 집착'이라는 경영 원칙을 혁신 절차에 투영한다.

혁신을 추진하는 화웨이의 글로벌 프로세스

파괴적 전환을 이끄는 가장 좋은 예로는 1987년 기술병 출신의 런정페이(Ren Zhengfei)가 설립한 중국의 거대 인터넷 통신업체 화웨이(Huawei)를 꼽을 수 있다.[10] 전화기 스위치 제조로 시작한 이 기업은

2018년에는 1,085억 달러의 매출을 올리며 세계 최대의 인터넷 통신 업체로 성장했다.[11] 화웨이는 휴대전화 제조 분야에서 삼성에 이어 세계 2위를 차지하며 2007년 이후 11년 동안 연평균 21퍼센트 매출 성장률을 기록했다.[12]

세계 161개국에서 18만 명의 직원이 근무하고 있는 화웨이는 170여 개국에서 다양한 사업을 펼치고 있다. 나는 이 기업이 큰 규모에도 불구하고 놀랍도록 민첩하다는 사실을 발견했는데, 지난 11년간의 성장 요인의 대부분이 기업의 문화와 그 절차에 대한 신념과 지속 덕분이라고 생각한다. 예를 들어, 전 세계 14개 혁신 센터에서 연구개발에 종사하는 화웨이 직원은 8만 명이다. 화웨이 글로벌 미디어 커뮤니케이션 책임자인 조이 탄(Joy Tan)은 이에 대해 다음과 같이 설명했다.[13] "연구개발은 중앙에서 관리하고 있어서 시장에 따른 요구 사항을 파악할 수 있습니다. 그래서 가장 많은 시장에 적용될 요구 사항의 우선순위를 정할 수 있습니다." 화웨이의 혁신 센터를 오가는 과학자와 기술자들은 모두 동일한 규정이 적용되어서 이동과 작업, 연구 결과의 세계적 공유가 쉽다는 사실을 알고 있다. 결과적으로, 고객들은 세계 반대편에서 일어나는 일을 통해서 거의 즉시 이익을 얻을 수 있다.

연간 전략에서 분기 전략 기획으로 전환한 보이시아

대부분의 조직에서 전략적 계획 수립은 매년 일정한 주기로 이루어진다. 이 연간 행사의 결과는 예를 들어, 수많은 고객들이 스마트폰을 가지게 되리라거나 머신러닝과 사물 인터넷이 일정 비율을 차지하리라는 등 미래의 모습을 잘 정리한 하나의 관점으로 나타난다. 전략 기획은 이런 모든 가정이 사실이라면 조직은 무엇을 해야 하는지 정해준다.

그러나 그러한 가정들이 실현되지 않거나, 그 속도가 빠르거나 느려질 수도 있기 때문에, 어쩔 수 없이 재미있는 일이 일어나기도 한다. 만약 당신이 미래의 세상에 대한 가정을 다듬을 수 있는 좋은 정보가 있다고 하더라도, 전략 계획은 다음 해를 위해 이미 '준비 완료된 상태'이기 때문에 변경할 수 없다. 이렇게 위험한 연간 전략은 당신이 예측한 것과 근본적으로 다를 수 있다는 사실을 반영할 수 없으며, 또한 가정이 바뀌는 경우 방향을 전환하는 능력도 발휘할 수 없다.

나는 모든 조직이 연간 전략 기획이 아니라 분기별 전략 기획에 참여해서 변화에 따른 시장 변화를 검토해야 한다고 강력하게 주장한다. 그리하여 경영진은 자신들의 전략을 이끌고 그에 따른 변화를 시도하는 근본적인 가정들을 재검토해야 한다. 음성 협업 플랫폼인 보이시아(Voicea)는 이러한 유형의 분기별 전략 기획을 수행하는 급성장 중인 스타트업 기업이다. 이전 회사인 블루카이(BlueKai)를 오라

클에 매각한 베테랑 사업가인 창업자 오마르 타와콜(Omar Tawakol)의 설명은 다음과 같다. "4~5개월에 한 번씩 10배의 변동성을 겪고 있다면 1년짜리 전략을 짜는 것은 무의미합니다. 역동성이 너무 빠르기 때문이죠."**14**

매 분기의 9주 차에 타와콜은 고객 우선순위와 주변 생태계가 변화하는 모습을 어떻게 보고 있는지에 대한 자신의 의견을 경영팀에 전달하면서 전략 기획을 시작한다. 그 후 4주 동안 이들 경영진은 디지털 협업 플랫폼을 통해 상향식 검토를 하고 정보 및 자료와 의견을 공유하면서 시나리오와 측정 기준을 업데이트하며 선택사항을 줄여 간다. 경영진은 모든 우선순위를 정렬하기 위해 하루 동안 외부 회의를 연다. 여기서 나온 결과는 분기별 회의를 통해 회사 전체에 공유된다.

그의 분기별 전략 계획을 돌아보면, 타와콜은 2018년 2분기부터 3분기 사이에 전략에 큰 변화가 있었는데, 이는 제품에 대한 바이럴 마케팅이 충분히 가능하다는 확신이 생겼기 때문이다. 따라서 그들은 바이럴을 전략적 우선순위로 삼고 주요 척도로서 추적했다. 타와콜은 이에 대해서 이렇게 설명했다. "우리는 여전히 전략에 대해 장기적인 시각을 유지하려고 노력합니다. 그러나 분기마다 우리가 강조하는 것이 무엇인지는 다시 생각해 보려고 합니다."

당신이 속한 산업이 변화하고 있지 않다면 이것은 지나친 작업으로 보일 수도 있다. 그러나 당신과 당신의 경쟁자가 변하지 않는다고 해서 고객과 산업 생태계도 변하지 않을 것이라는 보장은 없다. 분기별 전략 계획을 이용하면 미래 고객에 대한 이해를 조직의 핵심 절차에 확실히 연결할 수 있다.

투자 검토 과정의 성공과 실패를 재정의한 십스테드

현 상태를 유지하는 기업에서 투자 및 제품 개발의 과정은 위험을 최소화하고 점진적으로 최적화를 추진하도록 설계된다. 조직들이 전환과 파괴에 집중할 때에도, 현 상태를 유지하는 기업들은 형편없이 설계되고 추진되는 계획안에 많은 자금을 투자한다.

내가 함께 일했던 한 조직은 15개의 주요 계획안을 가지고 있었는데, 실행 기간이 모두 18개월에서 24개월로 설정되어 있었다. 한 가지 일에만 집중할 수 있고 그 한 가지만 잘하는 스타트업과 비교해보라. 당신의 자원이 스타트업만큼 제한적이라면, 계획안을 설계하고 실행하는 데에 더 능숙해지더라도, 그 계획안들을 모두 살리지 못할 것이다.

대부분의 조직들이 특정한 목표치가 있는 평가 절차를 가지고 있지만, 그 절차를 고수할 수 있는 규율이 부족하다. 그들에게는 언제나 자원을 이용할 수 없었다는 등의 이유가 있겠지만, 평계가 무엇이든 조직이 소중한 자원과 인재를 활용하지 못하고 계획안이 무산되는 결과는 같다. 이렇게 하는 것이 누군가가 애지중지하는 프로젝트를 중단하는 데에 따르는 정치적 책임을 지는 일보다 쉽기 때문이다. 실패 후 따라오는 오명이 문제가 되는데, 성공과 실패에 대한 정의가 어떤 식으로 투자와 철회를 둘러싼 의사 결정 과정을 방해하는지에 대한 검토가 필요하다.

이는 2000년대 초반 온라인 광고를 준비하고 있던 신문사 십스테드의 상황이었다. 과거에는 계획안 무산이 관리자나 부서의 실패로 간주 되었기에 간부들은 상황이 어렵더라도 계획안을 끝까지 살려내기 위해 분투했었다. 그러나 닷컴 버블 붕괴로 투자를 억제할 수 있는 새로운 감각이 생겨나면서 십스테드에서는 이러한 사고방식에 변화가 일어났다.[15]

한 가지 예로, 십스테드는 당시 포르투갈 온라인 광고에 상당한 금액을 투자한 상황이었다. 그런데 남아프리카 공화국의 기술 기업인 내스퍼스(Naspers)가 지원하는 포르투갈의 다른 업체와의 치열한 경쟁을 벌여야 할 경우, 십스테드는 또다시 많은 금액을 투자하여 장기전을 준비해야 했다. 이때 십스테드는 자원을 다른 시장에 배치하기로 결정했다. 그리고 경영진은 포르투갈 시장을 포기하기로 한 결정이 포르투갈 경영진이나 조직의 실패 때문이 아니라 시장 세력 때문이라는 점을 분명히 했다. 전 전략 담당 최고 책임자인 스베레 뭉크(Sverre Munck)는 당시를 이렇게 회고했다. "이 모든 것들을 통해 우리는 필요하면 아무리 자회사라도 포기해야 한다는 점을 명문화하게 되었습니다. 그런 사고방식으로 바꾸는 데에 거의 10년이 걸렸습니다. 이런 방식이 성공에 얼마나 중요한지 잘 알았다면 시간이 좀 더 줄어들었겠죠."

비공식 회의 규정으로 명확한 기대치를 설정하는 구글

비공식적인 절차는 팀과 개인이 행하는 습관일 수도 있다. 구글에서 회의가 어떻게 진행되는지 방식을 생각해보라.[16] 그들은 정확한 시간에 회의를 시작하고 조금 일찍 끝내기 때문에 사람들은 다음 회의에 제때에 도착할 수 있다. 그들이 회의를 위해 모이면 노트북과 전화기를 치워버리는 신기한 일이 벌어진다. 오직 한 사람만이 메모하고 나중에는 모든 이들이 검토할 수 있도록 편집한다. 모든 사람이 100퍼센트 참석하고 토론에 집중하며, 이메일로 멀티태스킹하지 않는다. 그리고 실제 시계로 시간을 잰다.

회의가 막바지에 이르면, 이후에 방을 사용하는 사람들은 복도에 모여 정해진 시간에 들어오는데, 이전 회의의 사람들이 아직 방에 남아 있더라도 상관없이 회의를 시작한다. 구글은 거의 10만 명의 직원을 거느린 글로벌 기업이다. 회의를 위한 일관되고 친숙한 절차를 갖추었기에 조직 내 어디에서든 함께 일하는 사람들을 위한 연결 조직을 만들 수 있다.

공식 절차와 비공식 절차를 결합하여 전략 조정을 추진한

인터마운틴 헬스케어

유타주에 있는 인터마운틴 헬스케어에는 3만 9,000명 직원들의 전략적 목표를 매일 조정하는 절차가 있다. "우리는 매일 팀 전체가 작전 회의를 열어 우리가 지켜보려는 문제들을 확대해서 보고 있습니다." 댄 릴젠퀴스트(Dan Liljenquist) 수석 부사장 겸 최고전략책임자는 이렇게 설명했다.[17]

이런 작전 회의는 조직의 5대 기본 수칙인 안전, 품질, 환자 경험, 접근성, 관리에 초점을 맞춘 간략한 회의로, 간호원실에서부터 의사 사무소에 이르기까지 비공식적인 환경에서 진행할 수 있다. "우리는 소통을 좀 더 명확히 하고 매일 피드백을 받을 수 있는 기회를 제도화했습니다. 우리는 의사소통을 원활하게 하는 단일 양방향 보고 체계로 이어지는 조직 내 수천 개의 작전 회의를 통해 상하 소통합니다." 릴젠퀴스트의 설명이다.

인터마운틴 헬스케어의 작전 회의 절차는 기술적인 플랫폼이 아니라, 단지 지속적인 정보 흐름을 보장하는 공식적이며 비공식적인 절차의 결합이다. 릴젠퀴스트는 이렇게 설명한다. "우리는 3년 넘게 이 회의를 지속하고 있습니다. 그리고 이를 통해서 좀 더 큰 도전을 시도할 수 있는 상황 인식도 얻게 되었습니다."

파괴적 절차를 설계하는 방법

이것은 상당히 난해한 일이다. 한편으로는 파괴적 사고방식과 행동을 억누르지 않으면서 모든 이를 명확하고 일관되게 만드는 절차가 필요하다. 다른 한편으로는 작업 방식이 바뀌는 것을 반영하여 그러한 절차들을 자주 변경해야 할 필요가 있다. 이것은 불가능한 일처럼 보이지만, 변화를 표준으로 받아들이면 불가능한 것도 아니다. 절차는 항상 개발되기 마련이다. 파괴적 문화 운영 체제를 위한 원활한 절차를 확인하고 활용할 수 있는 몇 가지 방법을 소개한다.

절차들의 장점을 초기에 보여주어라. 단순히 질서가 필요하다고 말하는 것은 효과가 없을 것이다. 절차가 왜 파괴적 전환에 도움이 되는지 설명해야 한다. 절차에는 두 가지 주요 이점이 있는데, 하나는 조직이 고객을 위해 더 좋은 제품과 서비스를 구축할 수 있다는 점이고, 다른 하나는 그에 따라 역량 있는 인재들이 모이게 된다는 점이다. 절차를 준수하고 나면 일을 더 빨리 진전시킬 수 있다는 점을 보여줄 방법을 찾아라. 한 예로 좀 더 나은 회의를 열어보는 것도 좋은 예가 될 수 있다. 회의의 주제와 결과 및 책임을 명확히 하고 정확한 시간에 회의를 열어보라. 뛰어난 회의를 계획하는 데에는 시간이 걸리지만, 회의의 결과가 더 좋고 더 빠르다면 모든 이가 이런 회의의 효과를 알게 되어 새로운 행동을 따라 하게 될 것이다.

무엇이 변화에 개방적이고 무엇이 그렇지 않은지 명확히 하라. 페이스북의 초기 모토인 '빠르게 움직여 거침없이 무너뜨린다'는 많은 의미를 담고 있었다. 그러나 회사가 성장하면서, 모토는 '안정된 인프라 속에서 빠르게 움직인다'로 변했다.[18] 그다지 매력적이지는 않지만 어떤 것들은 단순히 깨뜨릴 수 없다는 현실을 페이스북은 받아들여야만 했다. 예를 들어 팀이 자신들의 작업 방식을 변경할 수 있는 권한이 있는지 확실하지 않아서 작업 속도가 느려진다면 조직을 다시 살펴보아야 한다. 절차와 명확성을 확립하기 위해 그런 부분들을 발견하는 데에 집중하라.

숙달된 리더들과 힘을 합쳐라. 일관된 운영자보다는 민첩한 비전 제시자가 되고자 한다면, 숙달되고 꼼꼼하며 체계적인 사람들을 찾아서 대리인이나 멘토로 삼아라. 그들의 행동과 습관을 참고하고 그것을 자신의 리더십 행동으로 만들 수 있는 방법을 찾아라. 특히, 대시보드나 스코어 카드 같은 도구를 사용하여 제대로 작동하지 않는 절차에 대한 조기 경고 표시를 식별하는 방법을 확인하라.

일관성 있게 높은 기준에 대한 책임감을 불어넣어라. '좋은 모습'에 대한 명확한 지침이 있으면, 뛰어난 성과 요인을 정의할 수 있다. 아마존의 경영 원칙 중 하나는 '높은 기준 고수'이다.[19] 패키지 전달부터 개인 성과까지 모든 것에 대한 서비스 수준의 계약을 체결함으로써 이 원칙을 실현한다. 그러나 기준만으로는 충분하지 않으며, 기준이 충족되지 않았을 때 그 결과를 따를 수 있는 용기도 필요하다. 절차를 구축하는 데에는 일관성이 가장 중요하다.

조직의 가치를 공유하는 이야기를 만들어라

조직 구조가 문화의 뼈대고 절차가 문화의 혈액이라면 이야기는 조직의 영혼이다. 의식과 상징, 이야기는 임직원에서부터 협력업체와 고객에 이르기까지 모든 사람들을 연결하고, 조직에서 중요하고 가치 있게 여기는 것이 무엇인지 일깨워준다. 이야기는 공유된 의미를 지닌 반복된 경험을 통해 직원들을 연결하고 신뢰를 구축한다. 반복되고 일관성 있는 이야기가 사람들 입에 오르내리면서 문화가 만들어지는 것이다.

회사의 이야기를 파괴적 성장 전략의 목표와 가치에 맞추면 유동 문화를 만들고 유지하는 데 도움이 된다. 마찬가지로 방식으로, 이야기가 바람직하지 않은 믿음과 행동으로 굳어질 수도 있다. 예를 들어 어떤 조직은 팀원 간 우호적인 경쟁을 촉진하기 위해 이달의 우수 사원에게 상을 주는 행사를 열었는데, 그 상이 핵심 간부와 이야기를 가장 많이 나눈 직원에게 돌아가는 것이 분명했다. 그 결과, 직원들이 다른 직원들의 나쁜 면을 보여주며 경쟁자를 줄이려고 하자 뒷말과 험담이 잦아지게 되었다. 마찬가지로 한 달에 20일을 여행하거나 일주일에 80시간을 일하는 '열정적인 외근직'의 이야기를 높게 평가하는 것도 과도한 업무 시간을 중시한다는 잘못된 암시를 전달할 수 있다.

파괴적 전환을 이루고자 한다면, 회사의 이야기를 이해해야 하며 의식, 상징, 이야기 같은 요소 중 어떤 것이 조직의 문화를 방해하는지 알아야 한다. 그런 다음, 그것들을 체계적이고 의도적으로 새로운 의식, 상징, 영웅담으로 대체해야 한다.

의식

의식은 특정한 시간이나 계기에 따라 항상 행하는 특정한 일들의 집합이다. 예를 들어, 앨라배마 대학교 축구팀의 팬들은 "롤 타이드(Roll Tide)!"라는 앨라배마 축구팀의 구호로 인사하며 서로 알아본다. 어떤 부서는 분기별 회의를 시작하면서 직원들을 초대해 직장에서 있었던 신나는 일을 공유하기도 하고, 어떤 조직에서는 제품 납기일을 준수할 때마다 음료 행사를 연다.

의식의 경험을 통해 공유된 정체성을 발전시키고 소속감과 신뢰감을 구축하고 스트레스와 불안감을 줄이며 에너지와 감정을 자극할 수 있다. 의식은 예측 불가능성을 일부 완화시키고 연결성과 소속감을 만들어주기 때문에 파괴적 변화에 필수적인 요소가 된다.

의식의 역할을 잘 보여주는 사례로 뉴질랜드 럭비팀이 시합 전에 벌이는 마오리족 전통 춤 동작인 하카(Haka)를 들 수 있다.[20] 연구에 따르면 하카는 선수들이 자신의 팀과 유산에 대한 자부심을 표현하는 매개체 역할을 하는 것 외에도 몰입을 유도하여 선수들의 불안감을 줄이고 집중력을 높인다고 한다.

사우스웨스트 항공도 무사 정신(Worrior Spirit), 섬기는 마음(Servant's Heart) 그리고 즐거움을 사랑하는 태도(Fun-LUVing Attitude)라는 기업의 핵심 가치를 강화하기 위해 의식에 의존하는 조직이다. 핼러윈 파티, 사우스웨스트 랠리, 창립 기념일 등의 행사에는 모든 직원들이 모여 사우스웨스트 문화를 기념한다. 예를 들어, 핼러윈은 수하물 담당자부터 CEO인 게리 켈리(Gary Kelly)까지 사우스웨스트 항공의 전 직원이 유령 복장을 준비해 참여하는 대형 행사다.[21] 그리고 CEO와 회사 대표가 모든 신임 조종사를 맞이하는 행사 등의 의식은 승객들의 안전과 경험에 대한 회사의 의지를 보여준다.[22]

새로운 의식이 조직의 신념과 가치를 어떻게 변화시켰는지 보여주는 사례를 몇 가지 살펴보자.

- 하워드 슐츠가 2008년 스타벅스 CEO로 복귀했을 때 그의

최우선 과제는 스타벅스를 양질의 커피를 제공하는 회사로 되돌리는 것이었다. 그는 새로운 의식으로 모든 신입직원들에게 해당 매니저가 가장 좋아하는 커피를 시음하게 했다. 매니저는 커피가 어디서 어떻게 재배되고 어떤 방식으로 추출되며 자신이 왜 그 커피를 좋아하는지 등에 관한 이야기를 들려줬다. 이러한 경험을 통해 스타벅스의 핵심 가치를 전할 수 있었고 매니저와 신입직원이 서로를 잘 알게 됐다.[23]

- 링크드인(LinkedIn)은 전문 비즈니스 인맥 구축 사이트다. 그들은 부모가 지원과 조언의 원천이라는 사실을 사람들이 자주 잊는다는 사실을 간파했다. 그래서 링크드인은 직원들을 지원해준 부모들에게 감사의 말을 전하고 그들의 자녀가 무슨 일을 하는지 이해할 수 있도록 세계적인 기업 행사인 '부모와 함께 출근하는 날(Bring In Your Parents Day)'을 실시한다.[24] 이 행사는 직접 체험과 가상 체험이 모두 가능하며, 어떤 팀이라도 부모와 직원이 독특한 경험을 할 수 있도록 다양한 도구를 지원한다.

- 던앤브래드스트리트(Dun & Bradstreet)의 전 CEO인 제프 스티벨(Jeff Stibel)은 실수를 목표로 향하는 새로운 길을 여는 일시적인 좌절이라고 보는 '성장 사고방식'을 채택하여 조

직이 실패를 대하는 방식을 바꾸고자 했다. 그는 어느 날 밤 조용히 사무실로 돌아와 '실패의 벽'을 만들어 그 위에 자신이 저지른 가장 큰 실패를 마커로 적어놓고 모든 이들이 볼 수 있도록 했다. 사람들도 실패의 벽에 자신의 가장 큰 실패담을 적고 거기에서 무엇을 배웠는지를 쓰고 서명했다.[25] 이에 대해 스티벨은 블로그에 다음과 같이 기록했다. "이를 통해 우리는 실수에 대해 말할 수 있었습니다. '이것이 실패의 벽에 기록될 이야기가 될 수도 있지만, 만약 우리가……'와 같이 위험한 아이디어를 제안하는 쉬운 방법을 찾게 된 것이죠."

사람들을 서로 연결하고 공동의 목적을 공유하기 위해 당신의 조직에서는 어떤 의식을 만들 수 있는가? 독특하고 내부적이며 솔직히 좀 특이한 의식일수록 좋다. 유대감과 소속감을 만들고 지속시키는 것이 친목 도모의 힘이다. 그리고 이것은 일주일에 한 번씩 커피와 도넛을 들고 와 시간을 따로 정하는 것만큼이나 간단할 수 있다. 모두가 참여하고 꾸준히 지속되어야 한다는 점이 핵심이며 의식을 실제로 경험함으로써 거기에서 의미를 만들 수 있다.

상징

상징은 공통의 신념을 상기시켜 주는 침묵의 감시병 역할을 한다. 내가 가장 좋아하는 상징의 사례로 뛰어난 디자인의 주방용품 제조사인 옥소(Oxo)를 들 수 있다. 창업자인 샘 파버(Sam Farber)는 관절염을 앓고 있는 아내가 감자 껍질을 벗기는 데 어려움을 겪자 더 좋은 감자 칼을 디자인했다. 나아가 그는 일상생활을 편리하게 해주는 혁신 제품 제조 기업 옥소를 설립했다. 옥소 뉴욕 본사 구내식당 한쪽 벽에는 직원들이 도시 전역에서 가져온 100개 이상의 버려진 장갑이 걸려 있다(그림 6.5 참조).[26] 이 장갑 벽을 통해 직원들은 자신들의 제품을 사용해야 하는 다양한 종류의 손에 대해 공감을 갖게 된다.

마찬가지로, 서던뉴햄프셔 대학 온라인 학습 부서의 신입 사원들은 책상 근처 벽에 부착된 행동강령에 서명한다(그림 6.6 참조). 하루에도 몇 번씩 지나가면서 자신이 서명한 이 행동강령에 시선이 가게 되고, 따라서 임무에 대한 개인적인 헌신을 상기시키는 상징이 된다.

제프 베이조스는 아마존 본사 사옥의 이름을 '데이 원(Day 1)'이라고 지었다. 이는 고객에게 항상 새롭게 다가가기 위해 매일매일을 인터넷 시대의 첫날인 것처럼 살아야 한다는 그의 첫 번째 주주 서한에서 나온 말이다(그림 6.7 참조).[27] 직원들은 매일 아침 건물 간판을 지나가면서 오늘 하루도 데이 원처럼 살아야 한다는 생각을 갖게 된다.

모든 상징이 물리적으로 표현되어야 하는 것은 아니다. 스웨덴 가

그림 6.5 옥소의 장갑 벽

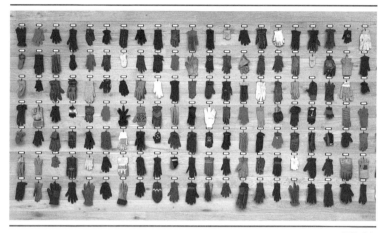

출처: 옥소

그림 6.6 직원들이 서명한 서던뉴햄프셔 대학의 행동강령

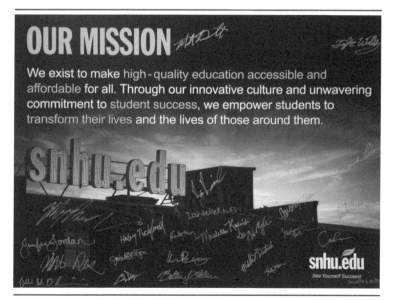

출처: 서던뉴햄프셔 대학

그림 6.7 아마존 데이 원 빌딩 입구

출처: 긱와이어(GeekWire)/커트 슐로서(Kurt Schlosser)

그림 6.8 고객 여정을 표현한 일렉트로룩스의 상징

출처: 일레트로룩스

전업체인 일렉트로룩스(Electrolux)는 고객에게 집중하기 위해 디지털 전환을 시도했고, 구매 후 다음 구매까지 걸리는 기간이 수십 년은 아닐지라도 몇 년 단위로 측정되는 제품군의 고객 여정을 살펴보아야 했다. 수년간 가전제품이 어떻게 사용되었는지에 초점을 맞추면서, 완전히 다른 시각에서 고객 경험을 생각하기 시작했고, 이를 위한 상징을 만들었다(그림 6.8 참조). 이 상징은 모든 내부 문서에 나타나기 시작했으며 프리젠테이션 템플릿에 포함되었다. 기업 전체의 최고 혁신가들 사이에서 경험 혁신 문화를 조성하기 위해 고안된 교육 세션에도 자주 등장했다.[28]

이야기

이야기는 말하고 공유하고 기억하기 쉽기 때문에 변화의 강력한 요인이다. 또한 감정과 연관되어 인식을 바꾸고 에너지를 만들 수 있다. 그리고 이야기는 대립적이지도 않고 비계층적이어서 어디에서나 나올 수 있다.

물론 단순히 미래에 대한 이야기를 하는 것만으로는 조직 문화를 형성할 수 없다. 수사적 장치라서 쉽게 묵살될 수도 있다. '버닝 플랫폼' 이야기는 순간적으로 행동에 활기를 불어넣을 수도 있지만, 본질적으로 부정적인 반응을 일으킨다. 공포가 사라지면 변화에 대한 자극이 소멸된다.[29]

게다가, 과거의 이야기들은 무심결에 우리를 붙잡을 수 있다.

조직 문화를 형성하는 가장 강력한 유형의 이야기는 '영웅의 도약판'이라고 부르는 것으로, 문제를 해결하고 승리에 도달하는 한 명의 주인공을 다룬 이야기다. 이런 이야기들에서 청취자들은 스스로 영웅이라고 생각한다. 그 이야기들은 청취자들이 이야기 속 영웅과 비슷한 방식으로 행동한다면 미래가 어떻게 될지 상상하기 시작할 때 상상력을 강화해주는 도약대 역할을 한다.

이야기를 광범위하게 활용하는 조직 중 하나는 화웨이다. 나는 지난 몇 년 동안 선전(深圳)에 있는 본사를 방문하면서 화웨이에 대해 꽤 많이 알게 되었다. 무엇보다도 이 회사는 말 그대로 고객에게 서비스를 제공하기 위해 특별히 애를 쓰는 기업이다. 우즈베키스탄 전역의 흙길을 지나 노새로 통신 장비를 운반했다는 기술자, 관리자를 만나기 위해 3일 동안 사무실 밖에서 기다렸다는 직원, 심지어 창업자 런정페이가 자가용 대신 택시를 타고 겸손함을 보여주었다는 이야기 등 고객 우선 사고방식을 보여주는 영웅담들이 넘쳐난다.

무엇인가를 변화시키려면, 기존의 모델을
쓸모없게 만드는 새로운 모델을 세워야 한다.

**버크민스터 풀러(Buckminster Fuller),
지오데식 돔(geodesic dome)의 건축가 겸 설계자**

내가 들은 가장 훌륭한 이야기 중 하나는 가격을 인하하면 품질을 타협해야 한다는 생각 때문에 성과가 저조했던 한 영업 담당자의 이야기였다. 그는 고객에게 돌아가 가격 요구를 충족시키지 못한 점에 대해 사과하고 화웨이는 결코 고객에게 해가 되는 일은 하지 않을 것이라고 설명했다. 해당 거래를 성사시키지 못할 것이라는 예상으로 그는 낙담하며 떠났으나 그다음 날 고객이 그에게 전화를 걸어 거래가 성사되었다. 이 이야기가 회자되면서 화웨이는 재정적으로 손해를 보더라도 고객을 먼저 생각한다는 점이 널리 퍼졌다.

이러한 영웅담들은 모두 같은 목적을 가지고 있다. 화웨이의 폭넓고 다양한 직원들에게 회사의 핵심 가치 실현에 필요한 개인의 역할을 상기시킨다. 이야기의 힘은 이야기 자체가 아니라 행동으로 이어진다는 사실이다. 그리고 영웅담은 고객 성공, 어려움을 극복한 직원, 필요에 맞게 고안된 독창적인 해결책 등 조직의 어느 영역에서든 나올 수 있기 때문에 조직의 생태계에 있는 모든 사람들이 이야기를 만드는 데 참여할 수 있다는 점을 보여준다.

이야기를 이용하여 유동 문화를 조성하라

이야기가 파괴 전략과 문화의 다른 두 가지 요소와 일치한다면 굉장히 효과적이다. 그러나 이야기가 과거에 매달리는 것을 정당화하는 데에 사용되어 현 상황을 옹호한다면 도움이 되지 않는다. 특히 특정한 고객군을 우선순위로 정하는 것과 같이 오랫동안 지켜온 신념을 미화하는 이야기는 새로운 고객을 발굴하는 데 방해가 된다. 나는 한 때 사업의 70퍼센트가 기존 대형 고객에서 나왔고 모든 영웅담들이 먼 옛날 소수의 선택된 고객에게만 집중되었던 기업에서 일한 적이 있다. 그곳에서는 새로운 고객의 이야기가 표면화되어 새로운 기회를 추구하고자 하는 욕망을 표현할 여지가 거의 없었다. 이런 상황에서 조직은 체계적으로 의도를 갖고 시대에 뒤떨어진 이야기를 대체할 새로운 이야기를 만들어 널리 퍼뜨려야 한다.

나는 가끔 의식, 상징, 그리고 이야기를 너무 빨리 만들려고 하는 조직들을 목격하는데, CEO의 지시로 문화를 바꾸려고 한다면 필연적으로 많은 포스터, 메모, 하루 종일 걸리는 회의로 이어지게 마련이다. 이렇듯 파괴적 변화를 시도하는 배역을 맡았지만 실제로는 거의 변화가 일어나지 않는 상황을 나는 '혁신 극장(innovation theater)'이라고 부른다. 제발 당신의 조직은 이런 가면을 벗어버리고 대신 의미 있는 이야기를 만드는 데 집중하길 바란다.

당신의 이야기를 효과적으로 바꾸기 위해서는 좋은 것이든 나쁜 것이든 혹은 완전히 엉망인 것이든 조직 내에 이미 존재하는 이야기들을 알고 있어야 한다. 기존의 의식, 상징, 이야기들의 목록을 작성해보면, 어떤 것이 파괴적 전략의 새로운 신념과 일치하는지 혹은 어떤 것은 새로운 이야기로 바꾸어야 할지를 파악할 수 있다. '이야기 심사'를 실시하는 몇 가지 방법을 소개한다.

신입 사원과 함께 점심 식사를 하라. 입사한 후 한 달 동안 조직에서 느낀 그들의 경험이 어땠는지 물어보라. 그들이 조직에 대해 놀라워했던 것은 무엇인가? 그들은 어떤 무언의 규율을 접했을까? 어떤 것을 이해했는가? 어떤 것이 예상과 달랐나? 신선한 시각으로 바라본 그들의 피드백은 조직 문화가 실제로 어떠한지를 알 수 있는 소중한 정보다.

환영회와 환송회를 확인하라. 현장 관리자들에게 문의하여 그들이 어떻게 신입 사원을 환대하고 조직을 떠나는 사람들에게 어떻게 작별 인사를 하는지 알아보라. 나와 함께 일했던 한 임원은 어떤 팀이 지나치게 가혹한 신고식을 거행한다는 사실에 소스라치게 놀랐고 곧 새로운 환영식으로 바꾸었다고 한다.

친구를 사무실로 불러 둘러보게 하라. 그리고 당신이 원하는 유동 원칙에 부합하거나 반하는 상징들을 기록해 달라고 부탁해보라. 근사한 사무실과 지정 주차구역을 갖추었는가? 아니면 업적이 뛰어난 영웅들에게 수여한 상들로 복도를 장식했는가?

영웅담을 모아라. 반복해서 회자되는 이야기는 어떤 것들인가? 그것들이 어떤 맥락으로 언급되고 어떤 가치를 지지하는가? 또한 기업의 기록물 창고를 살펴보고 현재에는 전해지지 않지만 유동 원칙을 설명하는 데에 사용할 수 있는 창업자의 이야기가 있는지 확인하라.

인류학자를 고용하라. 인류학자는 한 문화의 이야기를 확인하고 이해할 수 있는 전문가들이다. 그들은 무엇을 질문할지, 누구와 대화할지 알고 있으며, 숨겨진 이야기를 들춰내는 데 전념한다. 그들은 또한 새로운 시각으로 당신의 문화를 바라볼 수 있다는 장점도 있다.

현재 당신의 이야기가 무엇인지 잘 이해했다고 생각한다면, 해결하고자 하는 특정 사업 문제와 신념을 이야기와 연결할 수 있다. 다음의 질문으로 문제와 도전 과제를 재구성하라. 어떻게 의식이 더 강력한 연대감을 만들 수 있는가? 어떻게 상징이 개방성을 상기시키는가? 어떻게 이야기가 더 빠른 행동으로 이어지는가? 고민하지 말고 선택사항을 열어두고 브레인스토밍을 통해 당신의 새로운 이야기와 연결고리가 있는지 살펴보라. 파괴적 문화를 지원하는 훌륭한 이야기를 개발하는 데 도움이 되는 몇 가지 실천방안을 소개한다.

이야기 만드는 훈련을 하라. 효과적인 이야기가 되려면 100퍼센트 신뢰성이 있어야 한다. 만약 당신이 새로운 의식을 시작한다면, 의식이 필요할 때마다 행하겠다는 다짐을 하라. 같은 이야기를 여러

번 반복하는 것에 대해 부끄럽게 여길 필요가 없다. 이야기의 흐름을 특정 사업 요구와 끊임없이 연결해보라.

스토리 타임을 정하라. 아무리 작은 공간이라도 사람들이 이야기를 나눌 수 있는 공간을 마련하라. 내가 알티미터를 경영할 때, 나는 사람들을 초대하여 우리의 기업 가치가 지난 한 주 동안 자신의 삶에서 어떤 역할을 했는지 공유하면서 직원회의를 시작했다. 이러한 이야기를 나누면서 우리는 서로의 세계를 엿볼 수 있었고 동시에 우리가 어떤 가치관을 갖고 살아왔는지도 알 수 있었다. 스토리 타임은 수상식 및 송별회, 직원회의, 주간 발표회의 등의 의식으로 만들 수 있다. 핵심은 조직 리듬에 맞춰 사람들이 정기적으로 모여 그들에게 의미 있는 이야기를 나누게 해야 한다는 점이다.

더 생각하기

앞으로 돌아가서 파괴적 운영 체계로 달성하고자 하는 것을 생각해 보자. 미래의 고객들을 가까이 두고, 조직 내에서 이뤄지는 작업 방법에 초점을 맞춰라. 구조와 절차, 그리고 이야기를 통해 팀원들이 고객과 더 가까이 다가갈수록 더욱 빠르게 변화할 수 있고, 미래 고객을 만나기 위해 빠르게 변화하며 이동할 수 있다.

유동 문화를 구축하려고 할 때, 때로는 속도가 나지 않아 마치 뒤로 움직이는 듯 느낄 수도 있을 것이다. 이런 때에는 인내심이 필요하다. 지금 투자하는 시간 덕분에 변화에 직면할 때 지치지 않고 파괴를 통해 성공하는 강한 회복력을 갖춘 조직을 만들어 미래에는 값진 보상을 받게 되리라는 사실을 잊지 말라.

요점

- 파괴적 전환 전략에서 가장 눈에 띄는 모순점은 문화적 운영 체계라는 안정적인 기반이 파괴의 도약대가 되어야 한다는 점이다. 급변하는 세상에서 사람들이 큰 위험을 감수하려면 변치 않는 것이 무엇인지 알아야 한다.

- 파괴적 운영 모델은 조직 구조, 절차, 그리고 이야기로 구성되며 조직이 파괴를 시도할 때 필요한 능력인 개방, 권한, 실행을 지원한다.

- 문화를 바꾸기 위해서는 일을 다르게 하는 방법 외에는 없다. 어떤 일을 다르게 할지 의도를 갖고 선택하면 당신이 원하는 새로운 문화를 만들 수 있다.

THE DISRUPTION MINDSET

힘이 가장 세거나
지능이 제일 높은 사람이
살아남는 것이 아니라
변화를 가장 잘 받아들이는
사람이 살아남는다.

It's not the strongest or the most intelligent who will survive but those who can best manage change.

레온 C. 메긴슨(Leon C. Megginson), 루이지애나 주립대학 교수
(찰스 다윈의 말로 잘못 인용되기도 한다.[1])

결론

최후의 승리는
변화를 즐기는 자의 것이다

2011년 9월, 구글의 전 CEO인 에릭 슈미트는 새로운 CEO인 래리 페이지와 함께 구글의 자이트가이스트(Zeitgeist) 콘퍼런스 무대에 올랐다. 토론이 끝날 무렵, 그들은 구글의 지속적인 성공에 가장 큰 위협이 무엇이냐는 질문을 받았다. 페이지는 간단히 "구글"이라고 답했다. 슈미트는 흥미로운 통찰력으로 그의 말을 이어받았다. "대기업들은 스스로가 자신의 최대의 적입니다. 왜냐하면 내부적으로는 자신이 무엇을 해야 하는지 알고 있지만 그렇게 하고 하지 않기 때문이지요. 래리는 하루 종일 무슨 일을 할까요? 그는 구글이 얼마나 큰 성공을 거둘지 아닐지를 결정할 토론을 유도하고 선택을 유도하고 결의안을 유도하는 바로 그런 일을 합니다."²

래리 페이지와 에릭 슈미트는 구글의 규모가 커질수록 변화를 시도하기 어렵다는 사실을 알고 있었다. 파괴적 혁신 기업이 된다는 일은 결코 쉬운 작업이 아니며 단호하고 파괴적인 리더가 조직을 이끌어야 한다는 사실도 알고 있었다.

현실은 냉혹해서 파괴적 전환을 시도하는 대부분의 조직들은 성공하지 못하고 성공하더라도 오랫동안 파괴적인 상태를 유지하지 못한다. 성공을 이룬 소수의 조직은 전략, 리더십, 문화가 단기적인 해결책이 아니며, 조직이 즐길 수 있는 삶의 방식이 되어야 한다는 점을 알고 있다.

파괴적인 스타트업으로 시작해서 48년이 지난 현재는 업계의 선두주자가 되었지만, 여전히 미래 고객들로부터 영감을 얻어 기획한 전략에 충실하고, 파괴적 혁신 기업의 움직임을 창조하는 리더십으로 활력을 얻으며, 변화를 통해 번영하는 문화가 있는 기업이 있다. 바로 사우스웨스트 항공이다.[3]

사우스웨스트 항공이 파괴적 행보를 지속하는 방법

사우스웨스트 항공은 항공업계의 파괴적 혁신 기업으로 유명하다. 이 항공사는 대도시 거점 노선 운항 방식(hub-and-spoke)이 아닌 지점 간 연결 방식(point-to-point)을 이용해 보잉 737 한 기종만으로

1971년 댈러스, 휴스턴, 샌안토니오 운항을 시작했다. 사우스웨스트 항공은 기내 서비스를 최소화하고 빠른 회전율을 통해 항공기를 최대로 활용하여 비용을 절감할 수 있었다. 이 항공사는 창립 이래로 파괴적 성장 전략을 계속 고수하며 엄청난 성공을 거두고 있다. 2010년 에어트랜(AirTran)을 포함하여 3개 항공사를 인수한 데 이어 최근에는 카리브해, 중앙아메리카, 하와이와 멕시코까지 운항 노선을 확대하고 있다. 미국 교통부의 기록에 따르면 현재 사우스웨스트 항공은 미국 내에서 가장 많은 승객이 사용한 항공사이면서[4] 동시에 고객 불만 사항이 가장 적은 항공사이기도 하다.[5]

더욱 놀라운 점은 사우스웨스트 항공이 변동성과 인수합병, 파산 등으로 악명 높은 항공업계에서 46년 연속 흑자를 기록했다는 사실이다(그림 7.1 참조).[6]

기록이 잘못된 것이 아니라, 1973년부터 2018년까지 46년 연속 영업이익을 기록한 것이다.[7] 이러한 수익성 있는 성장은 사우스웨스트 항공이 항공업계가 부러워하는 파괴의 수레바퀴라는 새로운 성장의 길을 개척할 때 한계를 극복할 수 있는 힘이 되었다. 사우스웨스트 항공의 파괴적 혁신은 여전히 진행 중이다. 사우스웨스트 항공에서 점진적이거나 심지어 일상적으로 보이는 변화조차도 다른 기업들에게는 매우 파격적인 도전으로 보일 것이다.

사우스웨스트 항공의 톰 닐론(Tom Nealon) 사장은 인터뷰를 통해 전략과 문화의 결합이 성공의 비결이었다고 밝혔다.[8] 이 두 가지 요

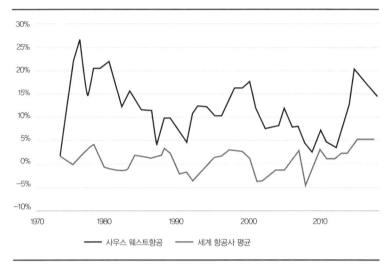

그림 7.1 사우스웨스트 항공과 세계 항공사 평균 영업이익률 비교(1973~2018)

출처: 국제 민간 항공 수송 협회(IATA), 국제 민간 항공 기구(ICAO), 사우스웨스트 항공

소가 사우스웨스트 항공의 가치를 반영하고 있다는 점은 표 7.2에서도 확인할 수 있다. 그 전략은 친근한 저비용 항공사가 되겠다는 굳은 의지를 반영한다. 예를 들어, 사우스웨스트 항공은 두 개의 무료 위탁 수하물을 허용하지만 다른 항공사들은 위탁 수하물 취급 수수료를 받는다. 분기마다 월 스트리트의 투자 분석가들은 이 항공사가 수익 창출의 기회를 놓치고 있다고 불평하고 있지만, '수하물 무료' 정책을 바꾸는 것이 사우스웨스트 항공의 저비용 전략과 상충한다는 경영진의 주장에는 변함이 없다. 이에 대해 닐론은 이렇게 설명했다. "수하물 정책을 바꾸면 수억 달러의 수익을 낼 수도 있지만, 우리의 약속을 저버리는 일이기 때문에 브랜드를 생각한다면 최악의 정책이

표 7.2 문화와 전략을 연결하는 사우스웨스트 항공의 핵심 가치

핵심 가치			
사우스웨스트 방식으로 살기		사우스웨스트 방식으로 일하기	
무사 정신	● 최고가 되도록 노력하라. ● 긴박감을 보여라. ● 절대 포기하지 마라.	안전한 작업환경	● 표준작업절차를 준수하라. ● 위험요소를 파악하고 보고 하라. ● 규정을 존중하고 준수하라.
섬기는 마음	● 황금 법칙을 따르라. ● 타인을 존중하라. ● 우리 사우스웨스트 가족 을 보듬어라.	고객 감동	● 최선을 다해 환대하라. ● 기억에 남을 연결고리를 만 들어라. ● 친절한 서비스로 인정받아 라.
즐거움을 사랑하는 태도	● 열정적인 동료가 되어라. ● 지나치게 심각해지지 마라. ● 성공을 기념하라.	비용 절감	● 최선을 다하라. ● 이윤배당을 사수하라. ● 더 좋은 방법을 찾아라.

출처: 사우스웨스트 항공

될 것입니다."

닐론은 과거의 성공에 안주하는 것이 쉽다는 사실을 알고 있었다. 그는 "그렇게 오랫동안 성공을 거두었던 조직 내에서 파괴자가 되는 일은 어려운 일입니다. 지금 잘 되고 있는데 왜 또 바꿔야 하느냐고 하기 때문이죠." 사우스웨스트 항공은 고객의 기대에 부응하여 오래 된 지켜온 통념에 도전한다. 어떤 것을 바꾸고 어떤 것을 바꾸지 않 을지 결정할 때 닐론은 북극성과 같이 변치 않는 지침을 따른다고 설 명했다. "사우스웨스트 항공의 핵심으로 볼 수 있는 것들이 많이 있고 필요하다고 생각되면 터놓고 얘기할 수 있습니다. 그러나 우리는 우리 문화와 관련한 기본적인 것들, 리더들에게 기대하는 것을 바꾸지는 않습니다."

사우스웨스트 항공을 이용해본 사람이라면 직원들의 마인드가 기발하고 개성이 강하다는 점을 경험으로 알 수 있다. "많은 항공사들이 사우스웨스트 항공의 사업모델을 모방하려고 했습니다. 그러나 구축하고 성장시키기 어려우면서 훨씬 더 유기적인 것은 문화입니다. 우리는 우리의 문화를 지켜왔고 이를 유지하기 위해 정말 많이 고민했습니다."

나는 사우스웨스트 항공의 댈러스 본사에서 여러 날을 보냈는데, 복도와 회의실 벽은 온통 사진과 기념품으로 가득했다. 이 기업의 유산은 말 그대로 건물 구석구석에 담겨 있었다.

1990년 사우스웨스트 항공 명예회장인 콜린 배럿(Colleen Barrett)이 조직한 문화위원회 덕분에 이 문화는 조직의 모든 부분에 스며들었다. 콜린 배럿 명예회장은 위원회의 목적이 문화를 동일하게 유지하기 위한 것이 아니라, 그 핵심 교리는 유지하되 문화는 개선할 수 있는 최선의 방법을 파악해내는 것임을 분명히 했다. 그녀는 몇 년 전에 이렇게 말한 바 있다. "우리는 '늘 같은 사우스웨스트 항공이 아니다'라는 말을 해야 합니다. 우리가 사우스웨스트 항공을 만들어 가고 있기 때문이죠. 예전의 사우스웨스트는 1971년도의 사우스웨스트이고 1981년도의 사우스웨스트이고 지금은 2015년의 사우스웨스

트입니다. 그리고 우리는 어떤 식으로든 새롭게 만들어 갑니다."⁹

사우스웨스트 항공에서 문화는 변화가 일어날 수 있는 안전한 공간을 마련해준다. 이 기업은 성공을 거두었지만 왠지 여전히 산만한 회사처럼 느껴진다. "우리는 미국 1위, 세계 2위 규모의 항공사이지만, 저는 여전히 사우스웨스트 항공이 약자라고 생각합니다." 닐론은 이렇게 털어놓았다. 그는 사우스웨스트가 지역별 고객을 위해 애쓰고 있으며 국제선을 확장하는 미지의 영역으로 향해 가고 있다고 설명했다.

닐론에게 문화는 이 항공사의 성장과 미래의 필수 요소다. 최근에는 한 팀이 항공기에 탑승할 때와 내릴 때 앞문과 뒷문을 모두 이용하자는 새로운 방법을 제안했다. "상당히 논란의 소지가 많은 아이디어였고, 이 아이디어를 제안한 팀은 큰 용기가 필요했습니다." 닐론은 사우스웨스트 항공이 통념에 도전하기 위해 끊임없이 시험을 진행하고 그 결과를 학습하고 있다고 설명했다. "다른 기업들이 왜 우리 브랜드 플랫폼 같은 것들을 도전하려고 할까요? 정답은 가만히 앉아만 있을 수 없고 꾸준히 개선해야 하기 때문입니다. 고객들이 우리에게 변화를 요구하는 한, 우리는 무엇이 옳고 그른지 질문하고 답을 구할 것입니다."

사우스웨스트 항공과 같은 방식으로 수십 년간 획기적인 성장을 지속하고 싶다면, 파괴적 전환에 적응하여 익숙해져야 한다. 이것은 당신 자신을 위해 선택한 여정이며 어쩌면 운명의 길일 수도 있다. 파괴적 기업이라면 다른 기업들이 장애물만 보는 곳에서 분명히 기회를 볼 수 있을 것이다. 더 나은 방향으로 변화를 추진하고자 하고, 앞으로 나아가고자 하는 요구에 귀를 기울이며, 변화가 가능하다고 믿을 만큼 외로운 미치광이가 되는 것이 파괴적 혁신가의 운명이다.

독자 여러분이 이 책을 읽고 파괴라는 혼란의 도가니에 휩쓸리지 않고 파괴를 통해 성공을 이루는 방법을 이해했기 바란다. 파괴적인 동료를 발견하고 힘든 여정에서 힘과 위안을 얻기를 바란다. 그리고 조직, 사회, 그리고 세계가 절실히 원하는 기하급수적 변화를 이루는 데 성공하기를 진심으로 바란다.

글을 마치며

내가 이 책을 쓰기 시작했을 때, 당신과 같은 리더들이 자신 있게 파괴를 주도할 수 있는 자원과 용기를 가진 날을 상상했다. 지금까지이 책이 도움이 되었길 바란다. 그러나 변화를 이루려면 책 한 권으로는 모자랄 것이다. 그러기 위해서는 파괴를 위한 집단 노력을 자극하고 지지하기 위해 파괴를 추구하고, 그 안에서 성공을 거두는 당신과 같은 사람들이 주도하는 움직임이 필요할 것이다.

당신과 다른 파괴적 혁신가들을 위해 나는 퀀텀 네트워크(Quantum Networks)를 조직했다. 이는 조직과 지역, 사회에서 기하급수적인 변화와 성장을 이루기 위해 서로 도움을 주는 파괴적 혁신가들의 세계적인 네트워크다. 파괴적 혁신가는 외로울 수 있지만, 반드시 그래야만 하는 것도 아니다.

다른 파괴적 혁신가를 발견하고 연결하여 우리의 파괴적 노력을더 빠르고 강하게 추진할 수 있고, 더 높은 목표를 향해 끊임없이 도전할 수 있는 최고의 실천 방법을 알게 된다고 상상해보라. 우리가 함께 만들어내는 변화와 충격을 상상해보라.

quantum-networks.com에서 다음의 자료들을 유료 및 무료로 사용할 수 있다.

파괴적 혁신 사고방식을 개발할 수 있는 6주 무료 안내 프로그램을 다운로드하라. 혼자 혹은 조직 내 다른 사람들과 함께 일주일에 한 시간씩 투자하여, 자신의 전략, 리더십, 문화를 체계적으로 검토하고 바꿀 수 있다.

최고의 실천 방법과 사례 연구, 파괴적 혁신 창조와 관련된 최신 소식을 담은 주간 뉴스 레터를 구독하라.

토론 모임에 참여하여 전략과 문화 같은 어려운 문제부터 파괴적 혁신가의 영혼을 살찌우는 가벼운 이야깃거리까지 다양한 주제에 대해 이야기를 나눌 수 있다.

파괴적 혁신가의 행보를 지원하기 위해 정기적으로 만나는 소규모 동료 기반 모임인 퀀텀 서클에 가입하라.

진정한 파괴적 방식으로, 나는 눈 깜짝할 사이에 퀀텀을 만들었다. 당신과 다른 파괴적 혁신가들이 용기와 자신감을 길러서 기하급수적인 변화를 일으키기 위한 첫걸음을 내딛는 데 도움이 되었으면 좋겠다. 퀀텀 네트워크에 방문해서 우리가 진행하고 있는 프로젝트를 살펴보기 바란다.

쉘린 리

추신 - 작은 부탁이 하나 있다. 이 책을 다 읽은 후 아마존에 후기를 올려주는 독자에게 깊은 감사의 말을 전하고 싶다. 몇 줄의 후기라도 나에게는 큰 의미가 된다.

나는 목록을 만드는 일을 좋아한다. 하지만 문제는 내가 그 목록을 잃어버렸다는 점이다. 이 책을 출간할 수 있도록 도움을 주신 유능하고 친절한 분들에게 감사의 말을 쓰려고 앉으면서 꼭 누군가는 빼놓을 것 같은 기분이 든다. 그런 분들에게는 미안하다는 말씀을 미리 전한다. 여기에 쓰지는 못했더라도 마음속으로 감사해하고 있다는 사실을 알아주시기 바란다.

이 책을 출간하기까지 3년이 걸렸다. '파괴적 혁신가의 의제'라는 멜 블레이크(Mel Blake)의 말 덕분에 이 책을 시작할 수 있었다. 동료 작가인 로히트 바르가바(Rohit Bhargava)와 아이디어프레스(Ideapress)의 출판팀은 자가출판이라는 영역을 탐험할 수 있도록 도움을 주었다. 내가 말하고 싶은 것을 알아내곤 그것을 담백하고 직설적인 언어로 표현하도록 도와준 인내심 많고 꼼꼼한 편집자 제노비바 요사(Genoveva Llosa)에게 감사의 마음을 전한다. 그녀의 지혜와 지도 덕분에 나의 말들이 설득력 있고 적절한 문장으로 탈바꿈했다. 베브 밀러

(Bev Miller)는 자신의 편집 능력을 이용해 독자에게 맞는 글로 다듬어 주었고, 브리아나 슈바이처(Briana Schweizer)와 모린 포리스(Maureen Forys)는 우아하면서 단순한 디자인으로 사람들의 관심을 끌어당기는 책을 만들어 주었다.

리더십 분석이라는 어려운 작업을 진행한 네이선 비요른베르크(Nathan Bjornberg)에게 특별한 감사를 표한다. 그의 통찰력과 조언이 있었기에 파괴적 리더십을 이해할 수 있는 강력한 도구를 개발할 수 있었다. 그리고 사례 연구를 위한 재무 자료를 수집할 때 연례 보고서를 꼼꼼히 조사해 준 조카 조슈아 리(Joshua Li)에게도 고맙다는 말을 전한다.

마케팅과 홍보 전략을 구체화해준 워시메이킹그룹(Worthy Marketing Group)과 스미스 출판(Smith Publicity) 팀에게도 감사의 마음을 전한다. 새로운 웹사이트에서 책 제목과 표지에 대한 아이디어까지, 책을 만드는 데 그들의 소중한 의견들이 큰 도움이 되었다.

나의 인터뷰에 응해주신 여러분들의 너그러운 마음이 없었다면 이 책을 쓸 수 없었을 것이다. 통찰력을 제공하고 파괴적 혁신을 이루는 과정을 공유해준 여러분들에게 깊이 감사드린다. 그리고 인터뷰한 분들을 소개해 준 메건 본(Megan Bourne), 마이클 던(Michael Dunn), 제프 구디(Jeff Goudji), 스코트 맥칼리스터(Scott McAllister), 마틴 미코스(Marten Mickos), 뤼디거 쉬히트(Rudiger Schicht), 그리고 야야 장(Yaya Zhang)에게 특별히 감사의 마음을 전한다.

오자와 터무니없는 글로 가득한 초안을 읽고 소중한 피드백과 용기를 전해준 케빈 에어스(Kevin Eyres), 토니 프로스(Tony Fross), 새러 마이어(Sarah Meier)에게도 지면을 통해 특별히 감사드리고 싶다. 초안 전부를 읽고 책의 전개에 결정적인 시기에 피드백을 제공해 준 맥스 쉐더비치(Max Scheder-Bieschin)에게 깊이 감사드린다. 여러분 모두가 나에게 꼭 필요한 피드백과 용기를 주었기에 내가 작가의 동굴에서 나와 빛을 볼 수 있었다.

책에 대해 깊이 대화를 나누고 새로운 생각을 하게 해준 킴 해리슨(Kim Harrison), 클레이 허버트(Clay Herbert), 피트 롱워스(Pete Longworth), 폴 파파스(Paul Pappas), 조쉬 레이놀즈(Josh Reynolds), 앤 스완버그(Ann Swanberg), 거리언 티검(Guryan Tighem)에게 고맙다는 말을 전한다. 솔직히, 이 친구들과 대화하고 나면 머리가 욱신거리긴 했다.

따로 직업이 있으면서 글쓰기를 시도한 적이 있는 분들이라면 그 과정에서 동료들이 얼마나 중요한지 잘 알 것이다. 내가 '두려움 없는 인간'이 되어 매일 파괴적 자아로 일할 수 있는 환경을 제공해 준 프로핏(Prophet)의 CEO 마이클 던(Michael Dunn)과 시니어 파트너인 테드 모저(Ted Moser)에게 감사하다. 알티미터에서 연구 및 컨설팅 업무와 책 출간 작업의 균형을 맞출 수 있도록 도와준 오마르 악타(Omar Akhtar), 레슬리 캔디(Leslie Candy), 오브리 리틀턴(Aubrey Littleton)에게도 감사드린다. 이분들이 납기일을 정해주었기에 책이 세상 밖으로 나올 수 있었다. 항상 좋았던 것은 아니지만, 항상 즐거웠고 성취감을 느낄 수 있었다.

마지막으로, 저녁 식사를 하기 위해 잠시 나타났다가 곧 글을 쓰기 위해 사라지는 나를 오랫동안 지켜봐 준 내 인생의 동반자 콤 라귀에게 깊은 감사의 마음을 전한다. 내 모든 단점과 실수도 포용해주고 내가 힘들 때 항상 곁에서 응원해주는 사람과 결혼해서 정말 다행이다. 당신의 사랑과 이해심에 깊은 감사를 표한다.

주

서론

1 Michael Shapiro, "The Newspaper That Almost Seized the Future," Columbia Journalism Review (November-December 2011), https://archives.cjr.org/feature/the_newspaper_that_almost_seized_the_future.php.

2 David Folkenflik, "Knight Ridder Newspaper Chain Finds a Buyer," NPR, March 13, 2006, https://www.npr.org/templates/story/story.php?storyId=5259298.

3 스베레 문케와의 인터뷰, former chief strategy officer and head of online classifieds at Schibsted, May 15, 2018.

4 Schibsted Media Group 2018 Annual Report (2019), http://hugin.info/131/R/2240156/883123.pdf.

5 2017년 프라이스워터하우스쿠퍼스(PwC) 컨설팅은 2006년부터 2015년까지 10년 동안 파괴적 혁신의 영향을 측정했는데, 이 자료에 따르면 각 산업 분야 상위 10개 기업의 연간 기업가치 변화로 측정했을 때 파괴적 혁신의 비율이 증가하지 않는 것으로 나타났다. Paul Leinwand and Cesare Mainardi, "The Fear of Disruption Can Be More Damaging Than Actual Disruption," Strategy Business, September 27, 2017, https://www.strategy-business.com/article/The-Fear-of-Disruption-Can-Be-More-Damaging-than-Actual-Disruption.

6 Anna Washenko, "IFPI Global Report: Streaming Is the World's Top Music Revenue Source," Rain News, April 24, 2018, http://rainnews.com/ifpi-global-report-streaming-is-the-worlds-top-music-revenue-source/.

7 《리더쉽 챌린지》의 저자인 제임스 쿠제스와 배리 포스너는 "리더가 해야 할 일은 변화하는 것이다. 그리고 그 변화를 위해서 리더는 상황을 개선하고 성장하며 혁신할

수 있는 방법을 적극적으로 모색해야 한다"고 주장했다.

8 어쩌면 항공모함 니미츠호에 승선하지 못할 수도 있었다. 나는 오랫동안 군사행동에 대한 불신을 품고 있었지만, 기존의 안전하고 익숙한 곳을 벗어나 새로운 것을 해보기로 결심했기 때문에 가능했던 일이다. 나는 블로거 16명이 배 주변을 돌아다니며 누구에게나 마이크와 카메라를 들이댈 수 있도록 허락해 준 니미츠호 간부들의 열린 마음에 감명을 받았다. 또한, 재난이 닥쳤을 때 세계를 안전하게 지키고 인도주의적 지원을 제공하기 위해 사랑하는 사람들과 수개월 동안 떨어져 있는 군인들의 헌신에 감사의 마음을 전한다. 책을 표지로만 판단하지 않고 그 안에 숨겨진 진실과 보물을 발견하기 위해 항상 책 안을 들여다보아야 한다는 점을 배웠다.

9 알티미터의 창립 파트너인 제레미아 오우양(Jeremiah Owyang), 데브 슐츠(Deb Schultz), 그리고 레이 왕(Ray Wang)에게 특별히 감사의 마음을 전한다.

제1장

1 구글은 익사이트(Excite), 라이코스(Lycos), 잉크토미(Inktomi), 야후와 같은 초기 선도자들과 다를 바가 없었고, 페이스북은 식스디그리(Six Degree), 프렌드스터(Friendster), 마이스페이스를 참고했다.

2 클레이튼 크리스텐슨,《혁신기업의 딜레마: 미래를 준비하는 기업들의 파괴적 혁신 전략》

3 "Major US Mobile Operators/Carriers Revenue 2011-2017," Statista., accessed April 4, 2019, https://www.statista.com/statistics/199796/wireless-operating-revenues-of-us-telecommunication-providers/.

4 "T-Mobile US Net Income 2005-2018," Statista, accessed April 4, 2019, https://www.statista.com/statistics/219463/net-income-of-t-mobile-usa/."Major US Mobile Operators/Carriers Revenue 2011-2017," Statista, accessed April 4, 2019, https://www.statista.com/statistics/199796/wireless-operating-revenues-of-us-telecommunication-providers/.

5 Jon Brodkin, "T-Mobile Takes $3 Billion AT&T Breakup Fee, Builds 4G-LTE Network," Ars Technica, February 23, 2012, https://arstechnica.com/gadgets/2012/02/t-mobile-takes-3-billion-att-breakup-fee-builds-4g-lte-

network/.

6 앤드루 셰라드는 2012년 T-Mobile 마케팅 수석 부사장을 거쳐 2015년에는 최고 마케팅경영자가 되었다. 셰라드는 2017년 말에 T-모바일을 떠났으며, 그와의 인터뷰는 2018년 5월 22일에 진행되었다.

7 T-모바일의 고객을 이해하고 전략을 개발하는 과정에 도움을 준 조직 중 하나가 바로 내가 몸담았던 프로핏이었다. 이 작업을 마쳤을 당시 나는 프로핏 소속이 아니었다.

8 "Un-Carrier History/Un-Carrier Moves," April 4, 2019, https://www.t-mobile. com/our-story/un-carrier-history. 셰라드와의 인터뷰, May 22, 2018.

9 "Major US Mobile Operators/Carriers Revenue 2011-2017." "T-Mobile US Revenue by Quarter 2010-2018" Statista, accessed April 12, 2019. https:// www.statista.com/statistics/219435/total-revenue-of-t-mobile-usa-by- quarter/.

10 "Major US Mobile Operators/Carriers Revenue 2011-2017." "AT&T 2018 Annual Report", accessed April 12, 2019. https://investors.att.com/~/media/ Files/A/ATT-IR/financial-reports/annual-reports/2018/complete-2018- annual-report.pdf. "Sprint 2018 Annual Report", accessed April 12, 2019. https://investors.sprint.com/financials/default.aspx. "Verizon 2018 Annual Report", accessed April 12, 2019. https://www.verizon.com/about/sites/ default/files/2018-Verizon-Annual-Report.pdf.

11 T-모바일, "Mobile and Sprint to Combine, Accelerating 5G Innovation and Increasing Competition," August 13, 2018, https://www.t-mobile.com/ news/5gforall.

12 Chris Gaither and Sallie Hofmeister, "News Corp to Acquire MySpace," Los Angeles Times, July 19, 2005, https://www.latimes.com/archives/la-xpm- 2005-jul-19-fi-news19-story.html.

13 "Facebook Expansion Enables More People to Connect with Friends in a Trusted Environment," Facebook Newsroom, September 26, 2006, https:// newsroom.fb.com/news/2006/09/facebook-expansion-enables-more- people-to-connect-with-friends-in-a-trusted-environment/.

14 Michael Arrington, "Facebook No Longer the Second Largest Social

Network," TechCrunch, June 13, 2008, https://techcrunch.com/2008/06/12/facebook-no-longer-the-second-largest-social-network/.

15 Noemi Chaves, "Is MySpace Still Thriving?" Jag Wire, May 2, 2018, https://ohsjagwire.org/3255/2017-2018/is-myspace-still-thriving/.

16 "Facebook Users Worldwide 2018," Statista, accessed April 4, 2019, https://www.statista.com/statistics/264810/number-of-monthly-active-facebook-users-worldwide/.

17 Jillian D'Onfro, "Facebook Just Showed Us Its 10-Year Road Map in One Graphic," Business Insider, April 12, 2016, https://www.businessinsider.com/facebook-f8-ten-year-roadmap-2016-4.

18 디자인 씽킹의 전체적인 내용은 https://www.ibm.com/design/thinking/에서 확인할 수 있다. 굉장히 유용한 IBM의 공감 지도 설계 도구는 다음의 사이트에서 확인할 수 있다. https://www.ibm.com/design/thinking/page/toolkit/activity/empathy-map.

19 "Empathy Map: Build Empathy for Your Users through a Conversation Informed by Your Team's Observations," Enterprise Design Thinking, September 28, 2017, https://www.ibm.com/design/thinking/page/toolkit/activity/empathy-map.

20 Jacob Sonenshine, "Netflix Has Doubled in Value This Year (NFLX)," Business Insider, June 14, 2018, https://markets.businessinsider.com/news/stocks/netflix-stock-price-doubled-for-year-2018-6-1027017550.

21 Michelle Castillo, "Reed Hastings' Story about the Founding of Netflix Has Changed Several Times," CNBC, May 24, 2018, https://www.cnbc.com/2017/05/23/netflix-ceo-reed-hastings-on-how-the-company-was-born.html.

22 David Becker, "Netflix Starts Streaming Service," Wired, June 5, 2017, https://www.wired.com/2007/01/netflix-starts-/.

23 Jason Gilbert, "Qwikster Goes Qwikly: A Look Back at a Netflix Mistake," HuffPost, December 7, 2017, https://www.huffpost.com/entry/qwikster-netflix-mistake_n_1003367.

24 Julianne Pepitone, "Netflix Hikes Prices for Plans with DVDs Streaming,"

CNNMoney, July 12, 2011, https://money.cnn.com/2011/07/12/technology/netflix_unlimited_dvd/index.htm.

25 Lisa Richwine, "Netflix Splits DVD and Streaming Services," Reuters, September 19, 2011, https://www.reuters.com/article/us-netflix-idUSTRE78I23B20110919.

26 Soo Youn, "People Were Not Stoked about Netflix Streaming When It Debuted," Thrillist, June 29, 2017, https://www.thrillist.com/entertainment/nation/netflix-history-streaming-in-2007.

27 Richard Brody, "Netflix and Qwikster: The Streaming Apology," New Yorker, June 20, 2017, https://www.newyorker.com/culture/richard-brody/netflix-and-qwikster-the-streaming-apology.

28 Ashley Rodriguez, "As Netflix Turns 20, Let's Revisit Its Biggest Blunder," Quartz, April 14, 2018, https://qz.com/1245107/as-netflix-turns-20-lets-revisit-its-biggest-blunder/.

29 James B. Stewart, "Netflix Chief Looks Back On Its Near-Death Spiral," New York Times, October 19, 2018, https://www.nytimes.com/2013/04/27/business/netflix-looks-back-on-its-near-death-spiral.html.

30 Rex Crum, "Netflix Surges as Sales, Subscribers Rise," MarketWatch, January 24, 2013, https://www.marketwatch.com/story/netflix-surges-late-as-sales-subscribers-rise-2013-01-23.

31 Mark Sweney, "Netflix Takes TV Gamble with $100m House of Cards Remake," Guardian, February 1, 2013, https://www.theguardian.com/media/2013/feb/01/netflix-tv-gamble-house-of-cards.

32 "Number of Netflix Subscribers 2018," Statista, accessed April 4, 2019, https://www.statista.com/statistics/250934/quarterly-number-of-netflix-streaming-subscribers-worldwide/.

제2장

1 말라 샤르마와의 인터뷰, May 25, 2018.

2   마크 개릿과의 인터뷰, April 19, 2018.

3   마이크 사비애지와의 인터뷰, May 3, 2018.

4   샤르마와의 인터뷰. Jim Ludema and Amber Johnson. "How Adobe Enables Creativity Through Diversity, Psychological Safety and Values," Forbes, March 13, 2019, https://www.forbes.com/sites/amberjohnson-jimludema/2019/03/13/how-adobe-enables-creativity-through-diversity-psychological-safety-values/#727246987201.

5   Mark Bosworth, "The Upside to Being Let Go by Nokia," BBC News, January 31, 2014, https://www.bbc.com/news/magazine-25965140.

6   실라즈마는 노키아의 경영진이 이를 통해 직원들과 대결하지 않고 사업에 집중할 수 있었다고 밝혔다. 노키아의 브릿지프로그램에 대한 조사에 따르면 핀란드 실직자의 85%가 이 프로그램에 만족한다고 답했다. 정리 해고 후보자와 해고의 영향을 받지 않은 직원 모두 구조 조정 기간 내내 높은 생산성과 꾸준한 직원 참여율을 유지했다. 게다가, 해고가 발생한 13개국 중 어느 나라에서도 파업과 같은 노동 쟁의 활동은 일어나지 않았다. Sandra Sucher and Shalene Gupta. "A Better, Fairer Approach to Layoffs," Harvard Business Review, April 17, 2018, https://hbr.org/2018/05/layoffs-that-dont-break-your-company.

7   Jim Wilson, "Burn the Ships: Chapter One" (blog), Able Ebenezer Brewing Company, March 26, 2015, http://www.ableebenezer.com/blog/2015/3/26/burn-the-ships-chapter-one.

8   Christina Warren, "Adobe Goes All-In on Subscription Pricing Model," Mashable, May 6, 2013, https://mashable.com/2013/05/06/adobe-subscription-pricing-only/#.BEuC50TyPqf.

9   Frederic Lardinois, "Adobe Goes All-In with Subscription-Based Creative Cloud, Will Still Sell CS6 for Now But Will Stop Developing It," TechCrunch, May 6, 2013, https://techcrunch.com/2013/05/06/adobe-goes-all-in-with-subscription-based-creative-cloud-will-stop-selling-regular-cs-licenses-shrink-wrapped-boxes/.

10 "Sign the Petition," Change.org, accessed April 5, 2019, https://www.change.org/p/adobe-systems-incorporated-eliminate-the-mandatory-creative-cloud-subscription-model.

11 Chris Guillebeau, "Practical Ways to Burn the Ships: The Art of Non-
    Conformity,"accessed April 5, 2019, https://chrisguillebeau.com/burn-the-
    ships/.

12 폴 르블랑과의 인터뷰, June 4, 2018.

13 미국 학생 정보 센터의 보고서에 따르면, 사립 4년제 대학에 등록한 학생의 22.1%
    와 2년제 대학에 등록한 학생의 26.5%가 6년 이내에 졸업했다. Shapiro, D.,
    Dundar, A., Huie, F., Wakhungu, P.K., Yuan, X., Nathan, A. & Bhimdiwali, A.,
    "Completing College: A National View of Student Completion Rates-Fall
    2011 Cohort" National Student Clearinghouse Research Center, December
    2017, https://nscresearchcenter.org/wp-content/uploads/SignatureReport14_
    Final.pdf.

14 Chrystina Russell and Nina Weaver, "Higher Education and the Economic
    Integration of Refugees," Academically Speaking, June 22, 2018, http://
    blogging.snhu.edu/academics/2018/06/22/higher-education-and-the-
    economic-integration-of-refugees/.

제3장

1   찰스 루타이저(Charles Rutheiser), 《기회를 만들어내는 사람들》(San Francisco:
    Blurb Publishing, 2016).

2   로버트 켈리, "In Praise of Followers." Harvard Business Review, August 1,
    2014, https://hbr.org/1988/11/in-praise-of-followers.

3   제임스 쿠제스와 배리 포스너, 《리더십 챌린지》

4   데릭 시버스, "How to Start a Movement," TED, February 2010, https://www.
    ted.com/talks/derek_sivers_how_to_start_a_movement.

5   "CES 2013 Day Two, Las Vegas-Highlights Video, Mobile World Live,"
    YouTube, January 9, 2013, https://www.youtube.com/watch?v=L9d-H0tfHtE.
    Start at 1 minutes 49 seconds.

6   "Martin Luther and the 95 Theses," History.com, October 29, 2009, https://
    www.history.com/topics/reformation/martin-luther-and-the-95-theses.

7 "Karl Marx Publishes Communist Manifesto," History.com, February 9, 2010, https://www.history.com/this-day-in-history/marx-publishes-manifesto.

8 Richard Feloni, "See the Manifesto T-Mobile's CEO Used to Take the Company from Struggling to the Fastest-Growing Carrier in the US," Business Insider, October 11, 2016, https://www.businessinsider.com/t-mobile-ceo-john-legere-un-carrier-manifesto-2016-10.

9 Sharon Tanton, "How to Write a Business Manifesto," Valuable Content, November 14, 2016, https://www.valuablecontent.co.uk/blog/how-to-write-a-business-manifesto.

10 T-Mobile, "T-Mobile's Newly Named CEO Addresses Employees," YouTube, September 19, 2012, https://www.youtube.com/watch?v=ZxwTJYVhIXg.

11 Feloni, "See the Manifesto T-Mobile's CEO Used."

12 David Goldman, "John Legere Credits His Sad Life for T-Mobile's Turnaround," CNNMoney, 2016, https://money.cnn.com/2016/03/28/technology/john-legere-twitter-emoji-t-mobile/index.html.

13 Lucy Handley, "Meet John Legere, the Rule-Breaking T-Mobile CEO Who Loves Pink and Even Has His Own Emoji," CNBC, November 29, 2017, https://www.cnbc.com/2017/11/24/t-mobile-ceo-john-legere-on-twitter-his-rivals-and-being-an-uncarrier.html.

14 2019년 4월 6일, 존 레저(twitter.com/johnlegere)의 팔로워 수는 621만 명이었다. 버라이즌(twitter.com/Verizon)은 166만 명, T-모바일(twitter.com/tmobile)은 108만 명, AT&T(twitter.com/att)는 86만 9,000명, 스프린트(twitter.com/sprint)는 42만 9,000명으로 이들을 합친 팔로워 수는 410만 명이었다.

15 Drew FitzGerald, "T-Mobile's CEO Has a Side Hustle: Hosting a Goofy Online Cooking Show," Wall Street Journal, November 8, 2017, https://www.wsj.com/articles/this-goofy-online-cooking-show-host-has-a-side-gig-ceo-of-t-mobile-1510160040.

16 2015년 스프린트 CEO인 마르셀로 클라우레(Marcelo Claure)와 T-모바일 CEO인 존 레저 사이의 설전은 이들이 트위터상에서 얼마나 경쟁했는지를 보여주는 사례 중 하나다. 특히 T-모바일은 현재 스프린트 인수작업에 들어갔기 때문에 더욱 주목할 만하다. (2020년 4월 1일 합병 완료-옮긴이) Twitter, July 23, 2015, https://

mashable.com/2018/04/30/sprint-tmobile-merger-ceo-twitter-beef/.

제4장

1 막스 홀라인과의 인터뷰, June 14, 2018.

2 Robin Pogrebin and Jason Farago, "With Choice of New Director, the Met Gets a Scholar and a Showman," New York Times, April 18, 2018, https://www.nytimes.com/2018/04/18/arts/design/max-hollein-metropolitan-museum-of-art.html.

3 Ulrike Knöfel, "Frankfurt's Underground Landmark: Städel Museum Celebrates Bold New Extension," Spiegel Online, February 22, 2012, http://www.spiegel.de/international/germany/frankfurt-s-underground-landmark-staedel-museum-celebrates-bold-new-extension-a-816936.html.

4 "Historic Attendance Records for Schirn, Städel, and Liebieghaus in 2012," Städel Museum press release, January 9, 2013, http://newsroom.staedelmuseum.de/system/files_force/field/file/2014/trias_press_attendance_records_2012_logo.pdf.

5 Andrew Fox, "Building an Ancient City Block by Block: Teotihuacan in Minecraft," de Young Museum, October 26, 2017, https://deyoung.famsf.org/building-ancient-city-block-block-teotihuacan-minecraft.

6 "Contemporary Muslim Fashions," de Young Museum, February 4, 2019, https://deyoung.famsf.org/exhibitions/contemporary-muslim-fashions.

7 Emily Sharpe and Jose Da Silva, "Art's Most Popular: Here Are 2018's Most Visited Shows and Museums," Art Newspaper, March 27, 2019, https://www.theartnewspaper.com/analysis/fashion-provides-winning-formula.

8 Julia Halperin, "What Can New Yorkers Expect from the Met's New Director? Friends and Colleagues Call Max Hollein a Change Agent with an Artist's Touch," Artnet News, May 16, 2018, https://news.artnet.com/art-world/meet-mets-new-director-max-hollein-1286153.

9 "Political Correction Debate," Truthspeak, YouTube. May 18, 2018, https://www.youtube.com/watch?v=GxYimeaoea0&t=35m35s.

10 살바토레 매디와 수잔 코바사(Suzanne C. Kobasa),《강인한 임원들(The Hardy Executive: Health under Stress)》

11 《오픈리더십》을 읽은 독자들이라면 몇몇 용어들이 친숙하게 들릴 것이다. 그 이유는 그 책과 이 책의 모델 뒤에 숨겨진 밑바탕이 이 연구를 통해 확립되었기 때문이다. 《오픈리더십》에서 '낙관주의'와 '비관주의' 사고방식은 파괴적인 리더의 개방적 사고방식과 유사하다. '협력'과 '독립'의 사고방식은 권한을 부여하고 영감을 주는 파괴적인 리더의 리더십 행동과 유사하다. 쉘린 리,《오픈리더십》

12 변화를 주도하는 리더들의 욕구가 얼마나 다양한지 이해하기 위해, 나는 연구에 참여한 리더들에게 '파괴'를 '현상에 도전하고 상황을 더 좋게 바꾸는 것'으로 알려주고, 자신이 얼마나 파괴적인지 평가하여 1점(전혀 파괴적이지 않음)에서 10점(극단적으로 파괴적임)까지 점수를 매겨달라고 요청했다. 이런 방식으로 각 항목에 대한 '파괴 지수'를 산출했다. 모든 리더들의 파괴 지수는 대부분 4점과 8점 사이에 분포했으며 평균 파괴 지수는 6.1점이었다.

13 이러한 네 가지 유형을 도출하기 위해, 나는 리더들에게 리더십 신념에 대한 내용에 얼마나 동의하는지 1점(적극 반대)에서 5점(적극 동의), 얼마나 자주 리더십 행동에 관여하는지 1점(전혀 그렇지 않다)에서 5점(항상 그러하다)까지 점수로 평가해 달라고 요청했다. 또한 변화를 대하는 태도에 대해 1점(변화를 굉장히 꺼림)과 5점(변화에 만족) 사이에서 선택해달라고 했다. 나는 그들의 점수를 비교해서 이런 사고방식과 행동에 대한 수치를 정리하고 평균값을 구했다. 마지막으로, 이 점수가 파괴 지수와 어떤 상관관계가 있는지 분석했다. 연구에 대한 자세한 내용은 charleneli.com/disruption-mindset에서 확인할 수 있다.

14 파괴적 리더 네트워크에 대해 더 자세히 알고 싶다면 charleneli.com/quantum을 참고하라.

15 Melissa Korn, "Failure 101: Colleges Teach Students How to Cope with Setbacks," Wall Street Journal, December 18, 2018, https://www.wsj.com/articles/failure-101-colleges-teach-students-how-to-cope-with-setbacks-11545129000.

16 쉘린 리,《오픈리더십》

17 〈뉴욕 타임스〉는 '실패 이력서'에 관한 훌륭한 기사를 실었다. Tim Herrera, "Do

You Keep a Failure Resume? Here's Why You Should Start", The New York Times, February 3, 2019, https://www.nytimes.com/2019/02/03/smarter-living/failure-resume.html.

제5장

1 더프 맥도널드(Duff McDonald), 《맥킨지: 미국을 움직이는 숨은 힘(The Firm: The Story of McKinsey and Its Secret Influence on American Business)》 맥킨지의 설립 초기, 특히 맥킨지의 비즈니스 원칙을 확립하는 데 있어 마빈 바우어가 미친 영향에 대해 자세히 설명했다.

2 도미닉 바턴과의 인터뷰, June 13, 2018.

3 Paul Burkhardt, "McKinsey Apologizes for Overcharging South African Power Utility," Bloomberg.com. July 8, 2018. https://www.bloomberg.com/news/articles/2018-07-08/mckinsey-s-sneader-says-south-africa-s-eskom-was-overcharged. Walt Bogdanich, and Michael Forsythe, "How McKinsey Has Helped Raise the Stature of Authoritarian Governments," New York Times, December 15, 2018, https://www.nytimes.com/2018/12/15/world/asia/mckinsey-china-russia.html.

4 쉘린 리, 《오픈리더십》

5 '오픈 북' 운동은 기밀 급여 정보나 법적 절차에 관한 것을 제외하고는 모든 회사의 재무 및 성과 데이터를 광범위하게 공유할 것을 지지한다. 일부 조직에서는 급여 정보가 공유되어 급여가 공정하고 공평하다는 신뢰를 구축하기도 한다.

6 레이 달리오, 《원칙》

7 리스토 실라즈마, 《노키아의 변신》

8 2010년 노키아에 입사하기 전에 스티븐 엘롭은 마이크로소프트의 임원으로 재직했었다. 실라즈마는 인터뷰에서 엘롭이 상사였던 스티브 발머의 영향을 받았다는 잠재적인 우려를 종식시키기 위해 마이크로소프트와의 협상을 이끌었다고 설명했다.

9 아마존의 리더십 원칙은 다음 사이트에서 확인할 수 있다. https://www.amazon.jobs/en/principles

10 제프 베이조스의 2016년 주주 편지 전문은 다음 사이트에서 확인할 수 있다. https

://www.sec.gov/Archives/edgar/data/1018724/000119312517120198/
d373368dex991.htm.

11 폴 르블랑과의 인터뷰, June 4, 2018.

제6장

1 마누 코넷, "Organizational Charts," Bonkers World. Accessed April 23, 2019.
http://bonkersworld.net/organizational-charts.

2 사티아 나델라,《히트 리프레시》

3 "Satya Nadella Email to Employees: Embracing Our Future: Intelligent
Cloud and Intelligent Edge," March 29, 2018, https://news.microsoft.
com/2018/03/29/satya-nadella-email-to-employees-embracing-our-
future-intelligent-cloud-and-intelligent-edge/.

4 "Definition of Lore in English by Oxford Dictionaries," Oxford Dictionaries,
accessed April 7, 2019, https://en.oxforddictionaries.com/definition/lore.

5 DeAnne Aguirre, Varya Davidson, and Carolin Oelschlegel, "Closing the
Culture Gap," Strategy Business, December 6, 2018, https://www.strategy-
business.com/article/Closing-the-Culture-Gap.

6 닉 유에와의 인터뷰, June 18, 2018. 닉은 현재 독일 ING의 CEO다.

7 William Kerr, Federica Gabrieli, and Emer Moloney, "Transformation at ING
(A): Agile," Harvard Business Review, May 17, 2018, https://hbr.org/product
/transformation-at-ing-a-agile/818077-PDF-ENG.

8 "Intermountain Healthcare Changing Internal Structure to Better Serve
Patients and Communities," press release, Intermountainhealthcare.org,
October 12, 1970, https://intermountainhealthcare.org/news/2017/10/
intermountain-healthcare-changing-internal-structure-to-better-serve-
patients-and-communities/.

9 Jeff Gregersen and Hal Dyer, "How Does Amazon Stay at Day One?" Forbes,
August 8, 2017, https://www.forbes.com/sites/innovatorsdna/2017/08/08/
how-does-amazon-stay-at-day-one/#d7146847e4da.

10　현재 화웨이는 재무 최고책임자 체포에서부터 동맹국들이 스파이웨어 우려 때문에 5G 장비를 사용하지 않는다는 미국 정부의 주장에 이르기까지 여러 비판과 논란에 휩싸여 있다. 이러한 문제들을 알고 있지만, 수십 년 동안 지속적인 혁신 성장을 지속해 온 이 기업으로부터 배울 점이 많기 때문에 이 책에 화웨이의 사례를 포함하기로 결정했다.

11　Sijia Jiang, "Huawei Expects 2018 Revenue to Rise 21 Percent Despite International Scrutiny," Reuters, December 27, 2018, https://www.reuters.com/article/us-huawei-outlook/huawei-expects-2018-revenue-to-rise-21-percent-despite-international-scrutiny-idUSKCN1OQ0F9.

12　"China: Huawei Net Profit 2017," Statista, accessed April 7, 2019, https://www.statista.com/statistics/233043/net-profit-of-huawei/.

13　조이 탄과의 인터뷰, April 9, 2018.

14　오마르 타와콜과의 인터뷰, December 18, 2018.

15　스베레 뭉크의 인터뷰, May 15, 2018.

16　Martijn Aurik, "How to Run a Meeting Like Google, Apple, Amazon, and Facebook," Minute, February 28, 2017, https://www.getminute.com/how-to-run-a-meeting-like-google-apple-amazon-and-facebook/.

17　댄 릴젠퀴스트와의 인터뷰, July 17, 2018.

18　Lisa Eadicicco, "Here's Facebook's New Motto: 'Move Fast, with Stable Infra,'" Business Insider, April 30, 2014, https://www.businessinsider.com/heres-facebooks-new-motto-2014-4.

19　아마존의 리더십 원칙은 https://www.amazon.jobs/en/principles에서 확인할 수 있다. 또한 2018년 주주 서한에서 베이조스는 높은 수준의 원칙을 더욱 자세히 설명했다. "Amazon CEO Letter to Shareholders 2018," SEC, accessed April 7, 2019, https://www.sec.gov/Archives/edgar/data/1018724/000119312518121161/d456916dex991.htm.

20　뉴질랜드와 통가 럭비팀이 경기 전 의식을 행하는 영상은 다음을 참고하라. 큰 화면과 음량으로 시청하기를 권한다. "Is This the Most Intense Haka EVER?" YouTube, November 13, 2017, https://www.youtube.com/watch?v=604o4vuEDoY.

21　사우스웨스트 항공의 CEO 게리 켈리는 비틀즈의 폴 매카트니, 잭 스패로우 선

장, 오즈의 마법사의 도로시, 그리고 록밴드 KISS의 진 시몬스에 이르기까지 다양한 인물로 변장했다. 자세한 내용은 다음 사이트에서 확인할 수 있다. https://www.washingtonpost.com/news/on-leadership/wp/2014/10/31/the-outrageous-halloween-costumes-of-southwests-ceo/?noredirect=on&utm_term=.4bb76fd7fd01.

22 톰 닐론과의 인터뷰, Southwest Airlines president, June 13, 2018.

23 이에 대한 자세한 내용은 하워드 슐츠(Howard Schultz)와 도리 존스 양(Dori Jones Yang)의 《스타벅스 커피 한잔에 담긴 성공 신화》를 참고하라.

24 '부모와 함께 출근하는 날' 프로그램은 다음의 사이트에서 확인하라. https://bringinyourparents.linkedin.com/.

25 제프 스티벨. "The Failure Wall," Dun & Bradstreet, April 16, 2018, https://www.dnb.com/perspectives/small-business/failure-wall-encouraging-culture-success.html.

26 Pilar Guzman, "ONE Magazine: Handles with Care," Smart Design, https://smartdesignworldwide.com/news/one-magazine-handles/.

27 "The Surprising Stories Behind the Peculiar Building Names at Amazon," US Day One (blog), November 21, 2018, https://blog.aboutamazon.com/amazon-campus/the-surprising-stories-behind-the-peculiar-building-names-at-amazon.

28 일렉트로룩스는 내가 몸담았던 프로펫의 고객사다. 일렉트로룩스와 진행한 프로펫 활동의 사례 연구는 다음 사이트에서 확인할 수 있다. https://www.prophet.com/case-studies/electrolux-cx/.

29 '버닝 플랫폼', 즉 불타는 갑판이라는 비유는 죽음을 피하기 위해 불타는 석유 굴착선 갑판을 벗어나 바다로 뛰어든 석유 굴착기 노동자의 이야기를 바탕으로 한 《혼돈의 시대에서 성공하는 법(Leading at the Edge of Chaos)》과 《변화의 속도에 맞는 경영(Managing at the Speed of Light)》의 저자 대럴 코너(Daryl Conner)가 만들어 낸 말이다. 코너는 이를 통해 리더들이 변화의 불확실성과 모호성으로 뛰어드는 용기를 가져야 한다고 말했다. 시간이 흐르면서 이 말은 저자의 원래 의도와는 다르게, 재난 상황에서만 변화가 가능하다는 것을 의미하게 되었다. 이에 대해 다음의 사이트에서 더 자세히 확인하라. "The Real Story of the Burning Platform", April 15, 2012, https://www.connerpartners.com/frameworks-

and-processes/the-real-story-of-the-burning-platform.

결론

1   이 인용구는 찰스 다윈이 말한 것으로 잘못 알려져 왔다. 사실은 1963년 루이지애나 주립 대학교 경영학 교수인 레온 C. 메긴슨의 연설에서 비롯되었으나, 짧은 인용구로 옮겨지는 과정에서 단순화되어 왔다. 이에 대해 더 자세히 알고 싶으면 다음을 참조하라. "It Is Not the Strongest of the Species That Survives But the Most Adaptable," Quote Investigator, May 4, 2014, https://quoteinvestigator.com/2014/05/04/adapt/.

2   ZeitgeistMinds, "Larry Page Q&A with Eric Schmidt at Zeitgeist Americas 2011," YouTube video, 45:12, September 27, 2011, https://www.youtube.com/watch?v=srI6QYfi-HY&t=38m10s.

3   사우스웨스트 항공은 2013년부터 고객사였기 때문에 나는 그들의 리더십, 경영, 그리고 조직 문화를 속속들이 알고 있다. 이 기업이 완벽하지는 않지만, 나는 그들이 자신의 가치, 직원과 고객에게 집중한다는 사실을 높게 평가한다. 이 회사 사람들은 대부분 악수 대신 포옹을 하는데, 이것이 바로 사우스웨스트의 방식이다.

4   Bart Jansen, "A Record 965 Million People Flew Last Year, DOT Says," USA Today, March 22, 2018, https://www.usatoday.com/story/travel/flights/todayinthesky/2018/03/22/dot-record-965-million-passengers-took-domestic-foreign-flights-last-year/450679002/.

5   Department of Transportation, Air Travel Consumer Report, March 2019, table 6A , https://www.transportation.gov/sites/dot.gov/files/docs/resources/individuals/aviation-consumer-protection/335211/march-2019-atcr.pdf.

6   Airlines for America, Annual Financial Results: World Airlines, accessed April 7, 2019, http://airlines.org/dataset/annual-results-world-airlines/. The 2018 estimates are from "Industry Statistics", IATA, December 2018, accessed April 7, 2019, https://www.iata.org/publications/economics/Reports/Industry-Econ-Performance/Airline-Industry-Economic-Performance-December-18-Datatables.

7   Southwest Airlines, Annual Reports, accessed April 7, 2019, http://investors.
    southwest.com/financials/company-reports/annual-reports.

8   톰 닐론과의 인터뷰, June 13, 2018.

9   "Southwest Airlines: Southwest's Own Colleen Barrett Talks Culture in 2015,"
    May 6, 2015, https://www.facebook.com/SouthwestAir/videos/southwest-
    own-colleen-barrett-talks-culture-in-2015/10153422011443949/.

기업의 미래를 바꾸는 3가지 혁신 도구
시장의 파괴자들

제1판 1쇄 인쇄 | 2021년 4월 1일
제1판 1쇄 발행 | 2021년 4월 8일

지은이 | 쉘린 리
옮긴이 | 오웅석
펴낸이 | 윤성민
펴낸곳 | 한국경제신문 한경BP
책임편집 | 윤혜림
교정교열 | 김가현
저작권 | 백상아
홍보 | 서은실 · 이여진 · 박도현
마케팅 | 배한일 · 김규형
디자인 | 지소영
본문디자인 | 디자인 현

주소 | 서울특별시 중구 청파로 463
기획출판팀 | 02-3604-590, 584
영업마케팅팀 | 02-3604-595, 583   FAX | 02-3604-599
H | http://bp.hankyung.com   E | bp@hankyung.com
F | www.facebook.com/hankyungbp
등록 | 제 2-315(1967. 5. 15)

ISBN 978-89-475-4691-1 03320